دیروز و فردا

از همین نویسنده:

«نگاه از بیرون» واشینگتن دی‌سی، ۱۹۸۵

«گذار از تاریخ» پاریس، ۱۹۹۲

دیروز و فردا

سه گفتار دربارۀ ایران انقلابی

داریوش همایون

چاپ پاژن

دیروز و فردا، چاپ دوم
داریوش همایون

Dirouz va Farda [Yesterday and Tomorrow],
Second Printing by Daryoush Homayoun

Copyright © 1981, 2000 Darioush Homayoun
All rights reserved. No part of this book may be reproduced or retransmitted in any manner whatsoever except in the form of a review, without permission from the publisher.

حقوق تألیف و ترجمه این کتاب محفوظ و نقل و ترجمه
کلی آن بهرعنوان و ترتیب بدون اجاز کتبی ممنوع است.

Manufactured in the United States of America

The paper used in this book meets the minimum requirements of the American National Standard for Information Services – Permanence of Paper for Printed Library Materials, ANSI Z39.48-1984

IBEX Publishers, Inc.
Post Office Box 30087
Bethesda, Maryland 20824
Telephone: 301 718-8188
Facsimile: 301 907-8707
www.ibexpub.com

Library of Congress Cataloging-in-Publication Information

Humayun, Daryush.
Diruz va farda : sih guftar dar barah-'i Iran-i inqilabi / nuvishtah-'i Daryush Humayun. – Chap-i 2.
Added t.p. title: Dirouz va farda.
Added t.p. title: Yesterday and tomorrow.
Includes bibliographical references.
ISBN 1-58814-001-6 (alk. paper)
1. Iran—Politics and government—1979-1997. 2. Iran—Politics and government—1941-1979. I. Title: Dirouz va farda. II. Title: Yesterday and tomorrow. III. Title.
DS318.825 .H86 2000
955.05'4—dc21
00-059795

Price: $10.00 ۱۰ دلار

فهرست

پیشگفتار ۵

کمبودهای استراتژی توسعه ایران ۱۳۳۲–۵۷ ۷

زمینه های انقلاب ایران ۳۳

نگاهی به گذشته برای ساختن آینده ۹۵

پیشدرامد چاپ دوّم

هنگامی که «دیروز و فردا» دو سالی پس از انقلاب انتشار یافت با توفانی کوچک — مانند هرچه سیاستهای تبعیدی از آن بر آمده است — از حملات شروع شد. در آن سالها از آن توفانها فراوان بود. ایرانیان تبعیدی در تب بیماری انقلاب می‌سوختند و همه تعصب و کینه و ساده انگاریهای جامعه‌ای انقلاب زده را با خود آورده بودند. دشمنان پیشین که هرکدام به نوبت از زیر چرخ اسلام انقلابی به بیرون پرتاب شده بودند کینه‌های دیرین را در فضای آزاد بیرون می‌جستند و در خشم و تلخکامی خود بهر بهانه بر می‌آشفتند. آنها آنقدر نامرادی کشیده بودند که کمترین نا ملایم را نمی‌یارستند، و «دیروز و فردا» همه نا ملایم بود. از نویسنده‌اش که بسیاری، از جان بدر بردن او ناخشنود بودند و تقریباً همه می‌خواستند دم در کشد تا نظرگاهها و اندیشه هایش، که هیچ گرایش سیاسی راخوش نمی‌آمد. نویسنده با انگشت نهادن بر بینوائی و نکبت و توحش سوسیالیسم واقعاً موجود آن سالها، و نفی نظریه‌های توطئه، و تکیه بر دینامیسم عوامل بیشمار درون یک جامعه پویا بویژه ضعف سیاسی آن، چه در ۲۸ مرداد و چه در ۲۲ بهمن، دشمنی سو زان و پایدار — وچنانکه سزاوار نبرد زندگی است، نیروبخش — چپگرایان و سلطنت طلبان و «لیبرال»های بیشمار را برانگیخت.

این نخستین انتقاد از خود، نخستین بازاندیشی دور از یکسو نگری یک گرایش سیاسی، هواداری پادشاهی در این مورد، از سوی یکی از دست اندر کاران می‌بود که گرایشهای مهم دیگر تاریخ همروزگار ایران — چپ و اسلامی و«ملّی، لیبرال» — را نیز بی‌نصیب نمی گذاشت. واکنشها، بلکه باز تابهای عصبی، و بیشترشان نخوانده و از پیشداوری، چنان تند و دیرپای بود که نویسنده دیروز و فردا سراسر دهه هشتاد را در رساله‌ها و کتابها و مقالات و کتابهای خود به روشنگری و پاسخ، و بسط

اندیشه‌های آن کتاب گذراند که بحث درباره صد ساله گذشته ایران را طبعاً پیشتر برد و به بالا بردن سطح بحث سیاسی، که خواست همیشگی نویسنده است، کمک کرد.

امّا پیام کتاب، ضرورت آشتی با تاریخ به عنوان آغازگاه نوسازی هیأت سیاسی (polity) ایران، و ملّی کردن تاریخ همروزگار ما از راه نقد واقع گرایانه و غیر حزبی آن، و رسیدن به یک همرائی بر سر پاره‌ای اصول — ناسیونالیسم نگهدارنده، مردمسالاری و عدالت اجتماعی — و دادن بخشودگی سیاسی همگانی به یکدیگر، جایگیر شد. گذر زمان از پیشداوری‌ها کاست و پذیرفتن بسیاری از اندیشه‌های دور از ذهن و نامتعارف را آسانتر کرد و فروپاشی کمونیسم به یاری آمد. امروز این کتاب را که مدتهاست نایاب شده است آسانتر می‌توان خواند و احتمالاً هنوز سخنان در خوری در آن یافت.

پیشگفتار

کتاب حاضرازسه رساله مستقل، امانه چندان بی ارتباط بهم، فراهم آمده است ودرطول یک سال، میان ۱۳۵۹و۱۳۶۰، نوشته شده است. کتاب، یک سفرفکری است به دیروزنه چندان دورایران وفردایی که امیداست چندان دورنباشد. بررسی گذشته است برای آنکه نیمه واقعیتهاودروغهاوکلیشه هامعنی واقعی آن رانپوشاندو بی میلی به رو یارو یی باواقعیات به تکراراشتباهات نینجامد. اندیشه هایی در باره حال و، بیشتر، آینده است برای آنکه نخستین وظیفه مااکنون هرچه بیشتراندیشیدن است.

رساله اول به اشتباهات وکوتاهیهای استراتژی توسعه و پیکارنوسازی ایران در بیست و پنج سال آخردوران پهلوی می پردازد، بانگرشی به دهه های پیش ازآن. این بررسی ازدیدیک موافق ودست درکاراست که بااینهمه می کوشدخیره کارهای شگرفی که درآن سالهای بیمانندتاریخ ایران انجام گرفت نشودوضعفهای اساسی رانیز ببیند. یک انتقادازخوداست بی آنکه قصدخوارشمردن وانکارکرده های بزرگ درمیان باشد. نسل کنونی ایرانیان چه بخواهندوچه نخواهندوامدارآن دوراننداوچه بپذیرندوچه نپذیرندبایدبه آن درکناردستاوردهای دیگرهفتادو پنج سال گذشته سر بلندباشند.

این بررسی تندی است فهرست وارکه نیازبه دسترسی به منابع داردتاازصورت نمودارگونه کنونیش بدرآیدوتحلیلی درخورموضوع عرضه دارد. تاآنجاکه به منظورکتاب مر بوط است ــ کمک به آغاز بحث جدیتروگسترده تری در باره ایران پیش ازانقلاب و پس ازآن ــ حتی یک بررسی تندنیز به کارخواهدآمد.

رساله دوم که بخش بزرگترکتاب رافرامی گیرد «چرا» و «چگونه» ی انقلاب اسلامی راپیش چشم دارد. زمینه های تاریخی وفرهنگی انقلاب، تنشهای میان ناسیونالیسم ایرانی واسلام، ونظریه حکومت شیعه وقدرت حکومتی، وواپس ماندگی وفراگردنوسازی بخش اول رساله رامی پوشاندکه شامل طرح یک پژوهش تاریخ فرهنگی نیزهست. در بخش دوم رساله، «چگونه» ی انقلاب بادیدی تحلیلی ونه وقایع نگارانه و بابینشی ازدرون رو یدادهاوتقریبایکسره ازدیدایرانی بررسی می شودو برخلاف پاره ای نظریات به انقلاب به عنوان یک بسته سفارشی پستی که ازخارج فرستادندنگریسته نشده است. اینکه چگونه رژیم ایران مایه های و یرانیش رافراهم آوردشرح داده شده است، هرچندسهم بیگانگان نیزازنظردورنمانده است.

سومین رساله یک نقادی تحلیلی وارزیابی دوباره تاریخ هفتادو پنج سال اخیرایران است که بخش بزرگترخودآگاهی سیاسی ایرانیان نسل کنونی راتشکیل می دهد. کوشش شده است دوراز پیشداوری و برکنارازغرضهای سیاسی و یکسونگری، سهـم شایسته دوره های تاریخی ایران درآن هفتادو پنج سال شناخته شود ــ نه بیش ونه کـم ــ واین شنـاسـایی، زمینه ای برای یک آشتی باتاریخ گرددتاازآنجابه یک آشتی معنی دارملی، ونه تنهاشعارآن، برسیم.

عناصرزنده وهمچنان سودمنداین گذشته مشترک به عنوان مایه هایی برای همفکری کنونی و برنامه سیاسی آینده بازشناسی شده است وسرفصلهای کلی آن برنامه سیاسی برای آغاز بحث سازنده پیشنهاد گردیده است. پژوهشی است درگذشته برای ساختن آینده ای آزاداز برخی جنبه های ناپسندترآن گذشته. تلاشی است برای درآوردن بحث سیاسی ازحالت مبادله دشنامها؛ ونزدیک کردن آنهاکه درواقع بهم نزدیکترازآنند که خوددرمی یابند.

برهرسه رساله یک نگرش اخلاقی سایه افکنده است. سهم عنصراخلاقی درحکومت وسیاست جای برجسته ای درهرسه رساله دارد. زیرابه اعتقاداین نویسنده «پاشنـه آشیـل» واقعی جامعه ایرانی ناتوانی اخلاقی آن بوده است ــ ناتوانی مردمان اززیستن باخودوحکومت برخود.

دراین نوشته هرجامیسر بوده از بردن نامهاخودداری شده است زیرا تاریخ اخیررادرمرحله کنونی بهتراست ازجنبه های شخصی هرچه تهی ترکرد. اگر برسهم کسانی درحوادث اشاره یا تاکیدی شده ازناگزیری بوده است و بارعایت آن مایه میانه روی وانصاف که نویسنده درتوان خودداشته است.

منابع کتاب، آنچه دردسترس بوده ذکرشده است واگردرجاهایی به سبب اوضاع واحوال غیرعـادی سه ساله گذشته زندگی نویسنده ازدست رفته واشاره به آنهاامکان نیافته پوزش خواسته می شود.

اگرگـاه مطالب بیش ازاندازه فشرده می نمایدازسرتنگ حوصله گی نبوده است. زمانه تنگ شده است ونشان خودرابرهمه جانهاده است.

د. ه.

پاریس

کمبودهای استراتژی توسعه ایران
۵۷-۱۳۳۲

فکرتوسعه وترقیخواهی درایران تازه نیست. به عنوان یکی از پرتحرک ترین جامعه های جهان سوم یاجنوب یادنیای توسعه نیافته، ایران ازنخستین کشورهایی بودکه به نوساختن خوداندیشیدودر پیکارش باارو پای امپریالیست، ضرورت آموختن وتقلیدکردن ازآن رادریافت. آنچه به نامهای فرنگی مآبی یاترقی یاتجددیاغر بزدگی یاغر بگرایی نامیده شده است بخش اصلی تلاشهای ملت ایران برای دفاع در برابریک نیروی بسیار برترفرهنگی وسیاسی ونظامی ازسده شانزدهم است.

. تلاشهای ایرانیان تادهه سوم سده بیستم ازعمق و پابرجایی بی بهره بود. مفهوم توسعه وترقیخواهی به ذهنهای بیشمارراه یافته بودوشاه عباس صفوی، عباس میرزای قاجاروامیرکبیر پیشروان بزرگ آن بودند؛ ولی تاهنگامی که سردارسپه (بعدا رضاشاه اول) قدرت موثرسیاسی رادرایران ۶۰سال پیش دردست نگرفت ازتوسعه به معنی یک کوشش پایداروهمه جانبه نمی شددرایران سخن گفت. حتی انقلاب مشروطیت وقانون اساسی آن، که بزرگترین جنبش برای توسعه سیاسی ایران درهمه سده های گذشته است، بردمحدودی داشت زیرادرزمینه های حیاتی فرهنگی واقتصادی واجتماعی بازتابی چندان نیافت.

اندیشه توسعه راازاین نظر بایداساسایک پدیده عصر پهلوی دانست که بر بیست ساله برتری رضاشاه اول و بیست و پنج سال اخیر پادشاهی محمدرضاشاه باشدت واحساس تعهدی بیمانندحکمروابوده است. قضاوت در باره عصر پهلوی ازسو یه های گوناگون امکان دارد، مهمترازهمه ازمقایسه آن بادوره های پیشین و پسین آن. تاهمین جابه آسانی می توان گفت که درسیصدو پنجاه سال گذشته، ایران هیچ دورانی به خوبی عصر پهلوی نداشته است. ازآن هنگام که شاه عباس بزرگ پس ازمرگ، کشوردرخشان خودرابه انحطاط ناگزیرسیاستهاوروشهایش واگذاشت ایران هرگزیک دوران نسبتادراز پیشرفت ونوسازی راتجر به نکرد.

ایران پیش ازرضاشاه اول دوزخی ازواپس ماندگی رو به انقراض بود. ایران پس ازمحمدرضاشاه دوزخی ازتوحش وواپس واندگی رو به اضمحلال است. جان ایرانی هرگز باارزش نبوده است ولی پیش از پهلو یهاهزارهزار به غفلت ازدست می رفت و پس از پهلو یهاهزارهزار به جنایت ازدست می رود. باآنکه درتاریخ سه هزارساله ایران اصل عمومابرتباهی جان وعمرواندیشه ودارایی ایرانی بوده است، درمقایسه ونسبت، ترازنامه پهلو یهاازدو یست سیصدساله هرج ومرج وناآرامی پیش ازآنهاودوسه ساله تیره وتار پس ازآنهابسی بهتر بوده است.

بررسی دستاوردهای دوران پهلو یهالازم است تاتعادل به قضاوت درباره تاریخ اخیرایران بازآورده شودواحساس دروغین گناه نسل سایی که آن دوران راساختندازمیان برود. چنین بررسیهایی، دِست کم ازنظرآماری، شده است وازمیان رقمهامی توان تصویری ازعظمت کارهایی که شدبدست آورد. ولی این بررسی، هدفی دیگردارد. دستاوردهای شگرف وانکارناپذیر پیش نظرنیست. قصد، یافتن پاسخی براینست که چرانو یدهای درخشان سالهای اصلاحات ورونق نافرجام شد؟ پس ازتجربه سه ساله گذشته بایدبیشتر بدنبال آنچه نبایدکردبود. بایدازگذشته آنقدرآموخت که نسلهای آینده محکوم به دو باره زیستنش نشوند.

انتقادازکم وکاستی های ایران، بو یژه در بیست و پنج سال آخرسلطنت پهلوی، به قصدمحکوم کردن آن نیست. برای آن است که درسهای ضروری گرفته شود. ملت مابهای سنگینی پرداخته است. نبایددرکینه ای که به جمهوری اسلامی داریم ازیادببریم که انقلاب اسلامی برزمینه یک سلسله ناکامیهادر پیکارتوسعه ایران روی داد. اگربتوانیم بایددربرابرآنهمه که ازدست داده ایم تجربه ای، دست کم، به کف آوریم. اگرمحکوم کردن ونفی دوران پهلوی زشت وسترون است ـــ کاری که پاره ای چپگرایان ولیبرالهادر پژوهشهای خودکرده اند ـــ چشم بستن براشتباهات وکجرو یهای آن دوران نیزملت راازمزیت تجربه وآزمایش بی بهره خواهدکرد.

بو یژه که بازسازی ایران پس ازغائله انقلاب وجمهوری اسلامی بایدبابیشترین سرعت وکمترین اشتباه صورت گیرد، زیرامابه عنوان یک ملت فرصت زیادی برای رسیدن به کاروانی که ازمابسیار پیشی گرفته است نداریم. شناختن خطاهاوکاستی های آن دوره که بااینهمه عظمتی یگانه دارد، به مایاری خواهددادکه زمان ونیروومنابع رادرآینده بهتر بکارگیریم.

مقایسه ایران وکشورهای رو به توسعه دیگر بو یژه کشورهای صادرکننده نفت درمیان آنها، باآنکه می تواند تسلی بخش باشدنبایدچشم مارااازکارهایی که می توانستیم ونکردیم برگیرد. درمیان کشورهای رو به توسعه بیشترکاستی هایی که دراستراتژی توسعه ایران بروزکرد، و بدترازآنها، دیده می شود. کشورهای نفت خیزدرمیان آنهانمونه هایی سخت ناموفق ترازایران عرضه کرده اند ـــ هرچندبسیاری به برکت جمعیت اندک ودرامدبسیارازضربه ناکامی کاسته اند. الجزایرکمتر به فسادآلوده بوده است ولی ازعهده کارهای کمتری ازایران برآمده است. دیگران تورم وفسادوناکارایی رابه ابعادی که برای مانیزتازگی داردرسانیده اند.

نفس واپس ماندگی ایجاب می کندکه فراگردتوسعه پراشتباه، پرهزینه واتلاف آمیزباشد. زیراواپس ماندگی به معنی پایین بودن سطح انسانی است و باسطح پایین انسانی به بیش ازاینهاعملا نمی توان رسید. بااینهمه کشورهایی مانندکره جنوبی وتایوان وسنگاپوروسرزمین هنگ کنگ وچندکشوردیگر، درشرایطی دشوارترازایران به سطح های بالاترتوسعه وسرعتهای بیشتررشدرسیده اند. از بسیاری ازاشتباههای ایران بدورمانده اند، امکانات محدودخودرابهتر بکار برده اندو بهترکرده اند.

ایران درمیان کشورهای جهان سوم اگراز بهترین نمونه هانبوده، باهرمقایسه ازنمونه هـای نسبتا موفق است. پایان فاجعه آمیز۲۵ساله ۵۷ـ۱۳۳۲نبایدکسی رادر باره اصل انـدیـشه توسعه وتعهدملی نسبت به آن به تردیداندازدونبایدسهم شگرف پادشاهان پهلوی رادرنگـهداشـتـن وساخـتـن ایران دریکی ازحساسترین دوره های تاریخش کوچک سازد.

●●●

درمیـان کـشورهـای رو بـه تـوسعـه ایران دارای موقعیتی ممتاز بود: یک جمعیت نسبتابزرگ که نیروی کارو بازارداخلی پیشرفت رافراهم می آورد؛ منابع شگرف نفت وگـازکـه نـیـاز بـه واردات سوختی راازمیان می بردومنابع سرمایه گذاری رابی دشواری زیـاددردسـترس مـی گـذاشـت؛ مـوقـعـیـت جغرافیایی مناسب وراه داشتن به دریاکه کارمبادلات بازرگانی راآسان می کرد.

دربـرابـرایـن مـزیـتـهاایران سهم کامل خودراازعوامل عقب ماندگی داشت: نبودن مـنـابـع کـافی آب، اکثریت بیسوادجمعیت، نظام اجتماعی واداری وفرهنگ سیاسی مانع پیشرفت، ونداشتن زیرساخت مناسب.

مـوقـعـیـت ژئـو پلیتیک (جغراسیاسی) ایران چنان بوده است که تنهادردوره های اسـتـثـنـایـی فـرصـتهایی برای توسعه بدان می داده است. همسایگی باروسیه ونیاز به تـرازکردن نفوذ آن باقدرتهای دیگر، ایران راپیوسته دروضع متزلزلی نگه داشته است که آثـارآن نـه تنهادرسیاستهای خارجی، بلکه بو یژه درسیاستهای داخلی زیان آوروموجب ضـایـع شـدن وقـت ونـیـروی کشوروسایش وفرسایش اخلاقی ملت بوده است. درسده نوزدهم ازفرصتهای گاهگاهی که تعادل نفوذ های دوقدرت بزرگ ــ انگلیس وروسیه ــ برای توسعه ایران به دست می دادچندان بهره ای گرفته نشد. درسده بیستم رضاشاه اول دردودهـه ای کـه تـوانـسـت نـشـان خـودرابرجامعه ایرانی بگذاردشایدحداکثر بهره بـرداری راازامـکـانـات بـسـیـارمـحـدودکـشور بـرای توسعه اقتصادی واجتماعی کرد. امـادردوران مـحـمـدرضـاشـاه ــ درواقـع پس از۱۳۳۲ ــ بـودکـه رهبری سیاسی ایران ازامـکـانـات نـسـبـتـابزرگ اقتصادی واجتماعی وفرصت سیاسی برای دگرگون کردن بنیادهای جامعه ایرانی برخوردارگردید.

درشـرایـطی که مداخله جو یی شوروی دو بار (در۱۳۲۶ ونیزدر۱۳۳۲ توسط ستون پنـجـم آن حـزب توده) شکست خورده بودوشوروی آماده بودایران رابه حال خودگذارد، درامـدهـای روزافـزون نـفـت منابع سرمایه ای دراختیارایران می گذاشت که درگذشته قـابـل تـصـورنـبـود. دستگاه اداری وتاسیسات زیرساختی که رضاشاه اول برای ایران گذاشته بودمی توانست یک حرکت تازه بسوی پیشرفت راآغازکند.

تـجـر بـه هـای سه دهه پیش از۱۳۳۲راهنمای خوبی برای آینده بود. اصلاحات رضاشاهی شش نقص بزرگ رادر برخوردخودبامساله توسعه آشکارکرده بود.

نـخـسـت،مـحـدودیـتـهـای بـرداشتهای دیوانسالارانه رانشان داده بود. رضاشاه اول صـرفـابـه راهـهـای اداری بسنده می کردومردم رانه به عنوان عامل توسعه بلکه به عنوان

موضوع توسعه درنظرمی گرفت. درنتیجه اصلاحات نه به ژرفای جامعه می رفت ونه تاآنجاکه می شدگسترش می یافت. محدودیت برداشتهای دیوانسالارانه دریک زمینه دیگرنیزخودرانشان داده بود. قدرت روزافزون سازمانهای دولتی فسادی رادرخودپرورش می دادکه حتی درحکومت سختگیررضاشاه اول نیز بسیارقابل ملاحظه بود.

دوم، طرحهای نمایشی و پرعظمت وشتاب دررسیدن به کشورهای پیشرفته به هدررفتن منابع انجامیده بود. درحالی که امکانات مالی وانسانی کشورتنهایک راه حل گام بگام وازکوچک به بزرگ راتوصیه می کرد، انجام طرحهایی مانندذوب آهن بیشترارزش روانی داشت تااقتصادی. درسالهای آخررضاشاه اول افزایش تورم خطرفروریختگی اقتصادرابطورجدی پیش آورده بود.

سوم، کم توجهی به روستاهاوانحصارمنابع به پیشرفت شهرهاکه نشانه نوگرایی ونوسازی شمرده می شداکثریت بزرگ جمعیت راازفراگرد (پروسه) توسعه برکنارداشت. ازاین گذشته ازتنهابخش اقتصادکه می توانست بامازادتولیدخودمنابع لازم رابرای صنعتی شدن فراهم آورد ــ ودرحدودخودفراهم آورده بود ــ غفلت کرد. بااینهمه نبایدکوششهای نمایانی راکه برای افزایش فراورده های پربهای کشاورزی مانندپنبه وتوتون وچای وابریشم وچغندرشدفراموش کرد.

چهارم، رضاشاه اول، که نبودن یک قدرت مرکزی و پیامدهای و یرانگرآن رادردوران قاجارهابه خوبی شناخته بود، درتلاش خودبرای ساختن یک دولت متمرکزو پرقدرت تهران رابه صورت تنهامرکزتصمیم گیری درآورد. نتیجه آن مهاجرت ازشهرستانهابه تهران بود، روندی که خدمت نظام وظیفه آن راشدت بخشید. نخست بازرگانان و پیشه وران واهل کسب وکاروسپس روستاییان وکشاورزان درجستجوی کاروآموزش و بهداشت ودرمان وهرچیزدیگربه شهرها، بو یژه تهران، سرازیرشدند. فعالیتهای غیرتولیدی مانندزمین بازی وخانه سازی بورسبازانه گسترش یافت وهزینه های بالاسری (اوورهد) اجتماعی ازتواناییهای جامعه بالا تررفت.

پنجم، باآنکه نقش عوامل اجتماعی وفرهنگی درتوسعه دورازذهن رضاشاه اول نبودوآزادی زنان وشکستن دیوارهای خرافات مذهبی وجنبش بزرگ آموزشی رابایدازنشانه های آن بشمارآورد، طرح توسعه رضاشاهی دریک زمینه حیاتی کوتاه آمد. اصلاحات ارضی به معنی تغییرروابط مالکیت ــ که درشرایط ایران اساس هربرنامه توسعه بود ــ بامخالفت رو بروشد. درواقع ثبت اسنادکه ازنوآوریهای سودمندآن دوران بودزمینداری بزرگ راآسانترکرد. شایدهم رضاشاه اول حتی اگرمی خواست نمی توانست دراوضاع واحوال آن روز به چنین کار بزرگی دست بزند.

ششم، کشوررامِلک شخصی فرمانرواانگاشتن، که یک سنت باستانی حکومت درایران است، ادامه یافت به حدی که شاه ازهیچ به مقام یکی از بزرگترین زمینداران کشوردرآمد. باچنین روحیه وروشی هیچ برنامه نوسازی نمی توانست کامیاب باشد.

برخوردبامساله نوسازی وتوسعه از۱۳۳۲به بعدکم و بیش درهمان خطهای دوران

رضاشاهی سیرکردباتفاوتهای ناگزیرآن، وتنهادرزمینه اصلاحات ارضی وتاکیدبرعدالت اجتماعی بودکه ازآن جداشد. دراینجالازم به تذکراست که «برخوردباتوسعه» رانبایدبه عنوان یک طرح یاسلسله طرحهای پیش اندیشیده گرفت وصرفاازروی بررسی سیاستهاوروندهای گوناگون وعموماتابع جریانات روزاست که می توان ازیک «نمونه توسعه» در بیست و پنج ساله میان ۱۳۳۲و۱۳۵۷سخن گفت.

این استراتژی توسعه یا «نمونه توسعه» که همه زمینه هاوسطح های زندگی جامعه ایرانی رادر برگرفت باهمه نویدهاودستاوردهایش به هدفهای خودنرسیدودر پایان به مصیبت انقلاب اسلامی انجامیدکه خودبدان کمک کرده بود. کاستی های اصلی آن رامی توان زیرعنوانهای سیاسی، اجتماعی واقتصادی بررسی کرد.

الف ـ درزمینه سیاسی

۱ توسعه یک امرشخصی شمرده می شد. ماموریت یک فردبودوتابع خواستهاوآرزوهاونیزهوسهای او. جامعه ماده خامی بودکه می بایست دردستهای یک شخصیت تاریخی شکل می گرفت و بادستاوردهایش افتخارابدی اوراتضمین می کرد. اینکه مردم واقعاچه می خواهندیاچه می توانندردرجه دوم اهمیت بود. مردم رامی بایست به زوروحتی به رغم خودشان پیش برد. توسعه نه چیزی بودکه ازدرون جامعه بجوشدبلکه بیشترموهبتی بودکه ازبالابه مردم اعطامی گردید.

این جنبه شخصی یافتن امورعمومی نتایج پردامنه ومصیبت بارداشت. فراگردتصمیم گیری دستخوش تغییرات ناگهانی می گردیدو برنامه گزاری به معنی واقعی آن هیچگاه به نظام سیاسی ـ اداری راه نیافت. همه تصمیم های مهم وگاه بی اهمیت رابایدیک نفرمی گرفت وآن یک نفرنیززیرتاثیر های گوناگون می توانست پیوسته مسیرامورراتغییردهد.

تمرکزقدرت دردستهای کسی که سختگیری وسخت کوشی رضاشاه اول رانداشت وازگرایش اوبه ریاضت وصرفه جویی بری بودوشرم حضورش اورابسیارتاثیر پذیرمی کرددر برابرنزدیکان وکسانش بیش ازاندازه و به هزینه جامعه دست ودلباز بود، ناگزیرفراگردتوسعه راسطحی وهوسکارانه وکج ومج و پرازاتلاف می ساخت. تغییرسیاستهای ناگهانی، تصمیم های آنی که گاه قابل اجراهم نبودند، ازدستگاه برنامه ریزی کشوریک خوان یغماساخته بودندکه هرکس به رهبری سیاسی دسترسی بیشترداشت ازآن بیشتر برخوردارمی شد. مسئولان در برابرکسانی که دستوریافرمانی چندده یاچندصدمیلیونی ازرهبرگرفته بودندسرگردان می ماندندوناگزیر بودندبرنامه های خودراباابنگونه مداخلات تغییردهند. تعبیر «کسانی که پرونده ای زیر بغل می گذارندوشرفیاب می شوندو برنامه هاو بودجه های تصویب شده رابرهم می ریزند» دردستگاه حکومتی ایران رواج فراوان داشت.

فسادمزمن سیاسی واداری واجتماعی ایران بااین برداشت شخصی ازقدرت وتوسعه ناگزیرتشدیدمی شد. گروههایی ازسرامدان (الیت) جامعه ایران منابع ملی رادارایی شخصی خودمی دانستندوهرکدام بسته به توانایی خودوارتباطشان بارهبری سیاسی ازآن بیدریغ بهره می بردند. فسادبه حدی رسیده بودکه بخش محسوسی ازدرامدملی رامی بلعید ــ هرچندهرگزنمی توان ابعادآن رابه روشنی اندازه گرفت. رهبری سیاسی دربرابرموج بالاگیرنده فسادجز به صورتهای نمایشی واکنشی ظاهرنمی کرد. چنان واکنشی مستلزم دگرگون کردن همه فرضهاو پایه های نخستین نظام سیاسی می بود ــ پیش ازهمه مستلزم پذیرفتن نظارت عمومی براموروعمومی، زیرابی این نظارت نمی توان بافسادمقابله کرد. کوششهای فردی هرگزبرای چنین منظوری بسنده نبوده است.

رهبری سیاسی بویژه درموضوع فسادآسیب پذیربود. ازسویی ساخت پایگانی (سلسله مراتبی) قدرت بودکه همه راههارابه راس هرم ختم می کردوازسویی خاصیت انحصارجویی آن بودکه سؤاستفاده ازقدرت سیاسی رانیزمانندخودقدرت سیاسی دردستهای معدودگردمی آورد. تصادفی نبودکه بزرگترین مواردفساددرمیان کسانی دیده می شدکه به رهبری سیاسی نزدیکترازهمه بودند، زنان ومردانی دست نزدنی که ازهمه موازین وضابطه هابیرون بودند. باموارددمعدودفسادبه مقیاس بزرگ، امامستقل، مبارزه موفق تری می شد.

۲ بنابه سنت، استراتژی توسعه بیشتربه راه حلهاو برداشت اداری گرایش داشت. اصلاحات ونوسازی درایران ازآغازسده نوزدهم (درزمان عباس میرزاو یک نسل بعددرزمان امیرکبیر) به دست دولت صورت گرفته بود. درزمان رضاشاه اول دیوانسالاری نوین ایران، ساخته او، ازعهده کارهای نمایانی درنوسازی اجتماعی واقتصادی ایران برآمد.

دستگاه اداری به عنوان امتدادقدرت رهبری بسیاربیشترطرف اعتمادبودتانهادهای مردمی سنتی یاازروی نمونه اروپایی، وبهمین دلیل همه اختیارات بدان واگذارمی شدوهرروزعرصه تازه ای ازفعالیتهای مردم درزیر پوشش مداخلات آن درمی آمد. مقررات گوناگون وگاه متناقص وسازمانهای متعددومتوازی، عملاامکان فعالیت راازابتکارات خصوصی گرفته بودندوکوچکترین فعالیتهاازسوی افرادوموسسات، حتی سازمانهای عمومی ودولتی، بدون صرف وقت ونیروومنابع اضافی برای رفع اشکالتراشیهای دیوانی میسرنمی گردید.

رشدسرطانی دیوانسالاری دراین اوضاع واحوال نتیجه ای بودکه می بایست انتظارداشت. دولت دراواخررژیم بیش ازیک میلیون کارمندداشت وادارات وسازمانهاقارچ آساازرمین می روییدند. بودجه اداری بخش بزرگ درامدهای ملی راصرف خودمی کرد. ازبودجه عمرانی نیزبیشترآن به هزینه های اداری می رسید. این دیوانسالاری غول آساطبعاگرایش به تمرکزداشت وتمرکزبیش ازاندازه فعالیتهارادرتهران تشدیدمی کردوبه واپس ماندن روستاهاوشهرها ــ جزچندشهردیگرکه درجهت تهران شدن حرکت می کردند ــ می انجامیدوجمعیت

هرچه بیشتری رابه مهاجرت به تهران وامی داشت.

وظایفی که برعهده دیوانسالاری نهاده شده بودبسیارازتوانایی آن بیرون بود، چنانکه کم و بیش درهرکشوردیگری است، ولی درکنارافزایش اختیارات ووظایف کمترکوششی برای آماده ساختن آن می شد. درحالی که رضاشاه اول اصرارداشت باباﻻبردن سطح زندگی وحیثیت کارمندان وجلب بهترین استعدادهابرقدرت عمل دیوانساﻻری بیفزاید، نظام سیاسی واداری ایران درسالهای پس ازاوگویی تعمدی در پایین نگهداشتن سطح زندگی وروحیه کارمندان داشت.

بردستگاه اداری بزرگ و پرمسئولیت ایران عمومازنان ومردان ناکافی تسلط داشتند. نظام سیاسی ایران چنان می نمود که ازمردمان باابتکارواصولی وصاحب اندیشه مستقل می ترسید. میان مایگان (مدیوکر) فرصت طلب وکسانی که بجای ذهن تیزشامه نیزداشتندمعموﻻدرمسابقه نزدیک شدن به رهبری سیاسی کامیابتر بودند. رهبری سیاسی در۲۵سال پس از۱۳۳۲نیزمانند۱۲ساله پیش ازآن باسیاست پیشگان ومدیران گوش بفرمان واهل معامله آسوده تر بودتامردان وزنان صاحب نظروفسادناپذیر. نتیجه آن شدکه کارهاعمومابدست کاردانان نمی افتاد. جامعه ایرانی دراداره نهادهای بزرگ امروزی بهرحال کم تجربه بود. گرایشهای رهبری سیاسی این کمبودراشدت بخشید.

۳ طرح توسعه ایران برخلاف نمونه های موفق تردرکشورهای دیگر بجای پراکندن قدرت اقتصادی ومالی درجامعه به تمرکزآن می انجامید. دولت هرسال سهم بزرگتری ازاین قدرت می یافت ونزدیک به ۵۰خانواده یاشخص مالک بخش توسعه یافته صنایع ایران (شامل کارخانه هاوشرکتهای بیمه و بانکهاومقاطعه کاریهای بزرگ) بودند. ارتباط یافتن بامرجع قدرت شرط اصلی هرفعالیت بزرگی بودوفسادمتقابل جامعه وحکومت راافزونترمی کرد. سرمایه داران بزرگ بانفوذسیاسی خودچندان در برابررقابتهاآسیب پذیرنبودندونیازحیاتی به باﻻبردن کارایی وقدرت تولیدنداشتند. سودآنهاراتسلط انحصاری بر بازار، دستکاری کردن قیمتهاواجازه واردات تضمین می کرد. در بسیاری مواردتولیدکنندگان بزرگ خودواردکنندگان بزرگ بودند ــ گاه به این دلیل که زیان یاکسری تولیدرامی بایست باواردات جبران کنند.

۴ یک حکومت فردی به جلب افکارعمومی همان نیازرادارده‌رچندبه دلایل متفاوت. فشاروسرکوب بردمحدودی دارد واگرحکومت نتواندمیوه های رفاه رامیان مردم پخش کندثبات آن به خطر خواهدافتاد. بدین ترتیب بیم آن هست که کارهای نمایشی جانشین توسعه اقتصادی وآزادیهای سیاسی شود. بااستفاده تبلیغاتی ازاین کارهامی توان توجه عمومی راازمساله اساسی روابط قدرت به جاهای دیگرسوق داد.

درایران طرحهای نمایشی این و یژگی راداشت که سیاستگران رابیشترمی فریفت تامردم را. برنامه هایی مانندسهیم کردن کارگران درسودوسهام موسسات، تغذیه

رایگان، آموزش همگانی رایگان، بیمه همگانی، پیکار بابیسوادی هرگز به هدفهای اعلام شده خودنرسیدندولی باآنهاچنان رفتارمی شدکه گویی اعمال انجام شده اند ــ ونه تنهادرزمینه تبلیغاتی. کافی بودسیاستی اعلام گردد (غالبابه صورت اصلهای انقلابی یافرمانها) و پس ازمدتی سروصدای تبلیغاتی پایه محاسبات وسیاستهاو برنامه های بعدی قرارگیرد، ارزش عملی آنهاهرچه بوده باشد.

این توجه به نمایشی بودن برنامه های توسعه و بهره برداری تبلیغاتی ازآنهاعامل دیگری درناتمام ماندن کارهابود. عامل اصلی، نبودن انرژی و پشتکار بودکه و یژگی کارحکومت درایران بشمارمی رفت. هر برنامه وطرحی باشدت وغوغای فراوان آغازمی شدو بزودی ازسرعت می افتاد. حتی درآنجاهاکه موانع زیرساختی جلوی کاررانمی گرفت، مقررات گوناگون ومداخلات سازمانهای متعددکافی بودکه آهنگ پیشرفت راکندسازد. پاره ای فرمانهایااصلهای انقلابی نیزاصلاقابل عمل نبودندوصرفاارزش شعاری داشتند.

کمتراقدامی تانتیجه منطقی آن موردنظر بودو پیش می رفت. اصلاحات معمولا به تشکیل سازمانی موقتی یادایمی می انجامید ــ سازمانهای موقتی نیزمتمایل بدان بودندکه دایمی شوندزیراتشکیل آنهابه استناددستوریافرمانی بودکه کمترکسی جرات تجدیدنظردرآنهاراداشت ــ ودرین سازمانهاسنگ می شدند. ازآن پس این سازمانهامانندکمیته های انقلاب اداری دروزارتخانه هاوسازمانهای دولتی یاکمیسیون شاهنشاهی یابازرسی شاهنشاهی وسیله ای برای وقت گذرانی، کاریابی یامزاحمت وتصفیه حساب واعمال نفوذ می گردیدند.

۵ تاکیدبرنقش ارتش به دلایل سیاسی داخلی وخارجی کاملا قابل فهم وتوجیه بود. ولی ارتش به صورت مرکزتوجهات رهبری سیاسی درآمدوعملاکمراقتصادراشکست. میان سالهای ۵۶ــ۱۳۴۹ بیش از۳۲میلیارددلارهزینه مستقیم نظامی شدومیلیاردهادلاردیگرنیزز یرعناو ین دیگر (بندر، فرودگاه، راهسازی، خانه سازی...) به مصارف نظامی رسید. هزینه خریدتسلیحات میان سالهای ۵۶ــ۱۳۲۹ حدود۱۷میلیارددلار بودواگر برطبق برنامه هاپیش می رفت میزان آن درسالهای ۶۲ــ۱۹۴۹به ۱۸٫۵میلیارددلار بالغ می شدوقرار بوددرسالهای پس ازآن ۳۰میلیارددیگرراببلعد. چنانکه شاه در پاسخ به تاریخ نوشته است ارتش ایران می بایست در۱۳۵۷به ۴۱۳ هزارتن ودر۱۳۶۱به ۷۶۰هزارتن افزایش یابد.

تنهاهزینه های نظامی نبودکه بخشهای دیگرراازمنابع لازم بی بهره می کرد. ارتش ازنظرجذب نیروی انسانی ماهررقیب جدی صنعت شده بود. درشرایطی که به موجب پیش بینی های برنامه پنجم، کشور بیش از۷۰۰هزارکارگرماهرکم داشت، رسته های سه گانه ارتش نفرات درس خوانده وآزموده راازهمه جاجلب می کردند.

تشنگی سیری ناپذیر به خریدآخرین و پیچیده ترین سلاحهای زرادخانه امریکاسبب شدکه هزاران کارشناس امریکایی برای آموزش دادن افرادایرانی درایران خدمت کنند. هرچندنتایج کارآنهاازنظرآماده کردن ایرانیان برای بکار بردن

ونگهداری سلاحهای تازه درخشان نبود ــ وشاید به سبب ضعفهای اساسی آموزشی وسازمانی نمی توانست درخشان باشد ــ اماشمارفراوان آنهابرای تشدیداحساسات ضدامریکایی ایرانیان و بیزاریشان از بستگی روزافزون به امریکابسیارموثرافتاد.

برقراری کاپیتولاسیون یامصونیت قضائی پرسنل امریکایی در۱۳۴۲ که رضاشاه اول سی وچندسال پیش درمیان توفانی ازاحساسات ملی به نظایرآن پایان داده بود، تظاهرزننده ای ازموقعیت برترامریکادرایران بود. امتیازات سیاسی واقتصادی ونظامی که هرروزامریکامی گرفت واحساس حقارتی که درسطح های فردی وحکومتی ایران نسبت به امریکاوامریکاییان نشان داده می شد، همه کوششهای رژیم رادر برانگیختن غرورملی ایرانیان وگرفتن یک وجهه ملی ومستقل بی اعتبارمی کرد.

ارتش همچنین به گران تمام شدن طرحهای اقتصادی کمک می کرد. فرماندهان نظامی که دست گشاده ای بر بودجه مملکتی داشتندوازنظارتهای معمول نیزآزادبودندبرای پیش انداختن طرحهای خودبسیار بیش ازمعمول هزینه می کردند. درنتیجه برای انجام کارهای غیرنظامی نیزهزینه هابالامی رفت.

چنانکه تجاوزعراق به ایران نشان دادخطرهای نظامی بالقوه که ایران راتهدیدمی کردورو یارو یی باآنهادرتوانایی ملی ایران بودبهیچ روی آن قدرت نظامی راتوصیه نمی کردکه چیززیادی برای توسعه ملی نمی گذاشت. ایران یک قدرت درجه سوم اقتصادی بودوضرورتی نداشت ونمی توانست یک قدرت نظامی درجه یک (غیراتمی) جهان باشد، آنهم صرفاازنظرآماری؛ زیراپایه آموزشی وصنعتی لازم رانداشت. درشرایط ایران قدرت نظامی بیشترعبارت بودازقدرت خریدسلاحهای پیشرفته به مقدارزیاد.

اولو یتهای امنیتی کشورنیز بسیارموردتردیدبود. درحالی که رژیم یک پلیس شورش برای حفظ خیابانهای پایتخت نداشت، دلمشغولی به حفظ امنیت راههای دریایی اقیانوس هندبیشتر به رو یاهای مستانه می ماندونشانه دیگری ازوارونگی اولو یتهابود. مخالفان رژیم آن راپلیسی توصیف می کردندولی پلیسهای آن ماهی ۱۲۰۰۰ریال حقوق می گرفتند.

۶ شکست درکشانیدن مردم به صحنه سیاسی و یافتن راههایی برای جلب مشارکت عمومی وهدایت نارضایی سیاسی شاید مهمترین مشکل رهبری سیاسی بودودرقلب همه کم وکاستی های آن قرارداشت. ایران به موجب یک قانون اساسی اداره می شدوازداشتن مجلس ناگزیر بود. انتخابات دردسرتمام نشدنی رهبری بشمارمی رفت وهمه کوششهایی که درسازمان دادن سیاسی جامعه بعمل آمدبیشتر به منظورحل همین مشکل بود.

درنظررهبری سیاسی، مردم می توانستندبرای توسعه سیاسی تابرطرف شدن مسائل اقتصادی واجتماعی صبرکنند. مشارکت عمومی ازنظرآن بیشترمانعی برسرراه تصمیم گیریهای تندوقاطع بودکه برای نوسازی جامعه ضروری شمرده می شد. ازاینروالزام ترتیب دادن انتخابات بودکه توجه رابه سازمان سیاسی جامعه جلب می کرد.

تنها درنیمه دهه پنجاه بود که مشارکت سیاسی مردم نه به عنوان مانعی برسرراه توسعه اقتصادی، بلکه به عنوان شرط اصلی برای آن مطرح گردید. اما این اندیشه هیچگاه دررهبری سیاسی راسخ نشدوهرچند کوششهای ظاهری برای کشاندن مردم به فراگردسیاسی انجام گرفت، این کوششها ازظواهرفراترنرفت.

نظام دوحزبی نیمه دهه ۳۰ (مردم وملیون) ونظام حزب مسلط دهه ۴۰واوایل دهه ۵۰ (ایران نوین) ونظام یک حزبی سالهای ۷ـ۱۳۵۴ (رستاخیز) درسازمان دادن انتخابات مجلس و بعدهابر پاکردن تظاهرات ونمایشهای گسترده عمومی موفق بودند، ولی نه بربی تفاوتی ودلمردگی عمومی چیره آمدندونه نارضایی سیاسی رادرمسیرهای سازنده هدایت کردند. علت آن بود که رهبری سیاسی پیوسته می خواست درمرکزتوجهات باشدوامتیازهمه پیشرفتهاوابتکارات مثبت رابه خوداختصاص دهد. دولت یاحزب اکثریت یاحزب واحدنه اهمیت چندانی داشتندونه مسئول بودند. هرانتقادی ازآنهامستقیمابه رهبری سیاسی برمی گشت. درنتیجه بحث سیاسی موردنظرمیان تهی وسترون می شدومخالفان بجای مخالفت باحکومت یاحزب طبعابه مخالفت بارهبری برمی خاستند. رهبری درکوشش خودبرای جلوگیری از برآمدن هرگروه یاشخصیت سیاسی قابل ملاحظه نه‌تنهاجریان مخالف سیاسی (اپوزیسیون) رارادیکال کرد، خودراآماج همه انتقادهاوحملات قرارداد. ناکارایی هرسازمان یانادرستی هرمقام دولتی بهانه ای برای حمله به رژیم بود، زیراهیچ کس وهیچ سازمانی اصالت وموجودیتی ازآن خودنداشت، همه پرتوهایی ازآفتاب قدرت بودند. رهبری، آنان راازنشان دادن هرگونه استقلال بازمی داشت. آنان نیزخودرابا کم وکاستی هایشان پشت سرآن پنهان می کردند.

جریان آزادسازی (لیبرالیزاسیون) نیمه دهه ۵۰شایدمی توانست به پدیده دوگانه بی تفاوتی عمومی ورادیکال شدن مخالفان پایان دهد. امادراینجاهم مانندطرحهای دیگر (تنظیم خانواده، پیکاربابیسوادی، مبارزه بافسادواتلاف کاری، انقلاب اداری...) انرژی واراده سیاسی لازم در پشت سرسیاست اعلام شده نبود. به روزنامه هاومجلس وحزب اجازه داده شدمعایب رابگویندوانتقادکنندولی کوششی دررفع معایب بعمل نیامدوحوزه انتقادهانیزهرگز به مسائل اصلی وموضوعهای اساسی کشیده نشد. ازمردم خواسته شددرفراگردتصمیم گیری ــ آنهم درحدفراهم آوردن داده هاونظرگاههای گوناگون ــ مشارکت کنندولی کسی به نظرآنهاتوجهی ننمود. تصمیم گیری، حق انحصاری رهبری سیاسی باقی ماندوهرجااحساس می شدمردم چیزی رامی خواهندبه عمدخواستشان ندیده گرفته می شدتاگستاخ نشوند. مردم می بایست صرفادرطرف گیرنده باقی بمانند.

یک مقاله که در باره رابطه حزب ودولت برای مجله ارگان حزب رستاخیزنوشته شده بوددو بارتوسط نخست وزیرازمجله به دفترشاه برده شدتاهراشاره ای به مشارکت مردم رادرفراگردتصمیم گیری شخصاحذف کند. مقامی راکه به سبب مخالفت عمومی ودیر پای بااوازسرکاری به ناچار برداشتندبی هیچ فاصله به سناتوری انتصابی

گماشتندمباداحمل برامتیازدادن شود. یک سال پس ازآن بزرگترین امتیازهابی هیچ اندیشه ای به مخالفان، ونه مردم، داده می شد.

حزب واحدکه بانو یدهای بزرگ آغازگردیدبی مصرف و بیهوده ماند. حتی درزمانی که حکومت به سازمان دادن پشتیبانی عمومی نیازحیاتی داشت، حزبی راکه هنوزمی توانست صدهاهزارتن رامثلادرتبریز پس ازآشوب به خیابانهابکشاندمنحل کردند. یک تصمیم ساده اداری برای ناچیزکردن یک طرح بزرگ سازماندهی سیاسی جامعه کفایت کرد.

ب ـ درزمینه اجتماعی

۱ دربررسی فراگردتوسعه کمتربه عامل اخلاقی توجه می کنند، هر چندباتاثیرتعیین کننده ای که داردبایدجای اصلی رابدان داد. درجامعه ای که مبانی اخلاقیش فروریخته باشدتوسعه حداکثربه شکل جسته گریخته واینجاوآنجاوبی بهره ازهماهنگی وتعادل روی خواهدداد. برای آنکه یک کوشش همگانی درجهت دگرگون ساختن جامعه صورت گیردبایدحداقلی ازایدئالیسم (آرمانگرایی) وانضباط اجتماعی ووظیفه شناسی وگرایشی به مقدم داشتن مصالح عمومی برمنافع فردی درکارباشد. درغیرآن، نه یک پیکارملی برای توسعه، بلکه مسابقه ای برای پولدارشدن و بدست آوردن غنیمت های پیشرفت درمیان خواهدبود.

فروریختن مبانی اخلاقی جامعه درست همان بودکه دربیست و پنج ساله پس از۱۳۳۲روی داد. رژیم به سبب اوضاع واحوال استقراردوباره خود (مبارزه باحکومت ورهبری که باهمه کوتاهیهاوباوجودشکست و بن بست خودقهرمان پیکاربابیگانه بود، ونیزتکیه ای که خودرژیم به یک قدرت خارجی داشت) دربرابرافکارعمومی ملت دست کم دروضع دفاعی بود. تنهاباتکیه برعنصراخلاقی، بانشان دادن سرمشقی ازگذشت و پاکیزگی ودرستکاری، بودکه رژیم می توانست زمینه اخلاقی ومشروعیت ازدست رفته اش رادرمیان مردم بازیابد. ولی درست درجهت مقابل عمل کرد. سرامدان واردمسابقه ای پایان ناپذیربرای مال اندوزی و به چنگ آوردن امتیازات و به رخ کشیدن آنهاشدند. تاکیدبرتفاوتهاوفاصله های طبقاتی باافزایش درامدهای نفتی پیوسته بیشترشد.

بی اعتنایی به افکارعمومی، احساس عدم مسئولیت دربرابرمردم وجانشین کردن ارزشهای اخلاقی باپول ازسوی طبقه حاکمی که گویی برای جبران زیانهای خودبه کشوری اشغال شده پای نهاده بودندنه تنهابه بیگانگی مردم ازحکومت انجامید، باقیمانده هراحساس مسئولیت اجتماعی رانیزدرهم شکست. هرکس درپی آن بودکه «سهم نفت» خودرابهروسیله به چنگ آورد. درخواستهای گاهگاهی حکومت ازمردم که بیشترصرفه جویی وکاروکمترمصرف کنندوکمتربخواهندباریشخندعمومی

روبرومی شد. حتی «مبارزه بافساد» چنان تلقی می گردید که انحصارکنندگان قدرت می خواهندفسادرانیزمنحصر به خودسازند.

یک طبقه حاکم بی اعتقاد، کلبی مسلکی (سینیسم) تاریخی مردم ایران راعمیق ترکرد. تملق که به زشتی دلازاررسیده بودبه اضافه سرمشقهای کامیابی که هرروزمانندخاردرچشم مردم می کشیدند ـ ازدلالان ودرصدبگیران وکارراه اندازان سیاسی وزمین بازان وسرمایه دارانی که به نظرمی رسیدچک سفیدازمنابع ملی بدانهاداده شده است وهمه مقامات بانفوذ که قانون هیچ دستی بدانهانداشت ـ مردمان رامتقاعدکردکه درفضایی کاملا تهی ازملاحظات اخلاقی بسرمی برند.

کیش شخصیت که درشکلهای زمخت افراطی ازسوی مقامات بالا تشویق می شدوتکیه بریک دوره سی ساله تاریخ ایران به زیان بقیه آن، حتی احترام به میراث تاریخی وحس ملی رادرمردم ازنیروانداخت. مردم احساس می کردندچیزی ندارندتاازآن دفاع کنند. صاحبان ثروتهای بادآوردنیزکه باتغییرسیاستهای ناگهانی حکومت اعتمادخودرابیش از پیش ازدست می دادندبااستفاده ازآزادی انتقال دارایی به خارج بازمانده هراراده مبارزه وایستادگی راباختند. رازسرعت باورنکردنی واژگونی رژیم درورشکستگی اخلاقی آن بود. کسی برای یک شرکت بازرگانی که سهام آن نیزعادلانه بخش نشده است برخودسختی روانمی دارد. دربرابریک هجوم جدی بیگانه نیزشایدهمان وضع پیش می آمد.

۲ بی توجهی که به آموزش شدشگفت آوربود. برنامه آموزش ازباسواد کردن توده های بیسواد، از پرورش دادن کارگران ماهروفنی واز تربیت کادرهای بالابه میزان موردنیازجامعه واقتصادناتوان ماند. پس ازیک دهه ونیم پیکاربابیسوادی، شماربا‌سوادان به دشواری از۵۰درصدبالا تررفت ودرمیان زنان وروستاییان بسیار پایین ترازاین میانگین بود. شماردبیرستانهابسیارافزایش یافت ولی دیپلمه هاکمترازنسل پیش ازخودقابل استخدام بودند. لشکرروزافزون دیپلمه های بیکاردرصف مقدم توده های بیریشه و بینواوسرخورده شهری به موج اعتراض وانقلاب سالهای ۷ـ۱۳۵۶پیوستند.

آموزش دانشگاهی بدترین نمونه غلبه کمیت برکیفیت بود. شماردانشگاههاودانشجویان درطول سالهادهابرابرشدولی بیشتردانشجویان چیزسودمندی نمی آموختندودردانشگاههایی که کمترچیزی به آنهامی دادندفعالیت سیاسی می کردند. کوشش برای خریددانشجویان (مقرری ماهانه، کمک هزینه مسکن، خوراک ارزان وآموزش رایگان) برنارضایی آنهامی افزود. اگربجای همه اینهابه دانشجویان کمتری درس بهتری می دادندوازآنهاکه توانایی مالی داشتندماهانه می گرفتندرضایتشان بیشترجلب می شد.

توجه به کمیت در برابرکیفیت ودلمشغولی به آمارسبب شدکه ازرفاه معلمان وسطح حرفه ای آنان غافل بمانند. معلمان نیزمانندگروههای حساس دیگر ـ قضات وضابطان دادگستری، توده کارکنان اداری ـ درشمارکم درامدترین گروههای جامعه

بودندو کارایی شان هرچه پایین ترمی رفت. حرفه معلمی کم حیثیت بودواستعدادهای بالا تر راجذب نمی کرد. تنهادرآخرین سال رژیم بود که کوشیدندبردرامدمعلمان بیفزایند. درمیان مخالفان رژیم نقش معلمان واستادان تنهابادانشجو یان ودانشاموزان قابل مقایسه بود. سراسرنظام آموزشی به سبب سیاستهای نادرست ورهبری ناتوان (در بیشتردوره بیست و پنج ساله) برضدرژیم شوریده بودند.

باآنکه درسالهای آخررژیم بیش ازده میلیون تن درموسسات آموزشی درس می خواندندسهم نظام آموزشی درتوسعه اقتصادی، ازیک نظر، پایین ترمی آمدونیاز به وارد کردن کارگران ماهروفنی ومدیران هرسال بیشترمی شد. شگفت آنکه خودحکومت نیزاین رونددراتشو یق می کرد. هنگامی که هزاران کامیون وارداتی زیر باران وآفتاب می پوسیدندبجای ترتیب دادن دوره های آموزشی برای رانندگان ازکره جنوبی راننده آوردند.

شکست آموزشی به معنی شکست برنامه های توسعه اقتصادی واجتماعی ونظامی بود. پایین بودن بهره وری صنایع، ناکارایی دیوانسالاری ووایس ماندگی عمومی جامعه مستقیمابدان ارتباط می یافت وازنظرسیاسی نیز پیامدهای مرگباری داشت. یک جامعه بیسوادو بیفرهنگ به آسانی زیرنفوذعوامفریبی وخرافات مذهبی درآمد. زیاده رو یهای دوران انقلاب راخلأ فرهنگی جامعه ایرانی توضیح می دهد.

درنمونه های موفق ترتوسعه، ونیزدرهمه کشورهای سوسیالیستی، سیاست آموزشی ازیکسوبه ریشه کن کردن بیسوادی اولو یت داده است وازسوی دیگر به پرورش کادرهای آموزشی ومدیریت وفنی. سیاست آموزش رسمی سرامدگرا (الیتیست) است و بااختصاص دادن منابع به آدم سازی به فراگردتوسعه جنبه ای خودبخودمی دهد. ریشه کن کردن بیسوادی نیززمینه رابرای یک انقلاب واقعی آموزشی (ونه شعارآن) آماده می سازد. درایران سیاست آموزشی بجای نیروی کارمولد، منشیان ومدعیان پرورش می داد.

۳ سیاست فرهنگی این دوره نیزمانندهمه سیاستهای آن بی بهره از بهم پیوستگی وهدف روشن بود. ازسو یی فعالیتهای فرهنگی چشمگیرو پرهزینه (جشنواره ها، تالارهای کنسرت واپراوموزه هاوکتابخانه های پرهزینه ومانندهای آن) که گروه معدودی رادر برمی گرفت وازسوی دیگرفقرفرهنگی محض که بافعالیتهای زیرزمینی ونه چندان زیرزمینی چپگرایان وافراطیان مذهبی «جبران» می شد. تسلط دیوانسالاری برفعالیتهای فرهنگی عملابه توقف یارکودنشر کتاب، تئاتر، فیلم سازی ومطبوعات انجامید. توده های جمعیتی که به شهرهاریخته بودندونه اشتغال مرتبی داشتند، نه سرگرمی درست، نه شرایط زندگی قابل تحمل ونه حتی دسترسی به ورزش ــ زیرااین رشته نیزدرانحصارمقامات بانفوذسیاسی ونزدیک به رهبری درآمده بودواعتباراتش به مصرف همه گیرکردن ورزش نمی رسیدوعمومادرطرحهای تجملی هزینه می شد ــ ازفعالیتهای سالم فرهنگی بی بهره بودند. نیروی آنان بجای آنکه درعرصه های فرهنگ وورزش

بکارگرفته شود، سرخورده وعاصی شدوسرانجام طغیان کرد.

درهمه سالهایی که دیوانسالاری فرهنگی بایک سانسورناشیانه وکوردلانه وغرض آلودونا کارامدتلاشهای دونسل رابرای ابرازوجودعقیم می گذاشت افراطیان ومتعصبان مذهبی وگروههای پنهان وآشکارچپگرا که در پیکارچریکی فرهنگی مهارت یافته بودندایدئولوژیهای خودراازهمه راه، حتی ازراه کتابهای درسی رسمی، به جوانان تلقین می کردند. رژیم ایدئولوژی نامشخصی آمیخته ازاصل رهبری وترقیخواهی راباوسایل وازراههای ابتدایی تبلیغ می کرد. تقریباهمه بحث سیاسی رسمی به دوسه کتاب ومصاحبه هاوسخنرانیهای گاهگاهی یک مقام برمی گشت و برگردسه چهارروزمعین درسال دورمی زد. در برابر، افراطیان چپ ومذهبی نیزایدئولوژیهایی بهمان اندازه نامشخص وساده شده راباپیامی برانگیزنده ومهارتی بیشترودرفضایی که باسرخوردگی سیاسی وفقراقتصادی وفرهنگی آماده شده بودبه گوش مردم می رساندندوطبعابسیارکامیابتر بودند. نیرومندی اعتراض آنهامیان تهی بودن پیامشان راازذهن هادورمی کرد.

دانشگاههابویژه ودبیرستانهابه مقدارزیادازنظرفرهنگی دراختیارچپگرایان درآمده بودند. افراطیان مذهبی درمیان کاسبکاران و بازاریان و بیکاران یافرودستان محلات فقیرنشین شهرهافعالیت داشتندودراواخررژیم پهلوی به دانشگاههاودبیرستانهانیزراه یافته بودند. هردوگروه رخنه های قابل ملاحظه ای درصف کارگران وکارمندان کرده بودند. دریک فضای تهی فکری وفرهنگی، هرایدئولوژی بدون هیچ برخوردجدی آرا، زندگی خودراداشت وایدئولوژی رسمی ورشکسته ترازهمه بودزیراحتی پیشبرندگان اصلیش نیزاحترامش رانگه نمی داشتندورفتارشان به آسانی گفتارشان رامی شکست.

۴ یکی ازخطاهای بزرگ دوران ۵۷ـــ۱۳۳۲ اعتقادبه تهی کردن روستاهاو بزرگ شدن شهرهابود. بی آنکه به ویژگیهای رشدشهرگرایی در غرب صنعتی توجه شایان گردد، تصورمی شدصرفاباتغییرنسبت جمعیت شهرنشین به روستانشین، کشورنوسازی خواهدشد. درحالی که درغرب صنعتی جمعیت درشهرهاجذب صنایع کارگر برشدندوهمپای رشدشهرهاامکانات آموزشی وفعالیتهای فرهنگی وفراغت وسازمانهای لازم برای سوق دادن انرژی سیاسی مردم گسترش یافت ودرهمان حال برقدرت تولیدروستاهانیزافزوده می گردیدو بازارهای گسترنده خارجی کمترجایی برای کمبودو بیکاری می گذاشت، درایران افزایش نسبت جمعیت شهرهابه روستاها ـــ ازحدود ۵ر۱:۱در۱۳۳۵به ۱:۱در۱۳۵۵ ـــ هیچ یک ازاین ویژگیهارابه تمامی نداشت و پاره ای رایکسره فاقدبود. جمعیتی که ازرکودوواپس رفتن اقتصادروستاهایانبودن خدمات اجتماعی ورفاهی درآنهابه تنگ می آمدندبه شهرهایی می رفتندکه همیشه برای آنها کارنداشت ونه مسکن ونه آموزش (مدارسی که سه نوبت درروزبه گروههای گوناگون شاگردان درس می دادندکم نبودند) ونه اسباب فراغت وسرگرمی ونه امکانات فرهنگی مناسب دراختیارشان می گذاشت. تنهاچیزی که درشهرهابه مقدارزیاددردسترس این جماعت بیریشه و به تنگ آمده

بودوسوسه مصرف بود که برکینه طبقاتی می افزود.

جمعیت تهران از ۵ر۱ میلیون در ۱۳۳۵ به ۵ر۴ میلیون در ۱۳۵۵ رسید. شهرهای دیگری مانند اصفهان وتبریزوآبادان واهواز ومشهدنیز باانفجارجمعیت رو برو بودند. تقریبا هرشهرمتوسط و بزرگ ایران بیش ازتوانایی جذب خودمهاجرمی پذیرفت ورشدجمعیت پس ازهمه پیشرفتهادرکنترل خانواده به حدودسه درصدرسیده بود.

این روندشهرنشینی به کاهش ظرفیت تولیدملی و وابستگی روزافزون به واردات موادخوراکی وافزایش کلی واردات موادمصرفی وگسترش فعالیتهای غیرتولیدی و بورس بازی زمین وخانه وسنگین شدن هزینه های بالاسری اجتماعی انجامید. دولت که بیش از پیش وظیفه یافت کار برای بیکاران فراهم آوردصفوف کارکنان خودرامتورم ترساخت.

زمین بازی وخانه سازی بورسبازانه که ازنیمه دوران رضاشاه اول آغازشده بودمهمترین فعالیت اقتصادی گردیدودرغیاب یک نظام مالیاتی درست، ثروتهای بادآوردی انباشت که سرانجام به دلایل سیاسی بخشی ازآن به خارج انتقال یافت. باهمه رونق خانه سازی، مسکن بزرگترین مساله اجتماعی بودومشکلات آمدوشد (ترافیک) وآلودگی هواوکمبودآب و برق وخدمات شهری، زندگی رادرشهرهای بزرگترایران به صورت دوزخی برای مردمان درآورد.

بجای فراهم کردن آب برای کشاورزی و برق برای صنایع، منابع ملی صرف بستن سدوساختن نیروگاههاوخطوط انتقال نیرو برای شهرهامی شدوازجمعیت شهری ایران که نیمی ازجمعیت کشوررادربرمی گرفت ۵ر۲میلیون درصنعت کارمی کردندو یک میلیون درساختمان و بقیه درخدمات که دستفروشی رانیزدربرمی گرفت. گروههای بسیاربزرگی نیز بیکار بودندزیراانتظاراتشان بالا ترازآن رفته بود که تن به کارهای سنگین دهند. سیاستهای بی بندو بارچندصدهزار (به تخمینی حدودیک میلیون) افغانی رانیز برآنان افزوده بود که در برابرمزدآماده هرکاری بودند، ازجمله شرکت درتظاهرات وو یران کردن سینماهاو بانکها. این توده عظیم خانه بدوش و بیریشه شهری درفضای مناسب و باپشتیبانی بیدریغ منابع گوناگون داخلی وخارجی به آسانی بحران ۷ـ۱۳۵۶ رامیسرساخت.

باآنکه بیشترخدمات اجتماعی ـ آموزش و بهداشت ودرمان ـ درشهرهامتمرکزشده بودحتی همه شهرنشینان نیز بدانهادسترسی نداشتند. امکانات آموزشی بجای آنکه درروستاهاوشهرهای کوچکترکودکان ونوجوانان راآماده اشتغالات سودمنددرمحل کند، دیپلمه بیکاروغیرقابل استخدام می ساخت که درشهرهاسرگردان بودندیاصرف آموزش عالی می شدکه فراورده های کارآمدش هزارهزاردرخارج می ماندندیامهاجرت می کردند. بجای پخش کردن حداقلی ازخدمات بهداشتی ودرمانی درسراسرکشور، بزرگترین و پیچیده ترین مراکز پزشکی درشهرهای بزرگ بر پامی داشتندوسفارش بیمارستانهای تجملی «کلیدبه در» به خارج می دادند. نیاز به دسترسی داشتن به خدمات آموزشی ودرمانی، حتی درسطح

های پایین تر، تقریباهمان سهم رادرکشاندن مهاجران به شهرهای بزرگ داشت که جستجوی کار واشتغال.

پ ـ درزمینه اقتصادی

۱ بحث دراینکه ایران یک کشورکشاورزی است یانه ازاوایل سده بیستم درایران چنان آغازشدکه گویی فراگردصنعتی شدن مخالف توسعه کشاورزی است. برخلاف نمونه های موفق غربی که صنعت ازیک پایگاه کشاورزی نسبتاتوسعه یافته برخوردار بود که می توانست مازادی برای سرمایه گذاری درصنعت فراهم آوردو یک بازارداخلی برای فراورده های آن، درایران شوق صنعتی شدن ازآغاز بافراموش کردن اهمیت کشاورزی همراه بود.

درامدهای نفتی نیاز به مازادکشاورزی رابرای رشدصنعت کم می کردو یک بازارمصرف داخلی پدیدمی آورد که چون ریشه درفعالیت اقتصادی خودجامعه نداشت بی تناسب وآماده ائتلاف وزیاده روی واساسامتمایل به واردات بود. درهمه دوران درامدهای قابل ملاحظه نفتی ازنیمه دهه ۳۰و بویژه نیمه دهه ۱۳۵۰کوششهای اندکی برای سرازیرکردن سرمایه گذاریهابه بخش کشاورزی ــ شامل تولیدوتوزیع موادکشاورزی ــ صورت گرفت.

برنامه اصلاحات ارضی که نمایان ترین اقدام اصلاحی دوران پس ازانقلاب مشروطه بودبه سبب این بی اعتنایی اساسی به بخش کشاورزی درهدفهای اقتصادی خودکامیاب نشد. رشدتولیدکشاورزی در برابرافزایش جمعیت ومصرف سرانه منفی بود (قسمتی به سبب بالارفتن کیفیت مصرف) وایران دراواخر دوران ۲۵ساله حدود۳۰درصدنیازهای موادخوراکی خودراواردمی کردوازواردکنندگان مهم فراورده های کشاورزی درجهان شده بود.

کشاورزی وصنایع وخدمات وابسته بدان نتوانست بخش قابل ملاحظه ای ازمازادجمعیت روستاهاراجذب کندو پایین بودن سطح زندگی روستاییان مانع ازگسترش بیشتربازارداخلی شد. فقرروستاهارساندن خدمات اجتماعی رابه آنهادشوارترساخت وانبوه جمعیت روستاییان ایران ازنظرشاخصهای رشدباروستاییان کشورهای فقیرجهان قابل مقایسه بودند.

حکومت می کوشیدبه کشاورزان کمک کندولی کمکهاکافی نبودندودر پاره ای زمینه های اساسی کارمهمی انجام نگرفت: اول یک شبکه اعتباری آسان وارزان که کشاورزان راازنزولخواران رهایی بخشد؛ دوم، ساختن شبکه راههای روستایی وتسهیلات توزیع فراورده های کشاورزی که اتلاف سی تاچهل درصدفراورده هاراچاره کند؛ سوم تضمین قیمت فراورده هاکه بردرامدکشاورزی بیفزاید. دراین موردآخری برعکس درقیمت گذاری فراورده هایی ماننذغلات وچغندروچای وتوتون کوشش حکومت درسالهای آخر براین بودکه قیمتهارادرشهرهابه زیان روستاییان پایین

نگهدارد. این سیاست پایین نگهداشتن اجباری ومصنوعی فراورده های کشاورزی به جایی رسیدکه برای روستاییان خریدنان ازشهرهای نزدیک ارزانتر بود. زیراحکومت علاوه برارزان خریدن گندم ازروستاهابه نان شهرهاکمک هزینه هم می داد. درزمینه های مبارزه باآفات وفرسایش زمین وآبرسانی آنچه شدناکافی بود.

اداری کردن کارکشاورزی ودردست گرفتن اختیارهمه جنبه های زندگی روستایی، حتی تعاونیهای روستایی، ازسوی سازمانهای گوناگون دولتی به اضافه سیاستهای ضدونقیض وناپایدار، هرعامل اعتمادوابتکارخصوصی رادرروستاهای ایران ازمیان برد. روستاییان برای کارهای خودگاه با۱۷ مامورسازمانهای گوناگون دولتی بانظرات مختلف سروکارداشتند. البته در بیشترروستاهااینگونه خدمات اداری به حداقل می رسیدندزیرابه همه روستاهانمی شدمامورفرستاد. ولی مزاحمتهای بالقوه برسرجای خودبودوسازمانهای دولتی مربوط می توانستنددرهرزمان درکارهامداخله کنند.

بیشتراعتبارات کشاورزی وتکیه سیاستهای کشاورزی به بخش سنتی متوجه بودکه اکثرروستاییان رادربرمیگرفت. در برنامه بخش بزرگتر۱٫۴۳۳ میلیاردریال اعتبارات وسرمایه گذاری کشاورزی به واحدهای بزرگ (کشت وصنعت وشرکتهای سهامی زراعی وتعاونیهای تولید) تخصیص داده شده بودبه موجب آن برنامه واحدهای کشت وصنعت می بایست ۴۰۰ هزارهکتاراضافی اززمینهای کشاورزی دهقانی (سنتی) راجذب کنند. مفهوم واقعی آن بیرون راندن کشاورزان اززمینهایشان بود ــ همچنانکه درموردزمینهای جنگلی وچراگاههاوزمینهای دیگری که به سران سیاسی ونظامی رژیم یاطرحهای مربوط به آنهااختصاص می دادند.

پس ازاصلاحات ارضی تولیدروستاهاپایین آمد، زیرابه موجب قانون ارث زمینهابه قطعات کوچک غیراقتصادی تقسیم می شد. پیش ازآن نظام زمینداری، نسقهاراازخردشدن حفظ می کرد. نابرابری درامدشهروروستانیزشدت گرفت. درحالی که در۱۳۳۸ مصرف سرانه شهری دو برابرمصرف سرانه روستایی بوددر۱۳۵۱ به سه برابررسیدو پس ازرونق نفتی نیمه سالهای ۵۰ بازهم به زیان روستاهاافزایش یافت. مزدکشاورزی که در۱۳۴۴ به ۵۰ درصدمیانگین مزدملی می رسیده سال پس ازآن به ۳۰ درصدکاهش یافته بود. اینهمه کاررابه جایی رساندکه دربسیاری ازروستاهابه زحمت می شدمردان جوان رایافت.

۲

سرگردانی حکومت میان یک اقتصادسرمایه داری آزادو یک اقتصادسرمایه داری دولتی بدترین دودنیارابرای ایران به بار آورد. ازسو یی می خواستندهمه نیروهای تولیدی جامعه رابه کاراندازندوازسو یی یک دیوانسالاری عریض وطویل می خواست همه سررشته هارادردست داشته باشد. رهبری سیاسی نیز پیوسته میان این دوگرایش درنوسان بود. نتیجه آن شدکه سرمایه داران سیاسی ــ آنهاکه دسترسی به رهبری سیاسی داشتند ــ دست گشاده ای برمنابع ملی یافتندوهرچه توانستندمقررات رابه سودخودگردانیدندودرشرایط نابرابرو به

هزینه دولت ومصرف کنندگان نیرومندترشدند.

دربرابر، کسان دیگری که آماده سرمایه گذاری بودندپیش سدمشکلات سیاسی واداری به ستوه می آمدندوجزآنها که به بورسبازی زمین وخانه می پرداختندبقیه ناراضی بودند، زیراهرچندپول بدست می آوردندولی پیوسته ازمداخلات دولتی وتغییرسیاستهای ناگهانی ودلبخواهی رنج می بردند.

کاربیقانونی وبیعدالتی و یک بام ودوهوابه جایی رسیدکه حتی قشرهای مرفه جامعه ایرانی نیزدرصف مخالفان رژیم درآمدندودراولین فرصت بررژیم هجوم آوردند. حضورسرمایه داران وصاحبان صنایع و بازرگانان بزرگ درصف انقلابیان ازو یژگیهای یگانه انقلاب اسلامی بود.

ازهمان آغازودرنیمه دهه ۳۰آشکاربودکه پیچیدگی های یک اقتصادنوازحدوددریافت رهبری سیاسی ایران بیرون است. این ناآگاهی حتی دربدیهی ترین اصول اقتصادی جلوه می کرد. به نظرنمی رسیدکه حکومت حتی اگرمی خواست می توانست فضایی ناامن تربرای سرمایه گذاری وفعالیت اقتصادی درجامعه پدیدآورد. تصمیم گیریهای کوچک و بزرگ اقتصادی غالبابی مشورت کارشناسان وبی درنظرگرفتن بازتابهای آن دردنیای کسب وکارانجام می گرفت ومصالح درازمدت اقتصادی فدای ملاحظات روزانه یاپیروزیهای ناپایدارتبلیغاتی می گردید.

این گرایش به واردکردن سیاست درکارهای روزانه واموراقتصادی به همراه زمان تندترشدونمونه های آن بسیارند. سهیم کردن کارگران درسودموسسات خصوصی که عملابه پرداخت معادل چندماه حقوق به عنوان سهم کارگران ازدرامدموسسه در پایان سال تعبیرشدهیچ کمکی به افزایش بهره وری نکردزیراارتباطی باچگونگی کارکارگران یاسودوزیان موسسه نداشت. فروش ۴۹درصدسهام موسسات بزرگ به کارگران، که عملابیش از۱۵۰۰کارگررادربرنگرفت، سرمایه داران رابه فرجام کارخودنامطمئن کرد. فرارناگهانی سرمایه هابه خارج ومتوقف شدن سرمایه گذاری درکارهای تازه، پیامدهای این تصمیم بود.

شیوه ناگهانی اعلام این سیاستهابه اندازه محتوی آنهاآرامش خاطرسرمایه گذاران رابرهم می زد. اقدامات دیگرمانندواجاره دادن اجباری خانه های خالی ــ که ازچندخانه خالی درتهران درنگذشت ــ یامصادره زمینهای روستاییان ودادنشان به صاحبان نفوذ، یاملی کردن جنگلهاوچراگاههاوگرفتن اجباری شان ازخرده مالکان وآنگاه دادنشان به سران حکومتی ومبارزه باگرانفروشی که به برانگیختن کینه های عمیق دربازارو پیشه وران انجامید، هیچ کدام ازنظراقتصادی سودمندنبودندوحتی بطورکامل اجرانشدند. اماهمه درعدم ثبات اقتصادی وتشویق به فرارسرمایه واحتکاروگرانفروشی وسفته بازی سهم موثرداشتند.

به هرطرحی تاآنجااعتنامی شدکه به کاربهره برداری سیاسی وتبلیغاتی بیایدوواردقلب مساله نشود. پیکارباگرانفروشی نمونه خوبی است. هنگامی که

وزیر بازرگانی وقت خواست مبارزه رااز مرحله نمایشی آن درآوردو به اصلاح نظام توزیع وکوتاه کردن دست دلالان وواسطه های بانفوذ همت گمارد، اورابرکنارکردندودلالان سیاسی چنان درسی به اووهمکارانش دادندکه دیگرکسی به حریمشان تجاوزنکند.

اندک اندک چنان شدکه تنهابه زورکمکهاواعتبارات هنگفت دولتی باامیدبه برگشت سریع سرمایه می شدابتکارات خصوصی رابرای طرحهای بزرگ به میدان آورد. سرمایه گذاران کوچک به مقدارزیادازاین ملاحظات برکناربودند. دررونق بیسابقه اقتصادایران، آنهاهزارهزارمی بالیدند. تصویراقتصادایران یکسره منفی نبود.

سهم صنعت درتولیدناخالص ملی ایران از۷ر۶۱میلیاردریال در۱۳۴۳به ۶۸۴ر۳میلیاردریال در۱۳۵۶رسیدودرمیان کشورهای صادرکننده نفت جهان سوم ایران درگوناگون کردن پایه های اقتصادخودازهمه کامیاب تربود. درهمین مدت تولیدناخالص ملی ایران بیش ازده برابرشد ــ از ۳۴۸ر۱میلیاردریال در۱۳۴۳به ۳۵۸۹ر۱میلیاردریال در۱۳۵۶. امابه موجب گزارشهای سالانه بانک مرکزی ایران که این ارقام بدانهامتکی است در۱۳۵۶نرخ رشدقیمتهای عمده فروشی ۱۷ر۲درصدوخرده فروشی ۲۷ر۳درصدشده بودکه در۱۳۵۷به ترتیب به ۹ر۹درصدو۱۱ر۶درصدکاهش یافت. درسالهای دهه ۵۰تورم بااعداددورقمی بالامی رفت، سهم نفت درتولیدناخالص ملی افزایش می یافت (در۱۳۵۶ ۱۲۸۴ر۹میلیاردریال یعنی ۳۵ر۸درصدتولیدناخالص ملی) وواردات کشاورزی از۱۴۲ر۵میلیون دلاردر۱۳۴۸به ۲۵۰۰میلیون دلاردر۱۳۵۶رسیده بود.

اگرایران درانقلاب صنعتی خودتاآنجاپیش نرفت که آرزوداشت، گذشته ازشرایط عمومی واپس ماندگی ونیازبه شروع ازصفردرهمه مراحل، بخشی به این جهت بودکه به صنعت درایران بیشتربه عنوان جانشین واردات می نگریستندنه عاملی درصادرات. برخلاف کشورهای موفق ترجهان سوم که صنعت ازآغازدرپی بیرون آمدن ازدایره بازارداخلی وجستن پیکاردرمیدان رقابت بین المللی بودو به افزایش بهره وری و «پژوهش وگسترش» اولویت می داد، صنعت ایران به شرایط گرمخانه خوکرده بودو بازارحمایت شده واسیرورو به گسترش داخلی برایش بس بود. شعارهای «صنعت وابسته یامونتاژ» که همه جابکارمی برندحق صنعت ایران راادانمی کنند. زیرادویست سال پس ازانقلاب صنعتی اول وصدسال پس ازانقلاب صنعتی دوم ودرآستانه انقلاب صنعتی سوم، هرکشوری بخواهدگام درراه صنعتی شدن زندناگزیرازیک دوران «مونتاژ» است ووابستگی اش به بیرون هرگز پایان نخواهدیافت. درواقع پیشرفته ترین کشورهانیزازنظرصنعتی به یکدیگرمتقابلاوابسته اند. دلایل سیاسی نالازم شکوفان شدن ابتکارات خصوصی را ــ چنانکه درتوانایی ایران بود ــ به دشواری افکند. ایران باپشتگرمی به درامدهای نفتی می توانست دربیست و پنج سال پایه های یک اقتصادنوین صنعتی رابگذاردوازتکیه روزافزون برنفت بکاهد. سیاستهای اجتماعی نیزچنان نبودکه تفاوت درامدگروههای گوناگون

چنان نباشد که در۱۳۵۵ده درصدجمعیت ۴۰درصدمصرف ملی رابه خوداختصاص دهند؛ واین پیش ازمحسوس شدن کامل آثارانفجارقیمت نفت بودکه رژیم ایران رازیرفشارهای خوددرهم شکست و برنابرابریهاونابسامانیهابسیارافزود. به موجب گزارش وزارت خارجه امریکادر۱۳۵۴تقسیم درامدملی میان گروههای اجتماعی چنین بود: طبقه مرفه (۲۰درصدجمعیت) ۶۳٫۵درصد؛ طبقه متوسط (۴۰درصدجمعیت) ۲۵٫۵درصدوطبقه فقیر (۴۰درصدجمعیت) ۱۱درصد. سه سال پیش ازآن نسبتهابه ترتیب ۵۷٫۵درصد، ۳۱درصدو۱۱٫۵درصدبود. سرعت رشدنابرابری طبقات راازهمین سه سال می توان دریافت.

ایران درآن بیست و پنج سال باهمه دستاوردهای بزرگ خودنه ثروت کافی تولیدکردکه اثرو یرانگرنابرابریهاراتعدیل کندونه آنچه راکه داشت عادلانه توزیع کرد. ناتوانی کشوردرراه بردن خودبو یژه درهنگامی جلوه گرشدکه افزایش سیل آسای درامدهای نفتی به نظرمی رسیدمشکل سرمایه ای توسعه اقتصادی راپاک برطرف کرده باشد.

۳ وقتی درامدهای نفتی سرازیرشد ــ ۱۳۴۵به بعد ــ آنچه پیش آمد بیشترشتاب برای هزینه کردن درامدهابودتا «توسعه». بالاترین مقامات کشوراعلام می کردندکه بیگانگان می پندارندماقادر به جذب درامدهای خودنیستیم ومابایدثابت کنیم که می توانیم درامدمان راخرج کنیم. باچنین منطقی همه توصیه های کارشناسان سازمان برنامه درباره ضرورت احتیاط ومیانه روی به کناری انداخته شدومسابقه جنون آمیزی برای پیش انداختن هزینه هاازدرامدهاآغازگردید.

برنامه پنجم (۱۳۵۲ــ۷)صحنه نمایشی گردیدکه واقعیات ناکارایی نظام حکومتی ایران راآشکارساخت. درصورت اصلی خود، برنامه پنجم باهزینه ای معادل ۳۴۴۰میلیاردریال که ۱۵۶۰میلیاردریال آن راسرمایه گذاریهای دولتی تشکیل می دادازامکانات دستگاه اداری وشبکه بانکی وارتباطی بیرون بودوفشارهای سخت برآنهاواردمی ساخت. ولی هنگامی که درنخستین سال برنامه بهای نفت چهاربرابرشد (به سبب جنگ اعراب واسراییل وتحریم نفتی اعراب ومانورهای قبلی لیبی که کمبودی در بازارنفت پدیدآورده بود) پیش بینی درامدهای نفتی برنامه پنجم که دراصل ۲۰٫۸میلیارددلار بودبه ۹۸٫۲میلیارددلار بالابرده شد. بی هیچ توجهی به عوامل دیگروصرفابه همین دلیل، هزینه های برنامه پنجم رابه ۸۲۹٫۵میلیاردریال یعنی ۲۵۰درصدافزایش دادند.

برای کشوری که بندروراه وراه آهن وازهمه مهمترنیروی انسانی پرورش یافته به اندازه کافی نداشت، این بازی بوالهوسانه باارقام، مصیبت به بارآورد. داستان کشتی هایی که تاشش ماه در بندرهاانتظارکشیدندتابارشان راتخلیه کنند، توده های انبوه کالاهایی که زیرآفتاب و باران زنگ زدندیازیرفشار بولدوزرهایی که به «پاک» کردن محوطه گمرکهامی پرداختندازمیان رفتند؛ وسیمانهایی که آنقدرمنتظرکامیون

مـانـدندتاسنگ شدندوهزاران کامیونی که در بیابانهابه سبب نداشتن راننده ناچیزشدند مشهوراست.

در پایـان بـرنـامـه پنـجـم یکی هم ازطرحهای بزرگ آن اجرانشده بودو برنامه ششم هرگز پانگرفت زیرامی بایست نخست بازمانده های بیشمار برنامه پنجم راتمام کردکه خودسـالـهـاوقت مـی گرفت. تنهانتیجه واقعی برنامه پنجم افزودن برتقاضابودکه تورم راافـزایـش دادو بـرنـارضـایـی افزودزیراحتی باواردات شگرف نمی شدتقاضارابرآورد؛ وگـسـتـرش بـاورنـکـردنی فسادبودوازهم گسیختن بافت جامعه ایرانی. از۱۳۵۴تعادل کشور برهم خوردورهبری سیاسی تسلط خودرابراوضاع ازدست داد.

طـرفـه آنکه بیست سال پیش ازآن همین فراگردکم و بیش تکرارشده بودومسئولان کـافـی بـودبـه درسـهـای آن دوران تـوجـه کـنـنـد. درسـالـهـای ۳۹ــ۱۳۳۴نـیـز پس ازسرازیـرشـدن درامـدهـای افـزایش یافته نفت به اقتصادگرسنه ایران پدیده های تورم، فـشـارتـحـمـل نـاپـذیر بـرمـنـابـع مـالـی وانـسـانـی کـشوروآثـار بـرنامه ریزی نادرست آشـکـارشـدنـدو بـه بحران اقتصادی ومالی سال ۱۳۴۰انجامیدند. درآن دوران ساختن سدهای بزرگ اولو یت داشت که بیشترمنابع به آنهااختصاص یافت. ولی چون شبکه هـای آبـیـاری سـدهـاراآمـاده نـکـردنـدکـمـک چـنـدانـی بـه افـزایـش تـولـیـدنـشـدوتورم وفـشـار بـرنـیـروی انـسـانـی افزایش یافت. درآن هنگام نیزتوجه بیش ازاندازه به عامل سرمایه وضعف برنامه ریزی، پیامدهای ناگوارخودرانشان داده بود.

شـکـسـت اسـتـراتـژی تـوسعه ایران درآن سالهای واپسین بر بیگانگان دانسته بود. بـرخـلاف خـیـالـپـروریـهای پاره ای ایرانیان کسی ازقدرت صنعتی وآینده اقتصادایران نـمـی ترسید. درهمان نخستین سالهای برنامه پنجم سازمان برنامه ازموسسه «هادسن» دعـوت کـردیـک بـررسـی در بـاره جـامـعه واقتصادایران بکند. رئیس موسسه کتابی درآیـنـده نـگـری ژاپن نـگـاشته بودو پیش بینی کرده بودکه آن کشورتاپایان سده بیستم اولـیـن قـدرت اقـتـصـادی جـهـان خواهدشد. رهبری ایران، که هم آنگاه ایران راژاپن دومی مـی دیـد، بـرای تعبیررو یاهای خودموسسه هادسن رامناسب یافت. اماگزارش مـوسـسـه هرگزانتشارنیافت و بایگانی شدزیرابسیار بدبینانه بودوکشوری راباسطح ونظام آمـوزشـی وفـراگـردتـصـمیم گیری ایران نه تنهادارای بخت ژاپن دومی شدن نمی دید، بلکه در باره آینده آن تردیدهای جدی ابرازمی داشت.

در بهار۱۳۵۶، پیش ازحرکت خودبه ایران، سالیوان که به عنوان سفیرامریکاتعیین شـده بـوددریـک جلسه غیررسمی شورای صاحبان کسب وکار برای تفاهم بین المللی شـرکـت جـسـت کـه درآن مـدیران ۲۵تن ازمهمترین مدیران صنعت امریکایی شرکت جسته بودند. آنهاصریحابه سالیوان گفتندبخت ایران برای آنکه به یک اقتصادگسترده صنعتی تبدیل شودناچیزاست (یعنی حتی به پایه یک قدرت صنعتی درجه دو بامقیاس اروپایی). وعـلـت رابـه اصـرارشـاه نسبت داده بودندبه اینکه چه درتجهیزات نظامی وچه صـنـعـتـی مـی خـواهدآخرین دستاوردهای تکنولوژی رابدست آورد (که ازامکانات اقـتصادی وآموزشی کشور بیرون بود) ونیزغفلت اواز بخش کشاورزی ونیزجنون بزرگی

اوراذکرکرده بودند.

این قضاوتهای نامهربانانه درایران چنان تعبیرمی شدکه بیگانگان به ایران حسدمی برندونمی خواهندپیشرفتهای آن راببینند. اگرکسی توصیه می کردکه یک استراتژی متناسب باتواناییهاوضعفهای جامعه ایرانی، کارامدتراست وسرعت پیشرفت راحتی بیشترمی کندباتکبرتمام متهم می شدکه می خواهدایران رادرمدارواپس ماندگی نگهدارد.

چنین شدکه باهمه درامدهای نفت وتعهدواقعی رهبری سیاسی به توسعه، هیچیک ازهدفهای اقتصادی تحقق نیافت. ایران در پایان دوره بیست و پنج ساله بازشناخته نمی شد و راه سده هاراپیموده بود. بااینهمه سراپاناسالم بود. بدون تزریق میلیاردهادرامدنفت به بهای خشکاندن سریع چاههای نفت نمی توانست روی پای خودبایستد. صنعت آن تاب ایستادگی در برابررقابت خارجی نداشت؛ کشاورزیش هرسال سهم کمتری ازنیازهای ملی رابرمی آورد؛ بودجه وموازنه پرداختهایش کسری داشت؛ تورم شیرازه جامعه راازهم می گسست واکثریت مردمش درروستاهاوزاغه های شهرها هیچ چیزدرحدمناسب وکافی نداشتند. این اقتصادی بودکه تنهاازعهده هزینه های روزافزون ودورازتناسب تسلیحاتی برمی آمد.

سهم هزینه های عمومی درفقیرکردن کشورهیچگاه به درستی شناخته نشد. یک نخست وزیرلاف می زدکه بودجه ایران ازامریکابزرگتراست. صرفنظرازنادرست بودن این ادعا، خوداین گفته نشان می دهدکه گمراهی تاکجابوده است. دستگاه دولتی همه کارمی کردوصاحب همه چیز بود. ازوظایف معمول اداری گرفته تاتصدی خدمات عمومی وشهری واداره موسسات اقتصادی و پرداخت کمک هزینه به نان وگوشت وروغن نباتی وشکر (که دردومورداخیر به پایین ماندن بهاوصدورقاچاق آنهابه خارج کمک می کردودرموردنان وگوشت چندان موثرنمی افتاد) وحتی میوه های تجملی، وگرداندن موسسات آموزشی و بیشترموسسات درمانی وخانه سازی ومغازه داری وواردات وصادرات وهرچه بتوان تصورکرد.

اینهمه کم بود، پیوسته طرحهای پرهزینه تردیگراعلام می شد. ازهمه نامربوط ترتولید ۲۳هزارمگاوات نیروی برق هسته ای باهزینه دههامیلیاردبه دلارو ریال، آنهم برای کشوری که ذخایرگازثابت شده اش ۵۰۰تریلیون پای مکعب است وروستاهایش به سبب نبودن اعتبارات نمی توانستندراهی به شهرهابکشند.

نتیجه همه اینهاهدررفتن میلیاردهادرچاه بی بن یک دستگاه ناکارامدوگل وگشاد بودو بازداشتن مردم از بکارانداختن همه نیروواستعدادهای خودوایجادروح بستگی وهمبستگی درمیان آنان که اراده نگهداشتن کشورودستاوردهای آن راتقویت کندتاازفرط سرخوردگی وکینه ــ والبته نادانی ــ دست به خودکشی ملی نزنند، چنانکه در۱۳۵۷زدند.

نتیجه

در بحث ازاینکه ایران کجابه خطارفت بیشتر گفته می شودکه سرعت پیشرفت وآهنگ توسعه ازحوصله جامعه ای به واپس ماندگی ایران بیرون بود. بااینکه دراین سخن حقیقتی است علت اصلی رابایددرجای دیگرجست. این استراتژی توسعه وشیوه های مدیریت بودکه نادرست بودنه‌سرعت آن که در بیشترزمینه هاچندان هم نفس گیرنبود. به نمونه های توسعه متعددی می توان اشاره کردکه درکمتراز۲۵سال جهش اساسی راانجام داده اندو به سطح آموزشی وفرهنگی واقتصادی لازم برای توسعه مداوم وخودبخودرسیده اند.

ترکیبی ازناآگاهی ونیمه سوادی وساده گیری دررهبران ومسئولان؛ وگرایشی به جاه وجلال که درطول سالهابه جنون بزرگی تبدیل شد؛ ومیل به زیاده روی درهرچیزوهرجا؛ وتقلیدکورکورانه ازنمونه های غربی بی فهم مکانیسم هاواوضاع واحوال وشرایط؛ وشیفتگی به نمایش وظواهر بجای ذات وجوهر، وعدم تعهدبه عدالت که نابرابریهاونارواییهاونابجاییهای فاحش رانادیده وحتی پذیرفته می گذاشت؛ وغیرمسئول بودن دررفتارهاوسیاستهاوگذاشتن تاریخ بجای مردم به عنوان داوروقضاوت کننده نهایی؛ ونداشتن یک اراده راسخ سیاسی. دودلی ونیمه راه رفتن ونیمه کاره گذاشتن وبازگشتن واستوارنایستادن. اینهابودکه یک فرصت ۲۵ساله بیمانندرادرتاریخ اخیرایران بربادداد و یک دوره استثنایی پیشرفت ورفاه رادرفاجعه سال ۱۳۵۷غرق کرد.

درتحلیل آخر باتوجه به طبیعت اقتدارگرایانه و بسیارمتمرکزحکومت درایران، محدودیتهای رهبری سیاسی بودکه سهمی انکارناپذیرو بااهمیت درشکست وواژگونی داشت. یک رهبری سیاسی که بیش ازاندیشمندی و بصیرت، زیرکی وزرنگی داشت؛ و بیش ازدانایی وفرهنگ، اطلاعات عمومی؛ و بیش ازاراده وتصمیم، میل به مانور؛ و بیش از بلندپروازی، جاه طلبی؛ و بیش ازواقعیتهاوحقایق به آمارهای روی کاغذتکیه می کرد؛ و بجای دورنگری رو یامی پرورد؛ ونه چندان مهربان و بخشنده بودکه دلهارابه کمندآوردونه چندان سختگیرو برنده بودکه کارهاراازپیش ببرد. رهبریی که به نرمی آسوده تجمل وفسادآمخته بود؛ واز پیشامدهای ناگوارمی گریخت؛ وازدستاوردهای دشواروددرازمدت به دامن پیروزیهای آسان، حتی اگرمیان تهی، پناه می برد؛ ودرخدمتگزاران خودانعطاف پذیری نامحدودو بزم آرایی ومهارت دربندو بست رابیشترمی پسندیدتااستقلال رای واستواری عزم ومنش؛ یک رهبری که روابط عمومی، درسطح روزانه تاسطح تاریخ، انگیزه‌سیاستهایش بود ـــ شایدبرای آنکه تضادهمه جاآشکارمیان ادعاهاو واقعیتهارابپوشاند.

این بررسی کوتاه رابانقل چهارگفته ازچهارتن ازمردان موثردوران بیست و پنج ساله پس از۱۳۳۲که هرکدام نماینده راستین جنبه ای ازآن بودندبه پایان می آوریم:

— امیر اسدالله علم (آخرین نماینده اشرافیت سنتی حاکم ایران باهمه توانایی ها و کاستی هایش): «برای اداره کردن ایران دو چیز لازم است ــ زور زیاد و عقل کم.»

— امیرعباس هویدا (بااستعدادترین و موفق ترین سیاست پیشه ایران در دوران بیست و پنج ساله): «من هرچه کارشناسان اقتصادی بگویند و ارونه اش راعمل می کنم.»

— منصور روحانی (یکی از بهترین تکنوکراتها که خدماتش به صنعت برق ایران از یاد نخواهد رفت): «ما پول داریم و می توانیم مسایل خود را بخریم.»

— یک سرمایه دار و صاحب صنعت (نمونه ای از مردان خودساخته ای که بر موج پیشرفت اقتصادی ایران نهنگ آسا پیش تاختند): «ایران سالی ۲۰ میلیارد دلار درآمد نفت دارد و ۲۰۰ مرد پولساز. از این ۲۰ میلیارد ۱۰۰ میلیونش سهم من است.»

شاید این نقل قولها بهتر از هر بررسی دیگری بتواند روحیه زمان را نشان دهد. چنین روحیه هایی بود که سیاستها را می ساخت و رویدادها را شکل می داد. اگر برای توسعه و پیشرفت روحیه های دیگری لازم است باید آنها را شناخت و با درس گرفتن از گذشته به جستجوی آنها رفت.

مهر ۱۳۵۹

زمینه های انقلاب ایران

دوران پس از ۱۳۵۷شاهد یک دگرگونی بنیادی ودورانسازدرتاریخ ایران بوده است. درفراگرددرازوناهماهنگ آموزش و بلوغ ملی ایرانیان این فصلی است با اهمیتی که ازهیچ دوره تاریخی دیگری کمترنیست. دو پرسش اصلی در بررسی این انقلاب «چرا» و «چگونه» است. چراانقلاب روی دادوچگونه. بابررسی این چراهاونیزتاریخ خودانقلاب است که می توان درسهای لازم راگرفت. واگرتاریخ انقلاب هنوز به جایی نرسیده است، بحث برسر چراوچگونه انقلاب را، اگرهم هنوز زوداست، نبایدبه تاخیرانداخت. درست است که مدارک کافی دردست نیست وگذشت زمان موج احساسات برانگیخته راچندان فرونشانده است که قضاوت بیطرفانه آسان باشد. بااینهمه کسانی که ازانقلاب، ازگوشه هاوجنبه هایی ازآن، آگاهیهایی دارند، درهمین گرماگرم می توانند برداشتهایی راعرضه دارندکه نگرندگان وبررسی کنندگان آینده رابه کارخواهدآمد. اماپیش ازآنهابه نسل کنونی یاری خواهدداد که گذشته رادرست تردریابندو بر پیامدهای انقلاب بهتر چیره شوند.

رو یدادهای سال ۱۳۵۶، سال پیش ازانقلاب، وسال ۱۳۵۷، سال انقلاب، در پرده های ابهام وغرضهای شخصی وایدئولوژیک وافسانه پردازی پوشیده است. برداشتهابیشترجنبه شخصی دارند. بااین گرایش بایدمبارزه کرد. ولی برداشتهای شخصی تهی ازارزش تاریخی نیستندودر بحث زنده روزنیز به کارخواهندآمد. مهم آنست که رو یدادهارااثبت نشده و بررسی نشده نگذاریم تافراموش شوندواثری راکه بایددرخودآگاهی ملی نگذارند. به سبب همین کمبودبوده است که ملت ماباتاریخی که سه هزاره رادر برمی گیرد ــ ودر۱۳۵۰ترجیح دادندبه دلایل روابط عمومی تنها ۲۵۰۰سالش رابه رسمیت بشناسند ــ ازنظرتجر به تاریخی وسیاسی در واقع شباهت به کشورهای نوخاسته دارد.

بحث برسر «چرا»ی انقلاب زمینه تاریخی آن رادر برمی گیردو «چگونه» انقلاب زمینه سیاسی آن، نقش عوامل خارجی وداخلی و بازیگران اصلی را.

برای شعناخت زمینه تاریخی انقلاب بایداز ۱۴۰۰سالی پیش به این سوآمد. ازهنگامی که اعراب به نام اسلام ودرواقع به قصدجهانگشایی وتاراج وگسترش فضای حیاتی به ایران تاختند. دوگانگی که پیروزی اعراب به تاریخ وفرهنگ وجامعه ایران داد؛ تنشی که همواره میان جهان بینی اسلامی واحساس قومیت وناسیونالیسم ایرانی بوده است؛ ونیزتنشی که میان نظر یه حکومت شیعیگری وجاه طلبی سیاسی ملایان باقدرت حکومتی بوده است؛ وسرانجام تنشهایی که برخوردمیان یک جامعه واپس

مانده کم و بیش قرون وسطائی باتمدن صنعتی غرب پدیدآورد. انقلاب برزمینه این تنشهابرخاست و بایدامیدوار بود که به فراگردطولانی فیصله یافتن آنها کمک کند.

ایران در برابراسلام

اسلام درایران موقعیتی یگانه دارد. درکشورهای خاورمیانه عربی، حتی درکشوری مانندمصر، اسلام باز بان وفرهنگ وقومیت یکی شده است. درترکیه چنین نیست، ولی درآن کشوراسلام تحمیل نشدبلکه پذیرفته شد. ترکان بااسلام چیزی ازکف ندادند، برعکس یک امپراتوری بدست آوردند. در پاکستان اسلام عامل تفاوت قومی وعلت وجودی کشوراست. دراندونزی اسلام موقعیت فراگیرنده کشورهای اسلامی خاورمیانه راندارددوردرآنجانیزمانندترکیه و پاکستان ومالزی یادگاریک شکست بزرگ تاریخی بشمارنمی رود. درافریقای مسلمان اسلام ممکن است باخاطرات برده فروشان عرب یکی باشد، ولی جانشین برترسنتهاوفرهنگهایی بوده است که دست کم هنوز بیدارنشده اندودراندیشه رقابت باآن نیستند.

درایران چنین نیست. اسلام باز بان وفرهنگ واحساس ملی آمیخته است ولی باآن یکی نیست. ایرانیان اسلام رابه زورشمشیر پذیرفتند. قادسیه یانهاوندیادآوریک شکست تاریخی است. اسلام به دوران بزرگی ملی ایرانیان پایان داد. برخلاف سرزمینهای دیگری که سپاهیان عرب گشودند، ایران سرزمینی نبود که یک تسلط بیگانه (رومی) راباتسلط بیگانه دیگرجانشین کند. دراینجایک امپراتوری بزرگ وسرفراز بود که پایمال گردیدواین چیزی بود که ایرانیان هرگزازیادنبودند. اینکه جامعه آن روزایرانی ازدرون پوسیده بودیاعناصری ازجمعیت ایران در بخش باختری وعربی امپراتوری، که باعراق امروزتطبیق می کند، درآغازاسلام راچون رهاننده ای پذیره شدندازجنبه تحمیلی اسلام نمی کاهد. چنانکه درهجوم مغول نیزجامعه ای ازدرون پوسیده درطی چندنبرد ــ بسیارتندترازحمله اعراب ــ ازهم پاشیدومردم هزارهزار بی مقاومت تسلیم شدندیابامهاجمان همکاری کردند. درحمله عرب بخشهایی ازایرانزمین هرگزکاملا به اعراب سرفرودنیاوردندودر بخشهای دیگرشورشهای ملی به رغم همه سرکوبهای بیرحمانه آنقدرادامه یافت تابه فرمانروایی اعراب پایان داد.

این شورشهابرضداعراب خوداسلام رانیزدر برمی گرفت زیراتامدتهاتفاوت گذاشتن میان دشمن وآیین اوآسان نبود. یک نمونه را«تاریخ بخارا» ذکرمی کندآنجاکه «مردمان چندبار ردت آوردند» وتنهاپس ازلشکرکشی هاوخونریزیهای بسیار بودکه به دست اعراب به اسلام بازگشتند. فرقه بازیهاومذهب سازیهای فراوان ایرانیان شیوه دیگری در پیکارآنان بادین غالب بود. درهیچ سرزمین فتح شده دیگر، اسلام باچنان مقاومت مستقیم وغیرمستقیم روبرونگردیدکه درایران. روشهای اعراب درایران نیز بو یژه زننده ووحشیانه بود. آنهاباتمدنی عالیترروبرو بودندکه به استیلایشان گردن نمی گذاشت. عربهادرسودای چیرگی برآن ودرسرخوردگی درنیافتن آن به و یران

کردنش می کوشیدندو بارفتارشان زخمهای درمان ناپذیر برروح ایرانیان زدندکه دامنگیراسلام نیزگردید. برتری اخلاقی اسلام ــ ونه عرب ــ درجامعه آن روزی ایران این حقیقت رانپوشاندکه اعراب مشتی بیابانگردوحشی بیش نبودندکه به شوق تاراج به ایران هجوم آوردندوهرچه توانستندکشتندو و یران کردندوسوختند. سپاه عرب راکه به ایران تاخت به دشواری می توان باتصو یریک ارتش رهایی بخش که متعصبان مذهبی ازآن می سازندتطبیق کرد. هنگامی که بیابانگردان همچون تندبادخزانی به باغ گل تیسفون زده بودندفرمانده آنان در باره بخش کردن غنائم ازخلیفه عمردستوری خواست، او پاسخ دادکه به هرکس درسپاه آیه ای ازقرآن می داندسهمی بدهند. چنانکه میرزاآقاخان کرمانی دریکی ازنامه های مشهور «ای جلال الدوله» خودمی نو یسد «مبالغی خطیررابه مدینه فرستادندونوشتندماوجدنافی جیش مسلمین الف رجل یحفظ آیت من کتاب الله.» درهمه سپاه هزارتن نبودندکه آیه ای ازقرآن بدانند. درهمان قرن اول هجری (زمان عبدالملک اموی) حجاج ابن یوسف درسرزمینهای شرقی خلافت حکومت می راندورو ایت است که درفرمانروایی او ۱۳۰هزارتن به دست دژخیمان کشته شدندو به هنگام مرگ او ۵۰هزارمردو۳۰هزارزن درزندانهایش بودند.

شکوفایی فرهنگی کم مانندایران میان سده های سوم تاششم هجری که بی تردیدبه برکت اسلام حاصل گردید ــ دسترسی به یک حوزه فرهنگی گسترده ازمرزهای چین تااقیانوس اطلس؛ وفضای بازنخستین سده های اسلامی پیش ازآنکه رهبران مذهبی بتوانانددین واندیشه، ورهبران سیاسی بتوانندجامعه رادچاررکودوسنگ شدگی کنند ــ می توانست تلخی شکست رادرمیان ایرانیان تعدیل کند. ولی آزادی ازنظام طبقات بسته (کاست) ساسانی وآخوندبازی مغان به زودی جای خودرابه موالی گری وآخوندبازی اسلامی داد. ایرانیان سرفرازعملا خودرابه صورت موالی و بندگان فاتحان عرب دیدندوهرکه ازمیانشان سری برافراشت مانندابن مقطع به گناه رده به دژخیم سپرده شدیامانندبسیاری دیگر به گناه شعوبیگری.

آزادی اندیشه تنهادرجاهایی تحقق می یافت که قدرت سیاسی ــ نظامی مستقری ریشه نگرفته بود. درواقع شکفتگی فرهنگی ایران بیشترمرهون درهم شکستن قدرت مرکزی دین وسیاست بودکه ازنیمه های خلافت اموی آغازگردیدودرخلافت عباسی نیزباپیدایش ماهیتهای سیاسی محلی درگوشه وکنارایران شدت یافت. درآشفتگی چندپارگی سیاسی، اندیشمندان ایران فرصت فعالیت ذهنی آزادانه یافتندواگرمثلادرقلمروغزنوی برآنهاسخت می گرفتندباری می شدچندگاهی به ری گریخت یاازآنجابه اسپهبدان وامیران گرگان ومازندران پناه بردواگردرعراق بیم جان بودبه سوریه رفت ومرگ خشونت باررادرآنجایافت. (۱)

این آزاداندیشی اسلامی نبودکه چنان رونق علمی وادبی وفلسفی رامیسرساخت ــ که بهرحال مقدمات آن ازدوره ساسانی فراهم آمده بودبامرکزعلمی بزرگ گندیشاپورودانشمندان یونانی ورومی که به آنجاپناه آورده بودندوکتابهایی که ترجمه شدودست پرورده هایی که تادوران عباسی نام آور بودند ــ چراکه ازهمان اوایل

کار «علمای» شیعی باب علم رادرغیبت امام زمان مسدوداعلام کرده بودندو «علمای» سنی پس ازتدوین فقه حنفی وحنبلی ومالکی وشافعی باب اجتهادرادردین. درتاریخ اندیشه اسلامی اشعریان راپیشروان جمودفکری می دانندغافل ازآنکه تفتیش عقایدرامعتزلیان، همان هواداران آزادی اراده وتعبیرآزادانه ازقرآن وعقل دربرابراعتقادکورکورانه، باب کردندوتامامون عباسی راطرفدارخوددیدندآزمایش عقیدتی مقامات حکومتی راباپایه گذاری اداره محنه (اوایل سده دوم هجری) عملی ساختند. اشعریان که ازآن گونه اعتقادات هم نداشتندبه زودی درهای آزادفکری راچنان ازهرسوبستند که دیگرنیازی به آزمایشهانیزنیفتاد. ازنخستین سده هجری، ازآن هنگام که اسلام اندک مایه قدرت سیاسی ــ نظامی بدست آورد، هیچ کس نتوانسته است حکومتهای اسلامی رابه مدارادربرابرمخالفان دینی یامذهبی یافرقه ای یاایدئولوژیک متهم کند.

تفتیش عقایدبه خطاانحصارکلیسای کاتولیک قلمدادشده است. «علما» وحکمروایان اسلامی نیزبلافاصله درهرجاقدرتی یافتندبه سوختن وکشتن مرتدان وزندیقان وملاحده وقرمطیان ورافضیان وباطنیان وفلسفیان وصوفیان وعارفان و....پرداختند. رویارویی بامخالف ایدئولوژیک در بیشترجهان اسلامی وتاهمین قرن نوزدهم یک پاسخ بیشترنداشت: آهن وخون. یادارمنصورحلاج بودیا «آتش ونفت وبوریا» ی عین القضات همدانی. درهرجای جهان اسلامی امثال سلطان محمودهاحاکم نبودندکه به قول تاریخ بیهقی می گفت «من انگشت درجهان کرده ام وقرمطی همی جویم.» همین فراوانی عناوینی که چون حکم اعدام برمخالفان ایمانی وایدئولوژیک فرودمی آوردندنشانه ای ازروحیه ای بودکه هرجااقتدارلازم راداشت بروزمی کردوهم اکنون در به اصطلاح جمهوری اسلامی ایران به صورت اعدامهای انقلابی (ترور) یاغیرانقلابی (کشتن در برابرجوخه اعدام) فرمان می راند.

باآنکه کلیسای کاتولیک درقلمروگسترده تروزمان درازتری عمل کرده است شمارکسانی که به علتهای ایمانی وعقیدتی درجهان اسلامی نابودشدندنبایدخیلی کمترازاروپای مسیحی باشد. تفاوت دراینست که اروپاییان هم سازمان دهندگانی بهترازخاورمیانه ای هاهستندوهم به همین دلیل تاریخ خودرابهترنگه می دارند. کشیش «تورکمادا» بنیادگذارتفتیش عقایدنبودودرباورهاورفتارچیزی کم از بسیاری از «علمای» اسلامی نداشت. اوبدنامی خودرامرهون سازمانی است که دادآنهم در بدترین زمان؛ درقرن شانزدهم آغاز اروپای نوزایی (رنسانس) وآزاداندیشی وانسانگرایی.

اسلام رابه عنوان یک نفوذ بیگانه انگاشتن سنتی است که درسراسرتاریخ فرهنگی ایران در۱۴سده گذشته پیشینه داردوهرگاه فرصت رامساعددیده سر برداشته است. زیاده رویهاوبدرفتاریهای اشغالگران عرب سبب شدکه جنبشهای ملی ایران درنخستین سده های اسلام جنبه ضداسلامی یافت. بیم آنست که ایرانیان کنونی نیزکه دراین دومین حمله عرب به ایران چیزی ازطعم زهرآگین آن نخستین تاخت

وتازرامی چشند بخشی از واکنش رنجش آمیزخودرابه اسلام منتقل سازند.

دردوره های بپاخیزی ناسیونالیسم واحساس قومیت ایرانی این سنت نیرومندتر بوده است زیرابرخوردناگزیرفرهنگی راچالش سیاسی شیعیگری ودعوی رهبران مذهبی برقدرت حکومتی شدت بخشیده است.

شیعیگری: اعتراض وقدرت سیاسی

نظریه حکومت درشیعیگری پایه منحصرآن رامی سازد. تفاوت میان شیعیان باگروه اکثریت مسلمانان، اهل سنت، یک تفاوت سیاسی بود ــ بحث برسراینکه خلافت (حکومت) پس ازمرگ پیامبرحق چه کسی است. شیعیان درآغاز به خلافت ابوبکروعمروعثمان اعتراض داشتندو پس ازشهادت امیرالمومنین علی به خلافت دودمانهای اموی وعباسی. درایران اقلیت شیعی به برتری سیاسی اکثریت سنی اعتراض می کردند. تفاوتهای مربوط به آیین شناسی (تئولوژی) وفقه بعدهامیان شیعیان وسنیان پدید آمد. علمای مذهبی شیعه ادبیات شگرف مذهبی خودرابرهمین پایه سیاسی ساختند.

ازآیه ۶۲سوره نسادرقرآن که مبنای حکومت دراسلام است تعبیرهای گوناگون شده است. به نظرعلمای مذهبی اهل سنت مقصودازاطیعواالله واطیعوالرسول واولی الامرمنکم اطاعت ازخداو پیامبروسلطان وقت است که ولی امرآنهاست وتاوقتی برطبق قانون اسلام حکومت کندمسلمانان بایدازاوفرمانبری کنند. درتعبیرعلمای مذهبی سنی جایی برای خاندان پیامبرنیست، هرچنددرآغازخلافت راحق قبیله پیامبریعنی قریش می دانستند (باهمه سیدقریشی وغلام حبشی... وان اکرم عندالله اتقیکم) ودرقیام عباسیان خویشاوندی آنان راباپیامبرهمچون سلاحی ایدئولوژیک ونه تنهاتبلیغاتی برضداموییان بکار بردند.

شیعیان حق خاندان مستقیم پیامبررادر برابرحق قبیله اوقراردادند. بحث از «دمکراتیک» بودن نظریه علمای مذهبی سنی در برابرغیردمکراتیک بودن نظریه علمای مذهبی شیعه بیهوده وخارج ازموضوع است. هیچ یک ازسه خلیفه اول راشدین به صورت دمکراتیک برگزیده نشد. درهرسه موردیک شورای کوچک که اراده یک مردنیرومندوشمشیرتیزیکی دوتن دیگر برآن حکم می راند کارخلافت رایکسره کرد. بیعت مردمان باخلیفه امری تشریفاتی بیش نبودو به یک امرانجام شده وزن بیشتری می داد.

اماشیعیان تنهابه حق وراثت مستقیم امام علی وفرزندانش از پیامبر بسنده نکردند. آنهانظریه معصومیت، یعنی مصون بودن ازخطاوگناه راکه همچون نوری الهی از پدر به فرزندمی رسد، درمرکزعقایدخودقراردادند. امام معصوم است ودارای علم لدنی. بدون وجودامام ورهبری وی رستگاری مومنان محال است. اینکه معصومیت در بسیاری مواردامری ثانوی وفرع برشناخته شدن به عنوان امام بوده است، مثلا آنجاکه درزمان

یک امام نخست یک پسروسپس پسردیگری به جانشینی برگزیده شد، شیعیان رابه فرقه های گوناگون تقسیم کردمانندچهارامامی وشش امامی ودوازده امامی ودیگران که عموماازاختلاف درمیان فرزندان برسرجانشینی پدران برخاستند.

ازمیان شیعیان، فرقه دوازده امامی یاجعفری اهمیت بیشتریافت. شش امامیهایااسماعیلیان چندگاهی ازنظرسیاسی بسیارقوت گرفتندولی سرانجام ازجریان اصلی اسلامی به کناری رانده شدند. این شیعیان دوازده امامی بودندکه به برکت سنت پرمایه فرهنگی خودوریشه گرفتن درخودآگاهی ملی ایرانیان درجریان اصلی اسلامی ماندندو بزرگترین چالش را به اسلام اکثریت، یعنی اهل سنت، عرضه کردند.

درزمینه نظریه حکومت، شیعیان دوازده امامی می گویندمنظورازاولی الامردرآیه، دوازده امام است ودرغیاب امام دوازدهم حتی اگرحکومت برطبق قوانین اسلام باشدبهرحال غاصب است؛ هرچندبیشترعلمای مذهبی شیعه چنان حکومتی رانامشروع ندانسته اندوتاهنگامی که برطبق قوانین اسلام بوده سزاواراطاعت شمرده اند. درباره جانشینی امام دوازدهم درزمان غیبت اواختلاف است. گروهی حکومت راحق مجتهدیافقیه عادل می دانندوگروهی دیگرحکومت وقت رااگر برطبق قانون اسلامی باشدبه رسمیت می شناسند. مواردمجتهدانی که مشروعیت پادشاه راشناخته اندازدوران صفوی فراوان بوده است. یک موردبرجسته آن تاییدی که شیخ میرزاحسن نایینی در۱۳۰۴ازمشروعیت پادشاهی رضاشاه کرد.

ولی اگردرباره حکومت کنندگان اختلافاتی بوده باشد، درباره قانونگذاری وقضاوت همیشه علمای مذهبی شیعی اتفاق دارند که منشأ قانون قرآن وحدیث واجماع (اجماع مجتهدان ونه مردم) وعقل است وچون اینهمه درقلمروصلاحیت فقیه ومجتهداست، قانونگذاری (به معنی تعبیرقرآن وحدیث) وقضاوت باآنهاست یعنی حاکمان شرع. هرمجتهدحاکم شرع است وچون درمیان شیعه پایگان (سلسله مراتب) مذهبی مرتبی نیست جایی برای یک مرجع که همه موظفاازاوفرمان ببرندپیش بینی نشده است ــ اگرچه گاهگاه چنین مراجعی ازسوی عموم مجتهدان پذیرفته شده اند.

درغیاب امام زمان ونایب امام زمان ــ که سلسله آن پس ازمرگ چهارمین نایب خاص امام زمان وآغازغیبت کبری قطع شده است ــ چنین وضعی دستورعملی برای هرج ومرج درنظریه وعمل بوده است. وجودیک پادشاه شیعه که ازدوره صفوی سلطنتش به تاییدمجتهد(ان) می رسیددرکنارمجتهدان وحاکمان شرع گوناگون ودرمتن جنبشی که غالبا حکومت رانامشروع واساس آن راغاصبانه می دانست، شیعیگری رااز پیوستگی و یکپارچگی بی بهره کرد؛ ودرهمان حال بدان اهمیت یک جایگزین (آلترناتیو) سیاسی رابخشید. باآنکه در بیشتر پنج سده گذشته اکثریت بسیار بزرگ رهبران مذهبی شیعه به حکومتهای وقت پیوستندو پایه های اصلی آن شدند، افرادمعدودیاگروههای اقلیتی ازمیان آنهابه اعتراض خودبرحکومت ادامه دادند.

تنش میان حکومت ورهبران مذهبی ازهمان دوره صفوی آشکارشد. صفویان

برای نخستین بارشیعیگری رادرایران به اکثریت رسانیدندوآن رامذهب رسمی کشورقراردادند. رهبران شیعی ازسو یی نمی توانستندازیکی شدن باحکومتی خودداری کنندکه برای نخستین بارحق آنهاراازاکثریت سنی ستانده بودو به نیروی شمشیرکژیهایی راکه صدهاسال ازآن نالیده بودندراست کرده بود، وازسو یی رقابت باآن راناگزیرمی یافتند.

کوششهای شاهان صفوی برای انتظام دادن به مداخلات ملایان درامورقضائی که نه اقتداری برای حکومت می گذاشت ونه محلی برای یک نظام قضائی به جایی نرسید. تعیین صدر (ملایی که مقام وزارت داشت) وناظر برقضات شرع واداره کننده اوقاف بودوشیخ الاسلام شهرهای بزرگ وروسای سادات (نقیبان) راتعیین می کردازجمله این کوششهابود. ولی ملایان بزرگ باصدردرکشاکش بودندودادگاههای عرف (زیرنظردیوان بیگی) باقضات شرع. دراواخرصفوی باتعیین ملاباشی کوشش بیهوده دیگری برای روشن کردن جای ملایان درحکومت بعمل آمد.

ازشاه عباس بزرگ به بعدسهم ملایان درحکومت پیوسته بیشترشد. حکومت، طلاب علوم دینی راکه به شماررورافزون ازحوزه های تازه تاسیس شده بیرون می آمدنداستخدام می کردو پس ازآنکه گرایشهای صوفیانه نخستین پادشاهان صفوی مغلوب قشریگری مذهبی گردید، ملایان بزرگ حلقه خودرابرگردقدرت سیاسی تنگ ترکردندتاجایی که دردوره شاه سلطان حسین قدرت‌حکومتی سراپابدست آنهاافتاده بود. شکست ازقبایل شورشی افغان که خودبرخاسته ازمداخلات ملایان شیعی درافغانستان سنی مذهب و برانگیختن آنان برضدحکومت مرکزی بودلطمه سختی برحیثیت ملایان زد؛ وناتوانی محض آنان دراداره امورسیاسی ونظامی وورشکستگی ـــ بو یژه ورشکستگی اخلاقی ـــ جامعه ای که صرفابراصول مذهبی، آنگونه که ملایان تعبیرمی کردند، اداره می شدچنان زمینه رافراهم کردکه نادرشاه جرات یافت دم ازاتحادشیعه وسنی بزندوکریمخان زنددرحکومت خوددست رهبران مذهبی رایکسره ازامورسیاسی کشوربرید. بااینهمه بخشی ازکارقضاهمچنان دردست ملایان ماندوتاهنگامی که داوردادگستری نو ین رادردوران رضاشاه به ایران آورد کشورازیک نظام قضایی مرتب بی بهره بود.

دوران صفوی ازجهات بسیارسرمشق حکومت جمهوری اسلامی بوده است. ملایان هرچه به شاهان صفوی دشنام بدهندهمانندی روشهاوسیاستهای خودراباآن دوره پنهان نتوانندکرد. سرنوشت کشورنیزشباهت نگران کننده ای بامراحل پایانی آن سلسله دارد. رکودوخفقان وفسادوهرج ومرج مادی ومعنوی جامعه درنیمه دوم صفوی به خوبی درهمین دوسه ساله حکومت ملایان تکرارشده است.

پس ازکریمخان نفوذ معنوی وقدرت سیاسی ملایان به زودی شکست خودراجبران کردواهمیت خودرادرحکومت وجامعه ایران بازیافت. شاهان قاجارهرچه ناتوانترشدندبیشتربه ملایان تکیه زدند. به عنوان نمونه قدرت ملایان می توان به سیدمحمدباقرشفتی اشاره کردکه درنیمه اول قرن نوزدهم باقدرت ترین مجتهداصفهان

بودوچندصد کاروانسراو بیش ازدوهزارمغازه وروستاهای بسیاردرمرکزوجنوب ایران داشت. دسته های لوطیان او (کمیته هاوحزب اللهی های کنونی) آشوبهای بسیار بر پامی کردندو پس ازمرگ درخانه اش بقایای کشتگان بیشمارش رایافتند — یک نمونه کامل بدترین پاپهای رنسانسی.

دراین ضمن باگذشت زمان اسلام تسلطی انکارناپذیر برفرهنگ وجامعه ایرانی یافت. فرهنگ واحساس قومیت ایرانی درسه سده پس ازحمله عرب پایداری پیروزمندانه ای نشان داده بودکه اعراب درهیچ سرزمین دیگری باآن روبرونشدند. ولی درلحظه ای که ایرانیان می رفتندموجودیت فرهنگی وسیاسی خودرابارديگر به کرسی نشانندهجومهای دیگری فرامی رسید. امواج پیاپی تورانیان وترکان آسیای مرکزی که به دنبال فروریختن دیوارساسانی ازسده های میانه فلات ایرانیان رادرهم نوردیدندآخرین بازمانده های مقاومت ملی ایرانیان رادر برابر بیگانگان ریشه کن کردند. ایرانیان گذشته خودراکم وبیش به فراموشی می سپردندواسلامی می شدند. بویژه گرایش بخشهای بزرگ وروزافزونی ازمردم ایران به شیعیگری دلسپردن به اسلام راآسانترکردزیرادرشیعیگری عنصرایران برجستگی داشت.

فروریختن پایداری ایرانیان راازاینجابهترمی توان دریافت که اعراب درهمه دوران تسلط سیاسی خودباهمه فشارهاازتحمیل زبان عربی به ایرانیان بازماندند؛ اماسلسله های ترک زبان نزدیک بودزبان خودرابه بیشترایرانیان بقبولانند. حتی مقاومت ایرانیان دربرابرترکان بیشتر به یاری اسلام صورت می گرفت زیراپذیرفتنی تر بودودشمنی کمتری برمی انگیخت. آنهاازراه اسلام بودکه اقوام بیگانه رادرخودمستحیل کردندوخوددراین فراگردهرچه بیشتررنگ اسلامی گرفتند.

ریشه های اسلام درایران چنان ژرف واستوارشدکه درجنبشهای سیاسی ملی ایران از پایان سده نوزدهم اسلام سهم تعیین کننده یافت. روحانیت شیعه بانفوذی که برتوده های مردم داشت عاملی چشم نپوشیدنی درهر پیکارسیاسی ملی شد. درانقلاب مشروطه ودرجنبش ملی کردن نفت سهم اسلام سیاسی بودوتنهابه بسیج مردم کمک کرد. درانقلاب ۱۳۵۷این سهم هم سیاسی وهم برای نخستین بارایدئولوژیک بود. اندیشمندان اسلامی واپسین کوشش خودرابرای درآوردن اسلام وشیعیگری به صورت یک مکتب سیاسی کردندودرآن به شکلی ویرانگر برای اسلام وایران کامیاب شدند.

سابقه شیعیگری به عنوان یک نیروی اعتراض ونقش رهبری که ملایان درسطح های گوناگون درمیان مردم داشتند به آسانی می توانست ،درشرایط صدساله گذشته ایران آن رابه یک نیروی انقلابی تبدیل کند. تاثیرعمیقی که سیدجمال الدین افغانی (اسدآبادی) درسه دهه پایان سده نوزدهم بردنیای اسلام گذاشته بودزمینه رافراهم ترکرد. سیدجمال الدین به اسلام یک وجهه میارزداداعتمادمسلمانان رابه خودبازگردانید.

شیعیگری به عنوان یک نیروی انقلابی فرمولی بودکه مردانی بامبادی واندیشه هاوهدفهای متفاوت مانندشریعتی وخمینی برای چاره کردن بحران شیعیگری ورسیدن

به قدرت عالی سیاسی یافتند. این بحران رادوعامل پدیدآورده بود، نخست تضادبنیادی که درنظریه حکومت شیعه هست؛ یعنی اعتقادبه غاصب بودن همه حکومتهاونامشروع بودن عموم آنهادرغیاب امام زمان وکوشش در بدست گرفتن حکومت یاهمدستی باآن ازسوی ملایان. رهبران جناح مخالف شیعی بامتمرکزکردن حملات خودبرحکومتهای زمان وعیبهای آنان ازاثرهمدستی اکثریت بزرگ رهبران وعلمای مذهبی شیعی باحکومتهاکاستندو باپیش کشیدن نظریه های تجدیدنظرطلبانه راه رابرای یک حکومت اسلامی هموارکردند.

دومین عامل بحران، تنش میان جامعه واپس مانده قرون وسطایی وتمدن صنعتی غرب بودکه آثاردگرگون کننده خودرابراسلام می گذاشت وهمه مساله جای دین درجامعه رامطرح می کرد. مذهب ازتجربه زمان صفوی به بعدباواپس ماندگی وواپس گرایی یکی شناخته شده بود. ایرانیان آگاه رهایی ملی ایران رادرراه حلهاوطرزتفکرهایی جزآنچه درمدرسه هاوحوزه های نجف وقم واصفهان و... آموخته می شد، درارو پای پوینده وانقلابی می جستند. تجدیدنظرطلبان مذهبی براین خطرآگاه بودندوهرکدام به شیوه خودباآن مقابله کردند. یامانندشریعتی اسلام رابه عنوان یک ایدئولوژی ترقیخواه — باتلاشهای زیادوعموماناکامیاب — معرفی کردندو یامانندخمینی اساسامنکرضرورت پیشرفت شدند.

اینکه حتی جامعه ای به بی تجربه گی وساده لوحی سیاسی ایران تعبیرات بی پایه تجدیدنظرطلبان وآموزه های ساده پسندوسطحی آنان رابه عنوان نه تنهانظریه انقلابی، بلکه جانشین شایسته ای برای نوگرایی و پیشرفت، پذیرفت ازاینجاسرچشمه می گیردکه رژیم ایران از پس وعده های بزرگ خودبرنیامده بودو بهمراه سیاستهای خودبیشتر پایه های فکری راکه ایران نوبرآنهااستوارشده بود — ناسیونالیسم، غربگرایی وتوسعه — برای چندگاهی بی اعتبارکرده بود.

ایران نوبه تعبیرهای گوناگون ازآغازسده شانزدهم (سلسله صفوی) آغازسده بیستم (انقلاب مشروطه) یادهه سوم سده بیستم (سلسله پهلوی) شروع می شود. سلسله صفوی مفهوم سیاسی ایران راباز گردانید. هنگامی که ایرانیان نزدیک بودفراموش کنندکه ماهیتی جداگانه اند، صفو یان یک احساس نیرومندقومی به مردم ایران دادندکه باهمه رنگ تندقبیله ای ومذهبی دولت صفوی بس بودکه ایران رانگهداردوتااینجابرساند. از بسیاری جهات صفو یان دنباله های سلسله های پیشتر بودند. ایران عموماکشورقزلباش خوانده می شدمانندگذشته که کشورخوارزمشاهیان یاسلجوقیان بود. ولی ایرانیان قسمتی هم به یاری شیعیگری که در برابرهجوم مدام عثمانیان یک مذهب ملی شده بودیک هو یت مشخص ملی یافتندکه دیگر بکلی مغلوب هیچ قدرت بیگانه نشد.

دردولت صفوی همچنین برای نخستین بارمفاهیم غربگرایی وتوسعه، درخامترین وابتدایی ترین صورتهایش، به جامعه وسیاست ایران راه یافت. ایرانیان آن روزگارخودراباتمدنی بالاتررو برو یافتندو به ضرورت دفاع ازخودازآن وام گرفتند.

کوششهای مستقیم ومنظم دولت برای رونق صنعت و بازرگانی ازآن هنگام آغازشد. درست است که ایرانیان به پاره ای نشانه های بیرونی تمدن پو یای غرب بسنده کردندوکمتر به زمینه های فکری وفرهنگی که اختراعات واکتشافات اروپای غربی نتیجه آنهابوداندیشیدند؛ ولی این عیبی است که تادهه های آخر سده بیستم نیزکم و بیش گریبان سیاستگران واندیشمندان ایران رارهانکرد.

دولت صفوی قربانی موفقیت خودشد. شورمذهبی شیعیگری، که درآغاز بهمراه بقایای احساس قومیت ایرانی همچون ساروجی جامعه ازهم گسیخته ایران رابهم جوش دادودر برابرنیروی برترعثمانی نگهداشت، بزودی عامل اصلی رکودوناتوانی کشورشد. صفویان ازخط باریکی که اعتقادمذهبی راازآخوندبازی جدامی کندبه تندی گذشتندو به ایجادیک اساطیرمذهبی کمک کردندکه نمونه کامل خودرادر بحارالانوارنشان داد ـــ دائره المعارفی ازاغراقهاونیمه حقیقتهاودروغهای محض که تاثیراتش برای تخدیروانحراف نسلها کفایت کرد. جعل احادیث واختراع امامزاده هاوسیل معجزاتی که ازهرسوروانه شد، والبته پیشینه آن به نخستین سده های اسلامی می رسد، بزودی واقعیات مذهب رازیرانبوه خرافات دفن کرد. «مذهب» دوران صفوی جوازی برای زیستن بدورازدایره اخلاق وعقل گردید. تاثیرات و یرانگراین انحراف اساسی ازدین وعقل واخلاقیات برسیاست واجتماع ورفتارشخصی هنوز باماست.

انقلاب مشروطه ملت ایران رابه صحنه آورد. تصادفی نیست که شعار «زنده بادملت ایران» برای نخستین باردرشورناسیونالیستی انقلاب مشروطه طنین اندازشد. ایران ازیک جامعه قبیله ای مذهبی واردمرحله ای شدکه سرانجام ازآن یک ملت امروزی خواهدساخت. ملتی که افرادآن پیش ازهرچیزایرانی باشندنه اول وابسته به یک گروه بندی اجتماعی یاپیرو یک آیین. ملتی که افرادآن ازنظرحقوق برابرودر آرزوهای خودمشترک باشند.

شکلهای تازه تردیکتاتوری نوین که بیشتردوران پس ازمشروطه رافراگرفت ازاستبدادقرون وسطایی پیش ازآن پیشرفته تربود. نهادهای انتخابی ومردمی که درهمه رژیمهای پس ازمشروطه حفظ شدمقدمات لازمی برای برقراری نهایی دمکراسی بوده است. انقلاب مشروطه درهدف نوسازی جامعه ایرانی کامیاب نشدولی این تعهدپس ازآن درسیاست ایران راه یافت ودردوران پهلوی تاحدودیک آیین غیرمذهبی بالارفت. غربگرایی انقلاب مشروطه ازهمان قانون اساسی آشکاراست وزمینه های آموزش وصنعت رانیزدر برمی گیرد. برای رهبران فکری ایران درنخستین سالهای سده بیستم دیگرتردیدی نمانده بود: ایران برای چیره شدن برواپس ماندگی قرنهابایدازتنهانمونه پیشرفته وکامیاب موجود، ازدنیای غرب بیاموزد.

باسلسله پهلوی اندیشه های ناسیونالیسم، غربگرایی (بیشتر به صورت غربزدگی) وتوسعه درایران به اوج چهارصدساله خودرسید. این هرسه درکنش وواکنش متقابل خوددریک ایدئولوژی بهم آمیختندکه در بیشترسده بیستم بو یژه ۵۷سال پادشاهی

رضاشاه ومحمدرضاشاه جریان فکری مسلط جامعه ایرانی بوده است.

شاهان پهلوی باآنکه خودافرادی مذهبی بودنددر برابرنفوذ مذهب درسیاستهای اجتماعی قرارگرفتندو به عنوان پیشبرندگان ناسیونالیسم ایرانی وغربگرایی ونوسازی باسران شیعه درگیر پیکارمرگ وزندگی شدند. تصادم میان دولت ومذهب اجتناب ناپذیر بود. دولت دیگرآماده نبودقلمروهای آموزش وقانونگذاری ودادگستری رابه مذهب واگذاردوسیاستهایی رااجرامی کردکه آشکاراباآموزه های ملایان ناسازگار بود. نظام وظیفه، آموزش به شیوه ارو پایی، آزاد کردن زنان، اصلاحات ارضی وهمه گرایش فرهنگی غربگرای جامعه چنان جامعه سنتی رابرهم می ریخت که برخوردبانمایندگان نیرومندآن جامعه ــ خانهای ایلات، زمینداران بزرگ، بازاریان وکاسبکاران و پیش ازهمه آنهاملایان شیعه ــ راناگزیرمی ساخت. هریک ازآن سیاستهابامبارزات سخت وعموماباخونریزی اجراشد.

چنان نیست که سیاستهای دوران پهلوی راگروههای معدودطرحریزی واداره می کردند. همه فضای فکری ایران ازدهه های پایانی سده نوزدهم برضدآنچه واپس ماندگی وواپس گرایی تلقی می شدبرانگیخته بودولبه تیزاین واکنش متوجه مذهب ورهبران شیعی بود. سه نسل روشنفکران ایرانی ازدوران انقلاب مشروطه باروحیه غیرمذهبی رشدکردند. برخوردهای ایدئولوژیک میان ترقیخواهان وسنت گرایان مذهبی دردوران انقلاب تاثیرعمیق دیر پایی بخشید. برای روشنفکران ایرانی مسلم شدکه جامعه رانه باهمکاری، بلکه به رغم، رهبران مذهبی بایدپیش ببرند. درمیان آن رهبران کمترکسی جسارت آن راداشت که بازمان پیش بیاید. کسانی مانند سنگلجی که چنین جراتی کردنددرتوفان مخالفتهاازیادرفتند.

مذهب به عنوان مدعی واعتراض کننده ومنتقددرهمه آن سه نسل نیروی خودرابه درجات گوناگون نگه داشت وهرجادست حکومت ناتوان شدیادست اندازی آن ازتحمل گذشت ضربه خودرافرودآورد. ولی هیچ کوشش اساسی برای راه آمدن بازمان نکرد. مدرسه هادژهای سنت باقی ماندند. آموزش و پرورش در «حوزه های علمی» مذهبی که بیش ازحدمدرسی، درجازن وایستاست، جلوی ابتکار و پروازاندیشه رامی گیرد. بجای آن بازی باکلام وموشکافی درمعانی کلمات اهمیت اساسی می یابد. ورق زدن آثارگذشتگان وحاشیه نوشتن برآنهاجانشین پژوهشهای تازه می شود. شیوه تفکرچنان در بندنظام آموزشی اسیراست که بحثهای فلسفی رانیز به شیوه حقوقی وبابرداشت حقوقی انجام می دهند. باپس و پیش کردن کلمات مسایل راحل شده می انگارند.

ازاین گذشته محافظه کارترین عناصرجمعیت شهری وروستایی که پایه های اصلی پشتیبانی مالی ومعنوی ملایان بودندماننددوزنه ای بر پای رهبران مذهبی، آنان راازهرحرکت اصلاحی بازداشتند. جامعه ناگزیر پیش می رفت ولی مذهب باآن همراه نبودوازفاصله ای که پیوسته دورترمی شدبانگاهی دشمنانه آن رامی نگریست.

دراواخردوران پهلوی ودوران پس ازانقلاب اسلامی بسیارکوشیدندبه اسلام وجهه

ای پیشرو بدهند. پاره ای به اصل اجماع اشاره کردندوآن راپایه ای برای دمکراسی اسلامی شمردند؛ بی توجه به این حقیقت که تقریباهمه مولفان اسلامی، حتی اصلاح طلبانی مانند عبده، اجماع رابه معنی اتفاق وهمرایی فقیهان درنظردارندوهمه آنهااجماع راوحدت نظری می دانند که بامفهوم قرآن توافق داشته باشد. درمیان شیعه وسنی اجماع مفهومی است که هیچ مناسبتی بادمکراسی وحکومت اکثریت ندارد. همچنین درموردحقوق وآزادی زن استدلالهای بسیارشده است مانند آنکه اسلام درقرن هفتم میلادی دراین زمینه پیشروترازمسیحیت بوده است که درست است ولی ربطی به سده بیستم ندارد. یا «مگرمردان آزادند که زنان آزادباشند؟» که گریزی نه چندان استادانه ازموضوع است.

اماجریان اصلی اندیشه اسلامی چه درایران شیعی وچه درکشورهای اهل سنت محافظه کارمانده است. قدرت اسلام درنظررهبران مذهبی درآن بوده است که تغییرناپذیر بماند. آنهاراه رادرهرجاتوانسته اندبرتعبیرات آزادانه شخصی ازاسلام بسته اند. اندیشمندتجدیدنظرطلبی مانندشریعتی به زودی خودرابامقاومت سخت روبرو یافت وعقب نشینی کرد. منتقدان اونخست به اشتباهات سهوی وعمدی فراوانش درنقل متون ورویدادهاودرتعبیرات تاختندوسپس پاره ای فرضهای اورامانندعتقاداولیه اش به اجماع به عنوان یک شیوه دمکراتیک و «انتخاب» خلفای راشدین به عنوان نمونه ای ازحکومت اکثریت ونیزقلمداد کردن موسیقی به عنوان یک هنراسلامی؛ یاهواداری از برطرف کردن اختلافات درونی شیعه وسنی چنان به بادحمله گرفتند که ناچاراز پس گرفتن آنهاشد. (۲)

غربزدگی وغربگرایی

پایداری مذهب در برابرهرکوششی برای نوسازی آن دوواکنش پدیدآورد. نخست بازگشت به ایران باستان ونوستالژی بزرگی های پیشین که مردانی مانند پورداودوهدایت نمایندگان آن بودند. به یاری پژوهشهاوکشفیات اروپاییان، ایرانیان به تاریخ وحتی ادبیات خودآگاهتروازآن سربلندترشدند. بیداری حس ناسیونالیسم ایرانی راتنهابه سیاستهای دولت پهلوی نبایدنسبت داد. آثارایرانشناسان وخاورشناسان اروپایی وستایش بیدریغ آنهاازتاریخ وفرهنگ ایران ازهمان نسل انقلاب مشروطه زمینه فرهنگی رافراهم کرده بود، صدسال سرافکندگی در برابرامپریالیستهای انگلستان وروسیه زمینه عاطفی را. درشعرهای عشقی این ترکیب سربلندی وسرافکندگی راخوب می توان دید.

واکنش دوم، غربگرایی وروکردن کامل به اروپابود ـ آنچه سیدفخرالدین شادمان «تسخیرتمدن فرنگی» نامید. ایران کشوری هنوز به مقدارزیادقرون وسطائی بود ـ وتاآنجاکه به ریشه های ذهنی اکثریتی ازمردم مربوط می شودهنوزهست. کوششهایی که درسطح بسیارمحدوداززمان صفویان و بعددردوره قاجار برای نوسازی

جنبه هایی ازاقتصادوآموزش ودستگاه اداری ایران شده بوداثرزیادی نبخشیده بود. ایران می بایست نیرومندو به خودمتکی شودو یک نمونه بیشتردر برابرنداشت. ازایران نیمه اول سده بیستم نمی شدانتظارراه حلهای اصیل وابتکاری داشت. ایرانیان به تقلیدونمونه برداری قانع بودندومی پنداشتنداگرازآخرین پیشرفتهابیاموزندوآخرین دستاوردهای تمدن ارو پایی رابه کشورخودبیاورندبه یک میانبرتاریخی دست خواهندیافت. کارچندسده رادرچندنسل انجام دادن رو یای ایران دوران پهلوی بود.

مفهوم های توسعه وشبیه ارو پاشدن بدین ترتیب درذهن ایرانیان یکی شد. توسعه به معنی شبیه ارو پاشدن بود. هرکوششی برای تقلیدازارو پاو بعداامریکابه توسعه وترقیخواهی وغربگرایی تعبیرمی گردید. اگردراین میان آنچه سطحی تر و آسانتر بود زود تر تقلید و پذیرفته شد عجبی نیست. ایرانیان دریای تمدن غربی رادرکوزه ظرفیت محدودخودریختندوآن راهرچه لبالب کردند. نمی توان گفت که دراین میان کوزه بزرگترنمی شد. ولی بزرگ کردن کوزه تحت الشعاع سرریزکردن آن قرارگرفت.

گرفتن غربگرایی وترقیخواهی به معنی شبیه ارو پازندگی کردن، مساله اساسی فرهنگی ایران درسده بیستم بوده است. ترقیخواهان خواسته اندمانندهمتایان غربی خودبسر برند. همان جامه ها، همان تفریحات، همان سازمانهاو همان پیرامون. آنهاطبعانتوانسته اندبیش ازلایه های اجتماعی معینی رابه این معنی پیش ببرندوجزدرزمینه های محدودی نتوانسته اندروشهاوکارکردهای غربی رااجراکنند. دربخش بزرگتری، اقدامات ترقیخواهانه آنان ظاهرسازانه بوده است. بزرگترین غفلت آنان در بخش آموزش وفرهنگ بوده است. بجای آنکه بیشترین منابع رابه ساختن انسانهااختصاص دهندبه آوردن ظواهرزندگی غربی به کشور پرداخته اندومنابع هنگفتی رابهدرداده اند.

جامه وکلاه وخانه وسامان خانه ودفترو برنامه موسیقی رادیوو«شو»تلویزیونی وجشنواره فیلم وکالاهای مصرفی وطرحهای پرهزینه به قصدآوردن گوشه ای ازامریکایاارو پابه ایران، والبته سازمانهای ازروی نمونه غربی وقت ونیروو پول بیشتری دراین کوشش برای نوسازی گرفته است تادگرگون کردن ذهن انسانهاوتواناکردنشان به اینکه منطقی بیندیشندو به شیوه علمی عمل کنندوکمترقضاقدری وخرافی باشندو بیشتر به رابطه علّی امور بپردازند.

پس ازسه نسل تقلیدازغرب ــ که به غلط ترقیخواهی وغربگرایی خوانده شد ــ هنوزاگررنگ ولعاب غربی بیشترایرانیان درس خوانده ودنیادیده و بافرهنگ رابخراشندزیرآن یک خرافاتی خواهندیافت که اگرزن است بی نذرونیازوسفره انداختن کارش نمی گذردواگرمرداست بی زیارت مشاهدودعاوتعویذ وتصویرمقدسان که حرزوجودش است.

برداشت نادرست ازمفهوم توسعه راناتوانی وفسادعمومی جامعه ایرانی تکمیل کرد. باآنکه در۵۷سال دولت پهلوی ایران بسیار بیش ازهزارسال پیش ازآن دگرگون

شدو بسیاری اززیرسازیهای لازم رابرای خیزنهایی انجام داد، دراواخرآن دوره تردیدهای جدی وسرخوردگی جانشین خوشبینی و بلندپروازی های نخستین شده بود. بیش ازنیم قرن تلاش برای نوسازی کشورشکافهای بزرگ میان انتظارات وواقعیتها، میان پیشرفت راستین ــ به معنی پیشرفت فرهنگی ــ و پیشرفت ظاهری ــ به معنی پیشرفت درسطح زندگی ــ برجای گذاشته بود. شکست در پاره ای زمینه های اساسی مانند آموزش وکشاورزی وسازمان سیاسی و بروزناهماهنگی هاوعدم تعادلهای ناسالم میان شهرو روستاودارااونادار وحکومت کنندگان وحکومت شوندگان اندک اندک اساس اندیشه نوسازی راکه یک پدیده غربی است موردتردیدقرارداد.

نخستین تاختنهابه غربزدگی بود ــ آن برداشت ازنوسازی ونوگرایی که بیشتر به تقلیدظواهرتمدن غرب می پرداخت وازحقیقت فرهنگ غربی به مقدارزیادبیخبر بود. این برداشتی بود که هم کوشندگان نوسازی ایران وهم منتقدان آن داشتند. چه آنها که یک استراتژی توسعه درست نفهمیده رابه کشورآوردندوچه آنها که به غربزدگان تاختندفرهنگ غربی راکه ازرنسانس، حتی ازقرون وسطی، پایه های انقلاب فکری وعلمی وسپس انقلاب صنعتی راگذاشته بودبه مقدارزیادنمی شناختند. غربزدگان در بخش بزرگتر به پیشرفتهای مادی بسنده کرده بودند. منتقدان غربزدگی ظواهر پیشرفت راکه آنهم درزمینه های محدودبدست آمده بودجوهرفرهنگ غربی شمردندودرخوارکردنش کوشیدند. ازآنهابه کسانی که خودغربگرایی رامحکوم شمردندودر پی بازگرداندن جامعه به ۱۴۰۰سال پیش بودندراه درازی نبود.

آنچه کارشان راآسان می کردبحران همه جانبه یک جامعه ناهماهنگ بود که هنوزازدشواریهای سنتی برنیامده دستخوش دشواریهای نوین شده بودیابهتر گفته شوددشواریهای نوین رابردشواریهای گذشته انباشته می یافت. منتقدان به ابتلای میلیونهاشهرنشین ریشه کن شده ومیلیونهاروستایی کنارزده شده ازفراگردتوسعه اشاره می کردندو بستگی روزافزون کشوررابهرچه خارجی نشانه ای ازواماندگی آن می شمردندو بااستفاده ازاحساسات ملی ومذهبی مردم ارتباط دستگاه رهبری راباسیاستهای غربی چون سلاحی برنده برضدآن بکارمی گرفتند. آنهاناتوانی یک استراتژی معین و یک رهبری معین رادرگشودن مسایلی که کاملاقابل حل بودبه سراسرقلمروتوسعه واندیشه غربگرایی ونوسازی تعمیم می دادند.

هردوگروه ازیادبردندکه معنی غربگرایی مسلح شدن به سلاحهای غرب ــ تفکرعلمی، آزادکردن و پروریدن وسازمان دادن علمی منابع انسانی برای رفاه عمومی، وآزاداندیشی ــ است. نه تقلیدشیوه زندگی غربی که هم ازنظرمادی ازتوانایی کشوری مانند ایران ــ حتی کشوری مانند ایران ــ بیرون است وهم احساس دروغین پیشرفت راتقویت می کندوملت راازکوشش برای رسیدن به پیشرفت واقعی باز می دارد.

مسائلی که پیشرفت پدیدمی آوردوگشودنشان نیاز به پیشرفتهایی بازهم بیشترداردآنان رادرباره اصل مفهوم پیشرفت دچارتردیدکرد. ازآموزه های مالتوس

گرایان نو، کلوب رم وهمه هواداران رشدصفروحفظ زیست بوم نیزهرچه را، فهمیده ونفهمیده مناسب یافتند گرفتندو به سوداره حل خودیعنی بازگشت به «گذشته زرین» گردانیدند.

غرب برایشان امپریالیست واستعمارگر بود ـ که هست. هیولایی که فرهنگهای کهن و بارورراخشک می کرد. درغرب ماتریالیسم وجنون مصرف و بی اعتنایی به سرنوشت دومیلیاردمحرومان کره زمین رامی دیدندوتجر به ناگوارخودایران رادردو یست ساله برتری غر بیان. اماغافل بودند که رهایی ایران ازدست اندازی غر بیان باپس رفتن رو به گذشته هایی که درواقع چندان هم زرین نبوده اندامکان نداردو باغرب باید باتوانایی های خودآن رو بروشد.

بدین ترتیب ایدئولژی مسلط برجامعه ایرانی درقرن بیستم، آمیزه ای ازناسیونالیسم وغر بگرایی (درصورت سطحی ترغر بزدگی) وتوسعه ـ دردهه هفتادقرن به حالت دفاعی درآمد. واین درهنگامی بود که دوتجدیدنظرطلب مذهبی زمینه فکری رابرای یک حکومت اسلامی فراهم می کردند. شریعتی وخمینی در برابردشواریهای دهه های پایانی قرن بیستم بازگشت به ارزشهاوحتی شیوه های ۱۴سده پیش راپیشنهادکردندونظریه های تازه ای در باره تئوری حکومت شیعه پیش کشیدند که درموردشریعتی نامشخص وسخت زیرتاثیرآموزه (دکترین) های چپ رادیکال بودودرموردخمینی به سادگی حکومت فقیهان ومجتهدان راتوصیه می کردکه به نظراوجانشین پیامبروامامان هستند.

شریعتی نظریه خودرادر باره حکومت ازیک بحث لغوی آغازمی کند، مانندعموم مباحث دیگراوکه ازموشکافی در باره معانی کلمات آغاز می شود. اوکه سخت زیرتاثیرآموخته های غر بی خو یش است ازمقایسه اسلام ـ یانمونه اسلامی موردنظرخو یش ـ باغرب گریزی ندارد. دراینجاپایه استدلال اوتفاوت میان معنی پولیتیک وسیاست است. می گو یدپولیتیک درز بانهای ارو پایی ازریشه شهر (پلیس) یونانی آمده که مفهومی درجهت راضی کردن شهروندان داردواساسااداری، محافظه کارومتوجه وضع موجوداست ومی خواهدبیشترین خوشبختی رابه بیشترین تعدادمردم بدهد (که بنابراین تعریف هدفی کاملاغیراسلامی است). برعکس سیاست درعر بی به معنی رام کردن اسب است ومفهومی آموزشی واصلاحگرانه داردومی خواهدبه کمال برساند. سیاست مستلزم رهبری وز وردرصورت لزوم است.

اوهمچنین مدعی است که امت وامامت ازریشه «ام» آمده که به معنی تصمیم به رفتن است وتاکیدبرحرکت بسوی تکامل است (یابه عقب؟) وانضباط وتر بیت. جامعه مومنان (امت) با «دمکراسی بورژوازی سرمایه داری» تفاوت اساسی دارد. زیراشریعتی نیزمانندخمینی مردم راکودکانی می شماردکه نمی توانندخیرخودرابشناسندو باهوشمندی انتخاب کنند. اومی پذیرد که در پایان دوره تکامل اجتماعی، نظریات شیعه وسنی باهم تقارن خواهندیافت. امام زمان دیگرضرورتی نخواهدداشت که غایب بماندوجامعه راامکان خواهدداشت باشوراهای

دمکراتیک اداره کرد (بدین منظور بایدتاظهورامام زمان درنگ کرد).
برای آنکه کمترین جایی برای دمکراسی دراسلام نماندشریعتی اصلاح اجتماعی رادرچهارچوب دمکراتیک غیرممکن می داندو به قوانین خدایی برای برقراری عدالت درجامعه متوسل می شود. به نظراوحتی آزادی زنان صورتی ازتسلط جو یی غرب است.
خمینی ازاینجاشروع می کندکه قانون شرع یاخدایی بایدحاکم باشدو به این نتیجه می رسدکه حکومت بایددردست مجتهدان قرارگیردزیراآنهااز پیامبروامامان نه تنهاسنت علم، بلکه حق رهبری وحکومت برمردم رابه میراث برده اند. آنهاهستندکه بایدبرهمه اموراجرائی واداری و برنامه ریزی کشورنظارت کنند. نظریه حکومت خمینی براین اصل ساده شده استواراست که همه مسلمانان ازقانون خداپیروی می کنندونیز براینکه فقیه ومجتهدخطاناپذیروجانشین پیامبروامام است. درعمل این باورچنان تعبیرشده که خطاهاوحتی گناهان فراوان «مسلمانان» وحتی مجتهدان همه صلاح است. درواقع اصل معصومیت به افرادوجماعات بیشمارنسبت داده شده است وبی آن همه نظریه حکومت فرومی ریزد؛ ماننذخودحکومت که درردریای هرج ومرج وفسادفروریخته است.
آنچه خمینی درباره حکومت اسلامی می گو یدبیان آرزوهاست نه اموری که لزومادرعمل تحقق یابدوصرفابرداشتهای شخصی است. اومی گو یدحکومت اسلامی نه استبدادی است نه مشروطه به معنی غربی، بلکه مشروط به قرآن وحدیث (سنت) است. ازآنجاکه همه مسلمانان ازقانون خداپیروی می کنندحکومت متکی به زورنیست بلکه صرفابرنامه هاراتنظیم می کند. مجتهدیافقیه قانون خدایی رامی داندومی تواندارشادکند. اوقدرت رابه عنوان هدف نمی خواهد. نقش فقیه ومجتهدهمان نقش امام و پیامبراست. (۳)
اینکه درعمل هرکس قانون خداراچنانکه خودمی خواهدتعبیرمی کند (درهمه تاریخ چنین کرده اندوازهمین روی دوران پاکی و بی پیرایگی هیچ دینی ازیکی دونسل نگذشته است) یاهرموقع خواست به قانون خداعمل نمی کندو بادادن سهم امام وردمظالم ورفتن به زیارت وگریستن برحسین، یاحتی وانمود کردن آن، چنانکه درحدیث «معتبر» آمده گناه خودراپاک می کند؛ واینکه فقیه ومجتهدچنانکه افتدودانی خطاناپذیرومصون ازگناه نیست ودرحداونیست که خودراجانشین امام و پیامبر بداند، دانسته یاندانسته اصلادراین مباحث واردنشده است.
شریعتی به شیعیگری جلوه وجلای یک ایدئولژی پیشروانقلابی رابخشید. شهادت امام سوم رابااندکی دستکاری سرمشق انقلاب گردانیدو باپس و پیش کردن شرایط ظهورامام زمان، انتظارظهوررا آرمان ناکجاآبادوانگیزه ای برای مبارزه وتلاش درراه تکامل. خمینی راه حل ساده حکومت الهی راباقوانین خدایی و بدست «مردان خدا» پیشنهادکرد. پیام آنهادرمیان توده های بزرگ ناراضی که ازشرایط سخت زندگی به جان آمده بودندوتبلیغات رسمی باوعده هایی مانند «هرایرانی

بایدیک پیکان داشته باشد» برانتظارات وسرخوردگی شان افزوده بود، شنوندگان فراوان یافت.

این توده هادارای احساسات مذهبی عمیقی بودند که رژیم درطول چند دهه برآن دامن زده بود. وقتی صدای مخالفان مذهبی برخاست ورشکستگی سیاستهایی که به مذهب همچون عامل واپس ماندگی می نگریستندولی درعمل بدترین جنبه های خرافی راتشویق می کردندومی خواستندهم مذهب راپس بزنندوهم ازآن بهره برداری کنندهویداگردید. توده مردم به آسانی تسلیم رهبران مذهبی شدکه نه تنهارستگاری آن جهانی راوعده می دادند، بلکه اکنون بهروزی این جهانی رانیزدرانحصارخوددرآورده بودند.

ازاین گذشته لایه های غربی شده جامعه که ازکیفیت پایین زندگی درایران بهم برآمده بودندوسهمی دراداره کشوروسیاستگزاری می خواستندرهبری ملایان مخالف رابی دشواری زیادپذیراشدند. آنهاحامل طبیعی نوسازی ونوگرایی بودندولی رژیم که سودای اقتدارمطلق درسرداشت وهمه چیزرادرانحصارخودمی خواست ازسهم شایسته ای درگرداندن امورکشورمحرومشان ساخت وخواه ناخواه آنان رابسوی مخالفان مذهبی راند. بسیاری ازاین غربگرایان یاغربزدگان ازمیان رژیم که ترقیخواه ولی سرکوب کننده بودومذهب که واپس نگرولی مبارزبودومی رابرگزیدندوزوددریافتندکه به چنگال نیرویی هم واپس نگروهم سرکوب کننده افتاده اند.

روشنفکران وطبقه متوسط در برخوردباموج تازه مخالفت مذهبی که ازسالهای ۱۳۵۰ (دهه ۷۰) برخاست هم یک فرصت رادیدندوهم به یکی ازنوسانهای آونگ مانندکه درتاریخ فرهنگی ایران بازهم تکرارشده است افتادند. فرصت بهره برداری ازشورمذهبی برای پیشبردمقاصدسیاسی دوباردرسده بیستم پیش آمده بود. درگذشته رفتارروشنفکران بامذهب دشمنی متقابل عمیقی راباسران مذهبی برانگیخته بود. ورطه ای که روشنفکران راازمذهبیان جدامی کردچنان ژرف بودکه حتی مصلحت مبارزه مشترک درانقلاب مشروطه وجنبش ملی کردن نفت نتوانسته بوداتحادناپایدارشان راازفروریختن بازدارد. همکاری آنان بامذهبیان درگذشته همواره درآنچه «برضد» بودموفقیتی داشت ودرآنچه «برای» بودبه جایی نمی رسید. این بارنیزچنین شد. بااینهمه هنگامی که دورنمای پیروزی احتمالی بررژیم ازهنگام انتخابات ریاست جمهوری امریکادر۱۹۷۶نمایان گردیدبرای روشنفکران آسانترازآن نبودکه بپندارنداین بارنیزسوار برامواج اعتراض مذهبی نخست درکنارملایان وسپس به تنهایی قدرت سیاسی رابه چنگ خواهند آورد.

پنجاه سال ناکامی درمبارزه بادستگاه حکومتی بسیاری ازروشنفکران رامتقاعدکرده بودکه راه پیروزی تنهاازدرون مسجدهاوحسینیه هامی گذردوبریدنهای پیشین ازملایان «اشتباه» بوده است. این بارآنهاآماده بودندامتیازهای بیشتری به رهبران مذهبی بدهندورهبری آنان راپذیرند. آنهامخالفتهای آشکارآن رهبران رابااصلاحات ارضی، باآزادی اجتماعی وسیاسی زنان وباآموزش نوین ندیده گرفتند.

حتی طرحهای اعلام شده شان رابرای ولایت فقیه وحکومت مذهبی وحذف اراده عمومی ازامورکشور به روی خودنیاوردندودرمواردبسیار پذیرفتند. شعارآنهاماندن درکناررهبران مذهبی بهر بهابود. اکنون که درمیان رهبران مذهبی کسانی به نبردبرخاسته بودندروشنفکران حاضرنبودندفرصت رابه هیچ دلیل ازدست بدهند. اگردرگذشته نتوانسته بودند کهنه پرستی ومخالفت ملایان راباانديشه پیشرفت ودگرگونی ونوسازی تحمل کنندوازگرایش آنهابه شکستن نظم لازم برای اداره جامعه به تنگ آمده بودنداین بار به همه چیزخرسند بودند. (۴)

بهمین اندازه بسیاری ازآنهازیر پیام مذهب رزمجو (میلیتانت) نو یدگشودن بن بست فکری رامی دیدند که بیشتراین روشنفکران درکشاکش میان واپس ماندگی ونوسازی دچارش شده بودند. پس ازسه نسل گرایشهای غیرمذهبی، آنهااکنون آمادگی داشتند به آنچه ریشه های اصیل فرهنگی خودمی نامیدندبازگردند. مذهب ازنوبپاخاسته بااطمینان وخوشبینی وشوری که ازندانستن ونفهمیدن می آیداعلام می کرد که بایدبه ارزشهای پیشین، حتی به رفتارهای پیشین، بازگشت. چنگ زدن درجهان گذشته ۱۴۰۰ساله به عنوان راه حلی برای‌مسائل جهان امروزی پیشنهادمی شد که کمترکسی ازآنهاسردرمی آوردوراه حلی برایش داشت. کامیابیهای یک دوره کوتاه که به دونسل هم نکشیدوتنهاازهجرت پیامبرتاشهادت امیرالمومنین علی رادر برگرفت به عنوان نمونه ای برای همه دورانهاوهمه جامعه هاعرضه شدوذهنهای خسته وناتوان ازچالشهای جهان نو ین راتسخیرکرد.

این روشنفکران درشوق مکاشفه خودلازم ندیدنددر باره محدودیتهای این راه حل «تازه» که هرگزازگشودن مسائل هیچ جامعه ای در۱۳۰۰سال گذشته برنیامده است ودرآن لحظه کوتاه تاریخی نیز به برکت وجودشخصیتهای استثنائی واوضاع واحوال استثنائی ونیزدردسترس بودن سرزمینهای باامکانات تاراج نامحدودمیسرگردیداندیشه کنند. سیاستهای اقتصادی واجتماعی اسلام، آنگونه که خمینی تعبیر می کرد، و «تشیع علوی» و پرستش آیین شهادت، آنگونه که شریعتی تبلیغ می کردبرای این روشنفکران جانشین سه هزاره اندیشه بشری گردید.

گرفتاری روشنفکران این بود که بیشترشان ازآن سه هزاره تاریخ تحول وتکامل اندیشه بشری نیزچیزیادی نیاموخته بودند. غرب برایشان میزان جنایت وآزادی جنسی ودرجه آلودگی هوابودوناتوانی آشکارنظامهای سرمایه داری ومارکسیستی درگشودن مسائلی که دگرگونی و پیشرفت پدیدمی آوردو بادگرگونیهاو پیشرفتهای دیگر برطرف خواهدشد. نیروی محرک فرهنگ غربی ــ روحیه فاوستی ، فلسفه تجربی، انسانگرایی ــ رایانفهمیدندیانادیده گرفتند. دراین برابرنهادن بدترین جنبه های تمدن غرب وارزشهای دورازواقع وآرمانی شده گذشته های دور، نفهمیدن وزرنگی تبلیغاتی به یک اندازه بکاررفت ونتیجه آن یک دوره کوتاه تخدیرونشئه روشنفکری بود که بااولین نهیب خمینی برضدنه تنهاغرب، بلکه اندیشه ومغز، نه تنهاغربگرایی، بلکه روشنفکری، به بیداری ناخوشایندی انجامید.

دراوضاع واحوالی که پیوسته بحرانی تروافکارعمومی که پیوسته رادیکال ترمی شدددیگرجایی برای نازک کاری دراندیشه نماند. مسأله اصلی درگردبادتبلیغات وهیجان زدگی محوشد. دیگرنمی شدافکاررامتوجه کردکه گرفتاری اصلی، فراموش کردن ارزشهای گذشته، حتی غربزدگی نیست. واپس ماندگی است، ازکاروان واماندن است که ایران پیش ازسده نوزدهم و پیش از برخوردبافرهنگ غربی نیزدچارش بوده است؛ پرداختن بیش ازاندازه به کم وکاستی های غرب ودرنیافتن جوهر پیشرفت ونوگرایی است؛ چون به این نرسیدندپنداشتندهمه آنست و به آن تاختند. جنبه های ناپسنددرغرب وجهان پیشرفته بسیاراست. ولی این جنبه هادریک جریان نیرومندترقی مداوم وآفرینندگی وسازندگی و یک تحرک خستگی ناپذیرغرق است که اجازه می دهداشتباهات سرانجام تصحیح وتنگناهاسرانجام گشوده شود. آنهاعوضی گرفتند. ایران دچار بحران مذهب نبودوراه حلهای مذهبی برای مسائل خودنمی خواست. بحران ایران بحران توسعه بود.

اماآن چندساله کوتاه توهمات آشتی ارزشهای گذشته باجهان کنونی و بازگشت به سرچشمه های قدرت وشکوفایی ۱۴۰۰سال پیش ــ که درعمل به معنی فراموش کردن پیشرفتهای پس ازآن بود ــ یک نیروی فکری، سپس سیاسی و بعدانقلابی پدیدآورد که حتی یک سنت روشنفکری بسیارنیرومنددیگرجامعه ایرانی یعنی سنت مارکسیستی رانیزتحت الشعاع قراردادوآن رانیز چندگاهی درخدمت خوددرآورد. برای روشنفکران مارکسیست همکاری بامذهب صرفاجنبه فرصت طلبی داشت. آنهابرخلاف بسیاری ازلیبرالهادرمذهب رزمجویی که شریعتی وخمینی نمایندگان آن بودندرستگاری ایدئولوژیک خودرانمی جستند. برای آنهامذهب باره کوبی بود که می توانست دیوارهای رژیم رافروریزد. آنگاه رسیدن آنهابه قدرت کامل وساختن یک جامعه توتالیترضدمذهبی صرفامساله زمان شمرده می شد.

مارکسیستهاازهمان نخستین سالهای سده بیستم درصحنه سیاسی وفکری ایران ظاهرشدندودرانقلاب مشروطه حضوری نه چندان غیرقابل ملاحظه داشتند. درانقلاب جنگل چندگاهی قدرت رادردست گرفتندونمایشی از بیرحمی وناآگاهی وناتوانی خوددراداره جامعه دادندکه پیش ازحکومت مرکزی خودمیرزاکوچک خان ــ پشتیبان اصلی آنها ــ به ریشه کنی شان همت گماشت. بااینهمه نفوذ آنهادراتحادیه های کارگری ومحافل کوچک مارکسیستی بالاگرفت تاهنگامی که رضاشاه همه قدرت سرکوبی رژیم رابرسرشان فرودآورد. پس ازاشغال ایران به دست سپاهیان انگلستان وشوروی مارکسیستهادرحزب توده به صورت پیشبرندگان سیاست شوروی درایران نفوذی فراوان یافتند. جداشدن گروههای کوچک سوسیالیستهای مستقل ازآنهاتاثیری درناتوان کردنشان نبخشید، بویژه که این کوششهانیمدلانه بودوازقوت اخلاقی وایدئولوژیک چندان بهره ای نداشت. درآذربایجان به نیروی ارتش سرخ دولتی تشکیل دادندوآن استان راتاآستانه تجزیه ازایران پیش بردندودرتهران برای دادن امتیازنفت به شوروی در پناه سربازان سرخ تظاهرات کردند. باملی کردن نفت

مخالفت ورزیدند. درواقع هرچه توانستندبرای بی اعتبارکردن ایدئولوژی وسازمان سیاسی خودانجام دادند.

به رغم اینهمه، مارکسیسم سراسراندیشه سیاسی ایران دردهه های پس ازجنگ دوم رازیرنفوذ خوددرآورد. داغ دست نشاندگی شوروی که برحزب توده، به عنوان بزرگترین نماینده گرایشهای مارکسیستی درایران، خوردوآن حزب هیچ ابائی نیزازآن نداشت وندارد، نتوانست چندان ازجاذبه مارکسیسم بکاهد. مارکسیست بودن نشانه برجستگی ورسم رایج روزشد. مهارت سازمان دهندگان حزب توده دراینکه مارکسیسم رانه تنهابه عنوان ایدئولوژی توسعه وعدالت اجتماعی، بلکه بلندترین قله دستاوردهای فکری انسان جلوه دهنددراین موفقیت سهم اساسی داشت. درمدتی بیش ازیک نسل صدهاهزارروشنفکرایرانی، ازفراورده های نیمه سواددبیرستانهاودانشگاههای ایران گرفته تاانتلکتوئل هابااین باوررشد کردند که مارکسیسم نه تنهایک بینش علمی، بلکه خودعلم وتنهاراه رسیدن به یک جامعه عادلانه ورفاه همگانی است. باسطح پایین فرهنگی ودرفضای خفه فکری ایران چنین تردستی چندان هم دشوارنبود. مارکسیستهادرجامه مخالف وضع موجودیک برتری نخستینی برحریفان خودداشتند. درمیان مخالفان رژیم آنهاازهمه شناخته تر بودند. آنهاتوانستندمخالفت خودرابارژیم ونیزمخالفت پابرجاتررژیم راباخود ــ درمواردبهبود کلی روابط ایران وشوروی این صورت اخیر بیشترصدق می کرد ــ همواره به سودخودبرگردانند.

این حقیقت که رژیم، کمونیستهارابزرگترین دشمنان خودمی شمردوتااواخرسال ۱۳۵۷حتی خطرمذهبیان افراطی رابه حساب نمی آوردوآن رادر پرتو یک توطئه کمونیستی می دیددرنظرهمه ناراضیان ومخالفان بزرگترین مزیت مارکسیستهابشمارمی آمد. ازاین گذشته گروههای گوناگون مارکسیستی ازمائوئیستهاگرفته تاتروتسکیستهاوهوادارن آلبانی ومارکسیستهای مستقل وحتی اسلامی باجداکردن راه خودازحزب توده جماعات بیشماری راتحت تاثیرقراردادندکه آن حزب بابی آبرو بیش درچشم ایرانیان به تنهایی نمی توانست جلب کند. حزب توده دراین ضمن باگروه کوچک ولی بسیارسازمان یافته خودو بابهره گیری ازامکانات سازمانی ومالی بزرگی که حکومتهای میز بان وحزب کمونیست مادردراختیارش می گذاشتند و بااقتداری که از پشتیبانی یک ابرقدرت بدست می آوردتوانست دراینجاوآنجا، ازجمله بسیاری گروههای دیگرمارکسیست، رخنه کند.

مارکسیستهادرایران برای نخستین بار بطورآگاهانه ومنظم ازجنبشهای رهایی بخش وانقلابی جهان سوم به سودخودبهره برداری کردندو باتبلیغات ماهرانه نفس جنبش رهایی بخش وانقلابی بودن راچنان اعتلایی دادند که به تدریج برای بیشترایرانیان حالتی مقدس ومصون ازخطایافت و یکسره ازقلمروعینیت گرایی ونقادی بیرون رفت. سازمانهای رهایی بخش وانقلابی اگرهم گاه دست نشانده بیگانگان بودندیابه غیرانسانی ترین شیوه های مبارزه دست می زدند، نقطه اوج افتخار بشمارمی

رفتندوحیثیت روشنفکری وسیاسی افرادوگروههابستگی به نزدیکی شان به یادوری شان ازآنهاداشت.

درمیان جنبشهای رهایی بخش وانقلابی، فلسطینیان به دلایل نزدیکی جغرافیایی وهم کیشی جای برتری درمیان ایرانیان یافتند. ازسومین جنگ اعراب واسرائیل (ژوئن ۱۹۶۷) عامل فلسطین بطورموثرواردفضای سیاسی وروشنفکری ایران شدو به رادیکال شدن آن کمک کرد. اشغال سرزمینهای عرب درسیناوکرانه باختری روداردن و بلندیهای جولان وفعال شدن جنبش آزادیبخش فلسطین، که پس ازآن جنگ سازمان واستراتژی نوینی یافت، به فلسطینیان درنظرگروههای هرچه بیشتری ازایرانیان وجهه قهرمانی داد.

افراطیان مذهبی وچپگرایان به زودی ستایش ازفلسطینیان رابه صورت حمله نامستقیم ولی نه چندان پوشیده به رژیم دراوردند. روابط ایران واسرائیل به آنهاکمک می کرد. هرچه بیشتر برشیفتگی ایرانیان به امرفلسطینیان می افزودرژیمی که بااسرائیل رابطه داشت درچشم آنان خوارترمی شد.

سازمان آزادیبخش فلسطین هرچند بعدهاباشاه ارتباطهایی برقرارکردوازحکومت ایران کمکهای مالی و پشتیبانی دیپلماتیک دریافت داشت‌به دلایل آشکاردشمن ایران بودوعناصرافراطی ترآن ازدیر باز به پروراندن تروریستهاوکادرهای انقلابی ایرانی پرداختند. ازطریق آنهابود که پای لیبی به امورایران بازشد. درآخرین سالهای پیش ازانقلاب، لیبی احتمالابزرگترین منبع مالی کمک خارجی به عناصرضدرژیم ایران بوده است.

درشرایط سانسور، گروههای گوناگون مارکسیست فعالیت انتشاراتی خستگی ناپذیرخودرادنبال می کردندوحتی ازمجاری رسمی پیام خودرابه گوشهامی رساندند. سخن گفتن بازبان واصطلاحاتی که طنین علمی داشت شنوندگان ناآگاه ونیمه سوادشان راسخت زیرتاثیرمی گرفت. باآنکه کارآنهادرظاهرازمخالفان مذهبی نیزدشوارتر بود، هیچگاه دست بالایی راکه در برابر «ایدئولوژی» رسمی — درواقع دست و پازدنهای ناشیانه تبلیغاتی حکومت — داشتندازکف ندادند.

دوگروه مارکسیست، یکی بارنگ اسلامی، دردهه پایانی سلطنت محمدرضاشاه به نبردچریکی پرداختندکه هرچندضربه کاری برحکومت نزدبرحیثیت آنهاافزودوبدانهاتوانایی سازمانیی دادکه درانقلاب به کارشان آمد. مارکسیستهاهمچنین درسازمانهای حرفه ای وصنفی نفوذکرده بودندوهنگامی که رژیم دروضع دفاعی قرارگرفت توانستندباهمکاری گروه لیبرالهاوگروه بسیار بزرگترفرصت طلبان ازنیروی آن سازمانهابرضدحکومت استفاده کنند.

در ۱۳۵۶هنگامی که نخستین ناآرامیهاآشکارشدزمینه فکری درجامعه ایرانی کاملابرای پذیرش گرایشهای افراطی، چه مذهبی وچه مارکسیستی، آماده شده بود. ملایان شیعه بامتحدان خوددربازارودرمیان دکانداران و به یاری شبکه گسترده مراکزمذهبی بریک توده شهری ریشه کن شده وسرخورده ولی‌ناآرام وخانه بدوش و یک

توده چندمیلیونی روستایی ناراضی که پیوسته برخیل خانه بدوشان شهری می افزودفرمان می راندند. روشنفکران وطبقه متوسط به ایدئولوژی ناسیونالیست، غربگراوتوسعه اندیش رژیم پهلوی ــ که هرگز به صورتی قانع کننده تدوین وعرضه نشد ــ پشت کرده بودند. بخش کوچکتری ازآنهابه درجات گوناگون به مارکسیسم روی آورده بودندکه غربگراوتوسعه اندیش بودولی با «مارک» متفاوتی، ومی توانست به چهل سال پیشینه مبارزه خودبارژیم استنادکند. بخش بزرگترآنهادارای گرایشهای گوناگون ونامشخصی بودندکه زیرعنوان نه چندان دقیق لیبرال شناخته می شود.

لیبرالهادارای برنامه مشخصی نبودندو یک پشتوانه سازمانی نداشتند ــ مانندهمیشه. فرصت چیزی بودکه دنبالش می گشتندوآنچه بدست آوردندفرصت پیروی ازنیروهای برتر بود، یعنی شیعیگری رزمجوومارکسیسم انقلابی. درهمان نخستین مراحل انقلاب ازآنهانشانی نماندودیگرهرچه بودقدرت سازمانی وجاذبه سیاسی ــ ایدئولوژیک مذهبیان افراطی ومارکسیستهابودکه جداامادرکنارهم توده های مردم رابه خیابانهاریختند، رادیوتلویزیون دولتی وروزنامه هارابه خدمت خوددرآوردند، درارتش بذرنافرمانی پاشیدند، صنایع راازکارانداختندوسرانجام بایک ضربت مسلحانه ازهم پاشیدگی رژیم راچند هفته ای پیش انداختند.

انقلاب چراروی داد؟ زیرارژیمی که همه چیزرادرگروتوسعه اقتصادی واجتماعی گذاشته بودازآن برنیامد؛ وبجای یک جامعه پیشرفته، یکی از پنج قدرت غیراتمی جهان، یک تمدن بزرگ، یک ژاپن دوم آسیایی، برکشوری فرمان می راندکه هرچنددربسیاری زمینه هاپیشرفتهای انکارناپذیرکرده بودازناهماهنگی ونابسامانی شگفت آوری رنج می برد؛ باسیاستهایی که گاه هیچ ضرورتی نداشت ودربیشترمواردنااندیشیده وسهل انگارانه ونمایشی بودوتقریباهمیشه بداجرامی شد؛ وبابی اعتنایی روزافزون به مردم، باکوشش برای خرید آنهاونه خشنودکردنشان، باخوارشمردن وبه حساب نیاوردنشان، باتحقیرواهانت به شعوروهوشمندی شان، آنان راتامرزطغیان رانده بود.

اطمینان رهبری سیاسی به کامیابی درزمینه توسعه کشورچنان بودکه نه فسادرادرهمه سطح ها، بویژه سطح های بالاتر، به چیزی می گرفت، نه پیوسته پرهزینه شدن طرحهاوعقب افتادن آنهارا؛ نه ازبابت تردیدهای جدی لایه های بزرگ جمعیت درباره مشروعیت مذهبی وسیاسی خودنگران بود، نه مخالفان چپ وراست خودرادرست ارزیابی می کرد. نارسایی هااگرهم دیگرقابل انکارونادیده گرفتن نبودنددربرابر پیروزی درپیکارتوسعه که هرروزآمارهاونشانه هایش به رخ مردم کشیده می شد، به شمارنمی آمدند.

اینکه مذهب رزمجوباظرفیت بالقوه سیاسی خودودعوی همیشگی اش برحکومت موضع خودرادرگستره جامعه هرچه استوارترمی کردوهمه امکانات حکومتی رانیزدراختیارگرفته بود؛ اینکه مارکسیستهارهبری فکری تقریبابی منازع محیط روشنفکری ایران رابدست داشتندوباانتشارات آشکاروپنهان خودوازطریق کتابهای

درسی ورسانه های رسمی وغیررسمی حکومت پیام خودرابه گوشهای آماده می رساندند؛ اینکه مسأله فلسطین چنان به رادیکال شدن افکارعمومی درایران کمک کرده بودکه برای بسیاری از روشنفکران جامعه، مصالح ملی ایران در پرتومنافع فلسطینی هانگریسته می شد، هیچیک برای رژیم خطرناک نمی نمود.

آمارهای توسعه، گسترش وافزایش درهمه چیز ــ اگرنه همیشه درکیفیت ــ ذهنهای حکومت کنندگان رامسخرکرده بود. در پایین جامعه مردم یاآمارهارابا ورنداشتندیابدان اهمیت سیاسی نمی دادند؛ واین درهنگامی بودکه کارهاخوب پیش می رفت. ولی وقتی درچندسال آخر، تصویر پیشرفت مداوم وشکوفایی اقتصادی نیزکدرشد، دیگرچیززیادی برای رژیم نماند.

یک انقلاب نالازم

همه موقعیتهای انقلابی لزومابه انقلاب نمی انجامند. زمینه انقلاب درهرجافراهم آیدنبایدانتظارتغییرخشونت باروناگهانی رژیم حاکم راکشید. درایران ۱۳۵۷یک موقعیت انقلابی تمام عیاروجودداشت که مقدمات آن به سال ۱۳۵۶برمی گشت. بااینهمه انقلاب اجتناب ناپذیرنبود. وضع موجودسال ۱۳۵۷البته نمی توانست دوام یابدومی بایست دستخوش تغییرات اساسی شود. ولی این تغییرات حتمابه معنی انقلاب اسلامی وروی کارآمدن آخوندهاومتحدانشان نمی بود. ناتوانی بنیادی رژیم ونیرومندشدن رهبران مذهبی افراطی وگروههای چپگراعوامل پیدایش موقعیت انقلابی بودند. اماآنچه انقلاب راتحقق بخشیدسیاستهاواقدامات رهبری سیاسی بود.

بررسی هایی که تاکنون ازانقلاب شده بیشترازنظرگاه انقلابیان بوده است. این بررسی بیشترازنظرگاه رژیم می نگرد. نه اینکه آنهاچگونه بردند، بلکه بیشتراینکه این چگونه باخت. این ملاهاوهمدستانشان نبودندکه پیروزشدند. دستگاه حاکم بودکه شکست خوردوبدست خودش خودراویران کرد. درانقلابهای جهان شایدنتوان موردی رایافت که مانندانقلاب ایران انقلابیان اینهمه ازکمکهاوهمکاری حکومت برخوردار بوده باشند. تامدتهاپس ازانقلاب رهبران انقلابی ازسرعت وآسانی پیروزی خودگیج بودندوناآمادگی آشکارخودرابرای حکومت به «پیروزی پیشرس» انقلاب نسبت می دادندوازاین بابت درواقع ازمردم ورژیم گذشته طلبکاری می نمودند.

شکست رژیم شکست اخلاقی، شکست اعصاب واراده بود. پوسیدگی ازدرون بودوبه یک ضربت، که البته خوب تدارک شده بودوازهرسوفرودآمد، فروافتاد. تاوقتی خطرجدی روی نکرده بودکسی نمی توانست باورکندکه طبقه حاکم ایران اینهمه آماده تسلیم وگریز باشد. این طبقه به آسانی به خودخیانت کردوبجای ایستادگی یکپارچه ومصمم به هرچه پیش آمدتن درداد. دریک دوره شش ماهه ازتابستان تازمستان ۱۳۵۷سرامدان (الیت) ایران عموماچنان نمایشی از باختن روحیه دست پاچگی وندانم کاری دادند؛ چنان برای نجات خودهرچه رادردسترس

بودقربانی کردند؛ چنان فرصت رابرای تصفیه حساب بارقیبان، حتی به بهای نابودی رژیم، غنیمت شمردند که دردرون و بیرون ایران دوست ودشمن چاره ای جزدست شستن ازرژیم نیافتند. دشمنان ناباورانه، دلگرم وامیدوارشدندودوستان، خواسته وناخواسته، به رژیم پشت کردند.

داستان آن شش ماهه شرح یک سلسله اشتباهات درقضاوت است. هرچه شدخطابود. ولی این خطاهاازضعف کاراکتر (منش) برمی خاست. نظام حکومتی ایران که همواره دریک خلأ اخلاقی عمل کرده بودوجز پول وقدرت انگیزه ای وارزشی نمی شناخت در پایان درهمان مغاک افتاد. درغیاب هرملاحظه ای جز پیشبردوحفظ خود، درغیاب هرتعهدی در برابریک ماهیت بزرگتریاارزش والا تر، رژیم در برابر دشمنی که خودش هم قدرتش رانمی دانست وتاآخرین روزهاپیروزیش راباورنمی کردگام به گام پس نشست و به زودی پابه گریزنهاد.

در بحث انقلاب ایران برروی عامل خارجی بسیارتاکیدشده است. خودشاه درکتاب پاسخ به تاریخ به صورتی نه چندان متقاعدکننده اساسامسئولیت انقلاب رامتوجه خارجیان، وبیشترشرکتهای نفتی، می داند. برای ایرانیان باجنبه ماورأ طبیعی که به قدرتهامی دهند، باروانشناسی و یژه آنهاکه پشت سرهرر و یدادسایه توطئه ای رامی بینندوباتلاشی که برای فروانداختن مسئولیت ونهادنش بردوش دیگران دارند، پذیرفتن این نظرهم آسان وهم آسایش بخش است.

ایرانیان عموماامریکارانیروی محرک انقلاب می دانندواگرهم تردیدی پیداکنندپای انگلستان رابه میان می کشند که ایران رابه دست امریکانابودکرد. دلایل آنهاجنبه بعدی داردو برای توجیه نظریه ای است که از پیش پذیرفته شده است. پاره ای معتقدندایران داشت ژاپن دومی می شدومی بایست پیش ازآنکه خطرناک شودآن رابه کامبوج دومی تبدیل کرد. برخی می گویندامریکاوانگلیس خواستندبرگردشوروی یک کمربندمذهبی بکشندوحکومت اسلامی رادر پاکستان وایران حلقه های این کمربندمی دانندو به این بس نکرده، لهستان راهم واردتصویرمی کنند. دیگران هزینه تولیدنفت شمال راعامل اصلی می شمارند؛ انقلاب ایران می بایست بهای نفت راچندان بالاببرد که تولیدنفت دریای شمال صرف کند. نظریه دیگرشرکتهای نفتی رامقصرمی شمارد که در پی مجازات ایران بودند. برگرداین فرضیات یک میتولوژی کامل تشکیل شده است.

نقش خارجیان درانقلاب ایران بسیارمهم بودولی نه به سبب آنچه کردند، بلکه به دلیل اهمیتی که ایرانیان ازرهبران گرفته تاتوده مردم به آنهامی دادند. هراقدام یااظهارنظرازسوی مقامات یانهادهای امریکاوانگلستان، حتی اگرنامستقیم یاضمنی بود، درجریان سیاست ایران درسالهای ۱۳۵۵ تا ۱۳۵۷تاثیرات قاطع بخشید.

ازمبارزه انتخابات ریاست جمهوری امریکادر۱۹۷۶ (۱۳۵۵)رژیم ایران نخستین نشانه های ناآرامی رانشان داد. دورنمای روی کارآمدن حزب دمکرات باپیشینه ای که درهمکاری باپاره ای مخالفان رژیم ایران داشت وتاکید کاندیدای حزب برحقوق

بشرلرزشی بر پیکرحکومت ایران افکند که ازچشم مخالفان دورنماند. خودآن مخالفان باامیدفراوان برآمدن حزب دمکرات راپس ازرو یدادواترگیت نظاره می کردند. بازرگان بعداگفت که ازآغازمبارزه انتخاباتی کارترهمه «لیبرالها» جان گرفتند.

اینکه برای نخستین بار پس ازسالهادر۱۳۵۵و۱۳۵۶رهبران ناراضی ومخالف، ازجمله سه تن ازسران جبهه ملی به شاه سخنان انتقادآمیزگفتندیابه نخست وزیروخوداونامه های سخت نوشتندتصادفی نبود. اینکه حکومت هم واکنشی نشان ندادتصادفی نبود. پیروزی دمکراتها، سخنان کارترو پاره ای نزدیکان اوکه بوی خوشی ازآن نمی آمد، وتاخیرطولانی که درفرستادن پاسخ تلگرام تبریک شاه به کارترنشان داده شدبه یک اندازه شاه رانگران ومتزلزل ومخالفان اوراپشتگرم کرد

کارتردرعمل دست به اقدامی برضدشاه نزد. فروش اسلحه که مهمترین مساله میان حکومتهای ایران وامریکابودهرچه بیشترادامه یافت (۴میلیارددلاردر۱۹۷۷وقراردادهایی برابر۹میلیارددلارازه۱۹۷۸تا۱۹۸۱). امریکاآماده بودپیشرفته ترین رزمناوهاوجنگنده هارابه ایران بفروشد. ولی فروش سازو برگ ضدشورش (گاز اشک آوروگلوله های پلاستیکی) تایک سال به مانع اداره حقوق بشروزارت خارجه برخوردوعملی نشد. سخنان مخالفت آمیزعناصری درحکومت امریکابانمایشهای پشتیبانی مقامات امریکایی به دنبال هم می آمد. ازیک سوبه شاه گفته می شدامریکاتاپایان پشتیبان اوست، ازسوی دیگربه اوهشدارمی دادندکه مراقب حقوق بشر باشد. این تضادی بودکه تاپایان کاررژیم پادشاهی درسیاست کارترنسبت به ایران نمایان بود. پشتیبانی وفاصله گرفتن باچنان توانی گیج کننده ای آمدکه آخرین توانایی یک رژیم لرزان وگوش به دهان خارجی رابرای پیش گرفتن یک سیاست روشن ازمیان برد.

اقدامات لیبرالهاکه تا۱۳۵۷ادامه یافت ــ تشکیل شبهای شعر، تظاهرات جبهه ملی، انتشارروزنامه هاوجزوه های تبلیغاتی ومانندهای آنها ــ که تاسال بعددنبال شد ــ رژیم رابه خطری نیفکند. اثرعمده آن برانگیختن رهبران مذهبی تندروجرات دادن به آنهابود. چنانکه خمینی خودگفت پس ازانتشارنامه یکی ازنویسندگان به نخست وزیردر۱۳۵۵پیروانش رامتوجه این حقیقت کرده بودکه هیچ اقدامی برضدنویسنده نامه نشده است.

درمرداد۱۳۵۶حکومت امیرعباس هویدااستعفاکردوجمشیدآموزگار به نخست وزیری وهویدابه وزارت در بارگمارده شدند ــ اشتباهی آشکارکه نتیجه حتمی اش درآمدن در بار به صورت مرکز تحریکات برضدنخست وزیر بود. حکومت آموزگار باماموریت مبارزه باتورم، اصلاح وضع اقتصادی و به حرکت انداختن چرخهای حکومت ــ که درهمه جابه زنگ زدگی وکندی دچارشده بود ــ و بازکردن فضای سیاسی روی کارآمد. ازنظراداری، حکومت به خوبی توانایی انجام ماموریتش راداشت. هزینه های دستگاه اداری ۲۰درصدپایین آمدو بامحدودکردن اعتبارات ونیزمصارف عمومی واجرای سیاست پولی سخت تر، تورم کاهش وکسادو بیکاری

طبعاافزایش یافت. حکومت انتظارداشت پس ازیک دوره کوتاه مهارزدن به اقتصادرشداقتصادی راازنوگیرد. نارضایی بازاریان یابیکاری موقتی بهایی بود ــ که ازنظراقتصادی صرف ــ می بایست پرداخت. انتظارمی رفت دوسال برای بازگرداندن اقتصادبه شرایط پیشرفت بس باشد.

ازجمله صرفه جویی هابخشی از بودجه های سری بود که به ملایان واشخاص بیشماردیگر به عنوان کمک ومقرری و به ملاحظات سیاسی و بیشترشخصی، داده می شد. (۶) درباره این کمکهاومیزان آنهادرآثار پاره ای نویسندگان بسیارمبالغه شده است. امامبالغ بسیارمحدودترازآن بود که گفته می شودو پس ازصرفه جویی هانیزملایان بسیارازدر باروساواک وشرکت ملی نفت وحتی نخست وزیری واوقاف و پاره ای منابع دیگرمقرری می گرفتند. کاهش نه چندان قابل ملاحظه کمکهاچندان اثری درموضع ملایان نکرد ــ بویژه که بسیاری ازاینگونه ملایان تاثیرچندانی هم نداشتند. عامل اصلی، علاوه بردگرگونی کلی تعادل نیروها، منابع مالی وتشکیلاتی عملا نامحدودی بود که ازدرون و بیرون ایران دراختیارخمینی قرارگرفت. اومی توانست مقرری بیشتری به شمار بیشتری ازطلاب بدهدو بسیاری ملایان راکه بهرحال بیرون ازمیدان نفوذ سازمانهای دولتی بودنددراختیارخود گیرد. آنهاوزنه خمینی رادر «حوزه های علمی» ومحیط های مذهبی سنگین ترکردندوملایان دیگررابدنبال خود کشیدند. آمادگی پیروان خمینی برای تهدیدوحتی کشتن رقیبان مذهبی خود ــ مثلا کشتن مولف کتاب «شهیدجاوید» دراستان اصفهان ــ بقیه کارراانجام داد.

حکومت تازه نه تصوری ازدامنه بحران وکشاکش سیاسی که باآن روبروبودداشت ونه برای آن آماده بود. در برابرابرازنگرانی نخست وزیربه شاه درباره امنیت وثبات کشور، اواطمینان داده بود که نیم میلیون مردزیرسلاح و۱۵۰۰تانک وصدهاجنگنده جت داردوخاطرنخست وزیراز بابت امنیت وثبات آسوده باشدوهمه نیرویش رابرای سامان دادن به وضع اداره واقتصادبگذارد. کابینه آموزگار برای همه وبرای خودآن چنان درنظرگرفته می شدکه می بایست به ایران یک حکومت خوب بدهد؛ درشرایط عادی وادامه حکومت پیشین، منتهابه صورتی پاکیزه تروکارآمدتر. تانیمه ۱۳۵۷ کمترکسی ایران رادریک موقعیت انقلابی، حتی پیش ازانقلابی تصورمی کرد.

بازکردن فضای سیاسی به عنوان مرحله مقدماتی ووسیله ای برای حکومت درست تلقی می شد. سانسورعلنی مطبوعات برداشته شد ــ تابتوانندآزادانه ترعمل و به حکومت برای شناختن نارساییهاراهنمایی کنند. مجلس در برابردولت ازآزادی عمل بیشتری برخوردارگردید. آزادی مطبوعات بیشترازجهت اداری واطلاعاتی آن درنظرگرفته می شدتاجهت سیاسی آن. مطبوعات همچنان از پرداختن به اولویتهاوسیاستهایی که درقلرواختصاصی شاه بود، وخودحکومت نیز چندان راهی بدان نداشت، منع می شدند. مقامات وشخصیتهای نزدیک به شاه ازمصونیت

غیررسمی خودمانند گذشته برخوردار بودند. تاآنجا که به هیات وزیران مربوط می شدبحث بسیارآزادانه ترازگذشته بود. ولی هیات وزیران درنظام حکومتی ایران قدرت زیادی نداشت. تصمیم های اصلی راشاه می گرفت. هیات وزیران تنهابرحدود۳۸درصد بودجه کشورنظارت داشتندو۶۲درصدآن مستقیمازیرنظرشاه بود. ارتش،سازمانهای انتظامی وامنیتی، شرکت ملی نفت ایران وسازمانهاو بنیادهای دیگرکه سهم شیررااز بودجه داشتندبیرون ازقدرت دولت بودند. حتی پاره ای ازموسسات خصوصی بزرگ که ارتباط مستقیم بادربار برقرارکرده بودندبابرخورداری ازنفوذ وآزادی عمل سیاسی خودقلمروکابینه رامحدودمی ساختند.

درباره فضای بازسیاسی گفتگوبسیارمی شدولی درباره اهمیت آن مبالغه می کردند. سروصداراه انداختن که آزادی داده شده است کافی نبود. مردم می خواستندببینندنتایج آزادی دادن درتغییراولویتهاوسیاستهای نادرست وکناررفتن ده پانزده نفری که عملادسترسی نامحدودبرمنابع ملی داشتندوفراسوی هرقانون ومقررات بودندچیست؟ آزادی دادن صرفابه معنی اجازه گفتگوبودو به تغییرواصلاح لمس شدنی نینجامیدو برسرخوردگی و بی اعتمادی افزود.

درواقع می توان گفت اگر بجای فضای بازسیاسی، فضای تغییریافته سیاسی ــ به صورت اصلاح وتغییراولویتهاوسیاستهاو برخی شخصیتها ــ به مردم عرضه می شدنتایج مهمتری به سودرژیم می بخشید. موضوع اصلی درایران ۱۳۵۶نارسایی حکومت بودوناتوانی درگشودن مشکلات، ونه چندان فضای بازسیاسی. کمبوداعتبارات برای آموزش وخانه سازی و بخش کشاورزی بود، وگستاخی و بی اعتنایی معدودی صاحبان نفوذ که به مردم نشان می دادندبرهمه کارتوانایندوکسی رایارای آن نیست که دست به آنهابزند.

انقلاب ۱۳۵۷رامی توان مستقیمابه حوادثی که ازتابستان ۱۳۵۶درتهران وقم روی دادمربوط کرد. پس ازمرگ پسر خمینی ــ که باهمه ادعاهاوسروصداهاهیچ دلیلی برمداخله ساواک درآن نیست ــ وسخنان تندخمینی برضدشاه که نوارهایش به ایران رسیدوسخنان آیت الله روحانی درقم که شاه معزول است، طلاب علوم دینی درقم ناآرامی هایی پدیدآوردندو۲۵۰تنی ازآنان به مدت کوتاهی دستگیرشدند. درهمان زمان تنهاسینمای شهرقم نیمه شبی باموادمنفجره وآتشزاو یران شد ــ تمرینی برای آتش زدن سینمارکس درآبادان سال بعد. ازقول احمدخمینی گفته شده که اودستورو یران کردن سینمای قم راداده است. تظاهرات قم بیسابقه نبود. دوسال پیش ازآن به مناسبت ۱۵خرداد۱۳۵۴به مدت سه روزطلاب مدرسه فیضیه ومدرسه خان تظاهرات شدیدی کردندکه به کشته شدن ۱۰تن وزخمی شدن عده بیشترودستگیری چندصدتنی ازآنان انجامید. درهمان زمان دانشجو یان درتهران نیز باطلاب قم همصدایی نمودندودست به تظاهرات زدند.

هنگامی که دانشگاههادر پاییز۱۳۵۶گشوده شدنددانشجو یان درتهران به تظاهرات گسترده ای پرداختند. دراعلامیه های آنان خواسته شده بود که جدایی کامل میان

دانشجویان پسرودختر، برابرسنتهای اسلامی، برقرارشودودخترانی راکه درفعالیتهای پسران شرکت می جستند به مرگ تهدید کرده بودند.

درزمستان ۱۳۵۶ وآغاز۱۹۷۹ کارتروخانمش به تهران آمدندتاشب اول سال راباشاه وشهبانوبسر برند. برسرشام رسمی، رئیس جمهوری امریکاباچنان سخنان ستایش آمیزی ازشاه سخن گفت که حتی سفیرامریکادرتهران سخنرانی اورا «زیاده روی» توصیف کرد. اثراین سخنرانی برشاه طبعافوق العاده بودو به اواعتمادبه نفس زیادی بخشید. به نظرمی رسدپشتیبانی بی قیدوشرط امریکااورامصمم کردرهبران مخالف مذهبی ودرراس آنهاخمینی رابه مبارزه بخواند. روش اودرماههای آینده واصراری که درحمله به رهبران مذهبی داشت این نظرراتقویت می کند.

چندروز پس ازسخنرانی کارتردرتهران مقاله ای دریک روزنامه پایتخت انتشاریافت که خشم طلاب قم رابرانگیخت ودرتظاهراتی که روی دادچندتنی کشته وزخمی شدند. (۷) آن تظاهرات ازسوی چندهزارطلبه می توانست بی آنکه حوادث وخیمی راسبب شودبه پایان رسد. آیت الله شریعتمداری بعدادرمصاحبه ای گفت مقامات انتظامی می توانستندبالوله آب باتظاهرکنندگان مقابله کنندولازم نبودآنهارابه گلوله ببندند. دست کم تاآنجاکه به مقامات سیاسی حکومت مربوط می شدهیچ دستوری در باره تیراندازی داده نشده بود.

درمراسم چهلمین روزکشتگان قم دومراسم یکی درخودقم ودیگری درتبریزاعلام شد. درقم مقامات استانداری وفرمانداری پس ازمذاکره باآیت الله شریعتمداری موافقت کردندکه تظاهرات درمسجدانجام گیردوچنین شدوهیچ حادثه ای روی نداد ـ که ثابت می کندحوادث چه اندازه قابل کنترل بود. درتبریز پس ازچندبارتغییرعقیده همین توافق بامقامات مذهبی شهرشد. ولی درروزتظاهرات، مردم مسجدبزرگ بازاررادربسته یافتندوازآن لحظه کاربالاگرفت و یک گروه چندصدنفری که آشکاراآموزشهای لازم رادیده بودندوبرطبق نقشه عمل می کردندبااستفاده ازهیجان عمومی بطورمنظم ودرمدتی کوتاه دهها سینماوبانک ومرکزحزب رستاخیزراآتش زدندتاسرانجام بامداخله سربازان به تظاهرات پایان داده شد. ساواک وشهربانی هرکدام مسئولیت بسته بودن درمسجدرابه گردن یکدیگرانداختندومسلم بودکه ندانم کاری مقامات محلی سهم مهمی در بلواداشته است.

چندروز بعدحزب رستاخیردرشهرتبریزیک تظاهرات ۳۰۰ هزارنفری ترتیب دادکه ارزش آن نه کمتروبیشترازبقیه تظاهراتی بودکه درایران ترتیب یافت. تفاوت درآن بودکه به این تظاهرات ازسوی رهبری سیاسی اهمیتی داده نشدوآن راماانندمعمول مسلم گرفتندوباخیال آسوده به کارهای روزانه پرداختند. استاندارآذربایجان شرقی که دربیشترساعات بحران بیرون ازتبریز بودورفتارش ازمدتهاپیش مایه رنجش آذربایجانیان بودتغییریافت. ولی اینهمه دریک چهارچوب وبایک برداشت اداری انجام می گرفت. حتی تظاهرات بزرگ تبریز به یک ارزیابی دوباره موقعیت

سیاسی نینجامید.

روز ۸اسفند ۱۳۵۶به مناسبت روزآزادی زنان شاه در ورزشگاه بزرگ تهران سخنرانی تندی کردودرآن به رهبران مذهبی حمله بردوآنان رابطورضمنی به سگان مانندکرد: «مه فشاندنوروسگ عوعوکند.» پس ازاین سخنرانی بود که دیگرفتنه فرونـنشست. ازآن پس رشته هامیان شاه ورهبران مذهبی ــ ونه تنهارهبران مذهبی تندرو ــ پاره شد. درتظاهرات دیگری که درارديبهشت ۱۳۵۷درقم روی دادنیروهای ویژه که ازتهران فرستاده شده بودندبه دنبال چندتن ازتظاهرکنندگان به خانه آیت الله شریعتمداری ریختندو یک طلبه راکشتند. آیت الله شریعتمداری ازاین رویدادبهره برداری تبلیغاتی بزرگی کرد. آثارقتل تاماههاازاتاق خانه او پاک نشده بودوخبرنگاران رابه تماشای آن می بردند.

توالی این حوادث ثابت می کندکه شاه درتصمیم خودبه چالش کردن ودرهم شکستن مخالفان مذهبی استوار بود. اوازسویی خودرادراوج قدرت می دید، بویژه پس از پشتیبانی بیدریغ کارتر، وازسویی بربیماری کشنده اش آگاه بودومی دانست سالهایش شمرده است ومی خواست درهنگامی که فرصت داشت بزرگترین تهدیدی راکه متوجه جانشینش بودبرطرف سازد. اشکال کارش این بودکه ازنظرسیاسی واخلاقی توانایی پیکاری راکه خودآغازکرده بودنداشت وتادیددرارزیابی قدرت خودوناتوانی مخالفان اشتباه کرده همه جسارت واراده خودراباخت.

تااواخرتابستان ۱۳۵۷ناآرامیهادرشهرهای گوناگون باالگوی همانندوعموماتوسط دسته هایی که ازاین شهر به آن شهردرحرکت بودندو بانکهاوسینماهاومیخانه هارابتش می زدندادامه یافت. دراینجاوآنجاتظاهراتی می شدولی هنوزشعارهاتندنبودوتظاهرات، حتی دراصفهان که به اعلام حکومت نظامی انجامید، دامنه گسترده ای نداشت. شواهدی ازدست داشتن فلسطینیان ولیبی وسوریه درناآرامیهابدست مقامات ایران افتاده بودوگروههای چپگراوسازمانهای چریکی ازنزدیک باتندروان مذهبی همکاری می کردند. دردهه آخرارديبهشت ساواک ۳۰۰تن ازهواداران خمینی را، باهمه اشکالاتی که ازنظرافکارعمومی وبین المللی برآن گرفته می شد، دستگیرکرد. این اقدام آرامشی نزدیک به یک ماه به کشورداد، روز۱۵خرداد، سالگردقیام اول خمینی، بی حادثه گذشت. درچهلم تظاهرات قم نیزحادثه ای روی نداد. اماپس ازانتصاب مقدم درخرداد۱۳۵۷بازداشت شدگان به زودی آزادشدندوباردیگرتظاهرات بالاگرفت. هواداران خمینی اگردلیل دیگری برسرگشتگی وناتوانی حکومت می خواستند، درتکراراین روندد ر۱۷شهریور۱۳۵۷آن رایافتند. پس ازآن تظاهرات خونین نیزجمعی ازکارگزاران خمینی دستگیرشدندولی بزودی به خانه هاوفعالیتهایشان برضدرژیم برگشتند.

ازاوایل ۱۳۵۷حکومت به فکرتماس گرفتن بارهبران مذهبی افتاد. کمیسیونی ازنخست وزیرودووزیرو یکی دومقام دیگرتشکیل شدونماینده ای سوی نخست وزیربه قم رفت وباآیت الله شریعتمداری گفتگوکرد. ولی پیش ازآنکه مذاکرات به

جایی برسدوزیردر بارنماینده ای ازسوی خودنزدآیت الله فرستاد که سبب بی اعتبارشدن کوششهای هردوطرف گردید. این تظاهردیگری ازرقابت سختی بود که میان نخست وزیروورزیردر باردر گرفته بود. وزیردر بارمرتباجلساتی باچند تن ازمدعیان نخست وزیری ومقامات بالای ساواک داشت و بطورفعال در پی برکناری نخست وزیر بود. نخست وزیر چندبارسخن ازکناره گیری خودبه میان آورد که «اگرهمه اینهابرای رفتن من است، من می روم و به این مقام نچسبیده ام.»

تغییررئیس ساواک وانتصاب سپهبدناصرمقدم به آن مقام تاثیری در بهبودموقعیت نخست وزیرنکرد. مقدم نظرخوبی به کابینه آموزگار، که برخلاف کابینه های پیشین چندان اهل بده بستان وامتیازدادن به صاحبان نفوذ نبودند، نداشت و بالحن بدی ازنخست وزیریادمی کرد. کوشش اوازهمان آغاز کارش برکنارآمدن بامخالفان، بویژه رهبران مذهبی، بود. اوسالهاپیش رابط ساواک باسران جبهه ملی بودومناسبات خودراباپاره ای ازآنان حفظ کرده بود. برخلاف رهبری پیشین ساواک، که به تندی تصفیه شد، اوهوادارسرکوبی مخالفان نبودو یک استراتژی «آشتی ملی» راتعقیب می کرد. ولی گذشته ازتردیدهای جدی در باره مناسب بودن چنان استراتژی باشرایط آن روزی ایران ـ چنانکه درعمل ثابت شد ـ مقدم سخت درگیرمبارزات ورقابتهای شخصی وسیاسی واداری بودواین براستراتژی اوآثارمنفی گذاشت. او باکینه جویی ازرقیبان خویش ودسته ای درارتش که بدان وابستگی داشت تاپایان به یک دست درکنارآمدن بادشمنان میانه روتر، ودراواخرتندروتر، رژیم می کوشیدو به دست دیگرازهرکه اوودسته اش نمی پسندیدندانتقام می گرفت. دسته اودرارتش به ریاست ارتشبدحسین فردوست شامل ارتشبدعباس قره باغی وچندین ارتشبدوسپهبددیگر بود. آنهادرمیان خودتقریباهمه سازمانهای اطلاعاتی وضداطلاعاتی و بازرسی شاهنشاهی راکنترل می کردند. وازآن موضع نفوذ خودرابرهمه دستگاه حکومتی می گستردند. دفترو یژه که فردوست برآن ریاست داشت مرکز پرورش عوامل او بود که به تدریج درسراسرارتش پخش می شدندوسمتهای مهم رابدست می آورند. اوشاه رامتقاعدکرده بود که بدین ترتیب افرادمورداعتماد برارتش تسلط خواهندیافت.

درکابینه آموزگارمقاومت در برابراعمال نفوذ های کسانی مانندفردوست بسیار بیشترشدومخالفتهایی رابرانگیخت. خودفردوست به سبب بی نتیجه ماندن فشارهای فراوانش برای تصاحب زمینهای دولتی باکابینه آموزگاردرگیریهایی یافته بود.

علاوه برمقدم کسان دیگری ازنزدیکان شاه کنارآمدن بامخالفان راتوصیه می کردند. ادامه تظاهرات مخالفان، پولهای فراوانی که خمینی ازنجف برای ملایان وطلاب می فرستادوشبکه تبلیغاتی اوکه بیشترمسجدهاوتکیه هاراپوشانده بودوضع رابحرانی می کرد. دشمنان رژیم ازامریکابرای دوستان خودپیام می فرستادند که فضادرامریکاتغییرکرده است و بعضی ازمخالفان تاآنجاپیش رفتند که به اطرافیان خود گفتند «کارترچراغ سبزرانشان داده است.» یکی دوتن ازسران جبهه ملی که

درصددتماس گرفتن باحکومت برآمده بودندبه تندی پای پس کشیدندچنانکه نوشته های مولفان امریکایی هم نشان می دهددرآن هنگام دروزارت خارجه وشورای امنیت ملی امریکامخالفان رژیم ایران مواضع استواری بدست آورده بودندو پاره ای ازآنهاشخصا متعهدبیرون راندن شاه بودند. آنهاجریان اصلی سیاست امریکاراتشکیل نمی دادندوتاپاییز۱۳۵۷رهبران امریکادر پشتیبانی خودازشاه پابرجاماندندوتاکیدمی کردندکه خودشاه توانایی غلبه بر بحران رادارد.

نخستین گامی که شاه به عقب برداشت در۲۸مرداد۱۳۵۷بود. چندروزی پیش ازآن نخست وزیردرمصاحبه ای گفته بودایران یک حزبی باقی خواهدماند. ولی شاه در۲۸مرداداعلام کردکه انتخابات سال آینده صددرصدآزادخواهدبودوهمه احزاب می توانندد‌رآن شرکت کنند. این اعلام هیچ کس رامتقاعدنکردوهیچ حسن نیتی راازسوی مخالفان سبب نشد. مانندهمه امتیازهای بعدی که رژیم دادازسوی مخالفان هیچ امتیازی داده نشد. ولی فرش راازیر پای حکومت کشیدوشاه راناتوان وسرگردان جلوه داد. این دوصفتی بودکه درشش ماه آینده بیش ازهمه می بایست درباره سیاستهای رژیم بکار روند.

آتش سوزی سینمارکس درآبادان، چندروزی پس ازآن، درتاریخ انقلاب ایران جایی همانندآتش سوزی رایشتاگ درآغاز روی کارآمدن هیتلروحزب نازی درآلمان دارد. تاآن زمان هواداران خمینی ۲۹سینمای دیگرراآتش زده بودندودررستوران خوانسالارتهران بمبی منفجرکرده بودندکه بیش از ۴۰تن رازخمی کرده بود. پس ازآن نیزچندسینماراآتش زدند، ازجمله یکی درشیراز، که به مرگ دوتن انجامید. درباره عاملان آتش سوزی هنوزهمه چیزروشن نشده است. مقامات قضائی موضوع راباحرارت دنبال نکردندوحکومت تازه نیزعلاقه ای به موضوع نشان نداد. شایددررده های پایین ترداد‌گستری کسانی نمی خواستندبار وشن شدن حقیقت دامن رژیم پاک شود، زیراهمه مخالفان همداستان شده بودندوآتش سوزی رابه رژیم نسبت می دادند. رئیس ساواک نیز باانتشاراسنادی که ازشرکت مخالفان مذهبی واحتمالا عوامل فلسطینی دراین جنایت بدست آمده بودمخالفت می ورزیدوکابینه رابااستدلال خودمتقاعدکردکه چون مردم اعتقاددارند مسئول آتش سوزی خودرژیم است هرکوششی برای رفع اتهام وضع رابدترخواهدکرد. ازآنجاکه آتش سوزی پیش از به حکومت رسیدن کابینه تازه روی داده بوداستدلال او به آسانی پذیرفته شد.

وزیراطلاعات وجهانگردی وقت هم که دررسیدگی به پرونده شرکت داشت شاه رامتقاعدکرده بودکه «چون باآیات درحال مذاکره» اندانتشارواقعیات مربوط به آتش سوزی صلاح نیست. او یکی ازنخستین کسانی بودکه ملایان اعدام کردندتارازهاپوشیده بماند.

درجمهوری اسلامی دلایل زیادی بدست آمد ــ ازجمله دردادرسی متهمان آتش سوزی ــ که هواداران خمینی به فتوای خوداوسینماهاراآتش می زدند. بازماندگان کشتگان آتش سوزی که تایک سال پس از برقراری حکومت اسلامی باتظاهرات

وبست نشستن های خودحکومت رابرای رسیدگی به آن جنایت ترسناک زیرفشارگذاشتندنخست بابی اعتنایی روبروشدندوسپس بارهابدست پاسداران انقلاب کتک خوردند. سرانجام حکومت که به تنگ آمده بودباکشتن چندتن ازدوروننزدیک به موضوع پایان دادوبرآن پرده ای کشید.

کابینه آموزگار پس ازاین آتش سوزی کناررفت ولی سرنوشت آن قبلا تعیین شده بود. هواداران «آشتی ملی» واقعه کشتن یک طلبه درخانه آیت الله شریعتمداری رابهانه کردندوشاه رازیرفشارگذاشتند. استدلال آنان این بود که «دست دولت به خون آلوده شده است.» دستهای «پاکیزه» تری برای گرداندن کشورلازم بود. شاه درکتاب پاسخ به تاریخ نوشته است که به توصیه یک رهبرمذهبی که مقدم ازاو پیغام آورده بود «دست به یک اقدام چشمگیر» زدوآموزگارراوادار به استعفاکرد. طرفه آنکه مقام روحانی «اقدام چشمگیر» رامشخص نکرده بود. شاه این اقدام رایکی ازبزرگترین اشتباهات خوددانسته است.

درشهریور۱۳۵۷رژیم بایک گزینش تاریخی روبروبودوراه بیشتردر پیش نداشت: یاباایستادودشمنانش رابرسرجایشان بنشاندو پس ازمستقرکردن اقتدارحکومتی امتیازهای لازم رانه به دشمن، بلکه به حکومت درست وخوب بدهدو یابه سازش روکند. دراینجابحث برسرحفظ رژیم نیست. بحث برسرآنست که برهم خوردن ناگهانی وضع برای موجودیت کشورخطرناک بود. میانه روهاولیبرالهاجایگزین (آلترناتیو) رژیم نبودندوگزینش ایران میان رژیم ــ هرچه هم قابل انتقاد ــ ولیبرالها ــ هرچه هم موردتوجه رسانه های همگانی غربی ــ نبود. ایران می بایست میان راه حلهای تدریجی برای اصلاح رژیم، درعین حفظ اقتدارآن ودرهم شکستن افراطیان، وتغییررژیم به شیوه های قهرآمیزیکی رابرگزیند. گزینش دیگری جزدردلهای آرزومند کسانی که قدرت واقعی نداشتندنبود. پاسخ اینکه کدام یک به سود کشورمی بود، اکنون بانگاه به گذشته آشکارتراست.

استوارایستادن رژیم برای جلوگیری ازافتادن کشور بدست نیروهای نادانی وارتجاع وتعصب وفاشیسم مذهبی لازم بود. برای جلوگیری ازگسیختگی ایران که دورنمای آن به روشنی هراس انگیزی دربرابرماست ضرورت داشت. سازش وآشتی وامتیازدادن درشهریور ۱۳۵۷ نمی توانست به جایی برسدزیراازموضع ضعف بود. رژیم دروضع دفاعی قرارگرفته بودوبرای رژیمی مانندایران وضع دفاعی کشنده بود. اگرقرار بودجلوی انقلاب گرفته شود- باپیامدهای مصیبت بارآن ــ رژیم نمی توانست بی حفظ اقتدارخوددرچشم مردم دوام آورد.

آنچه رژیم ایران را، حتی درشرایط بداقتصادی، نگهداشته بودمحبوبیت یاخرسندی عمومی نبود. تصویرذهنی آن به عنوان یک قدرت شکست ناپذیر بود که دشمنان خودراپیاپی ازمیدان بدرکرده بود. این تصویرذهنی هزاران فرصت طلب راازپیوستن به مخالفان بازمی داشت وبه صف پشتیبانان رژیم می راند. این تصویراقتداروشکست ناپذیری بود که مخالفان رابه احتیاط، حتی میانه روی وتلاش

برای کنارآمدن بارژیم تشویق می کرد. وقتی آن تصویرذهنی شکست، وقتی شاه زیرفشارآغاز به امتیازدادن کردبرای رژیم چیزی نماند. نه محبتی، نه قدرشناسی، نه اعتمادی. آنگاه احساس کینه وسرخوردگی، نارضایی های شخصی وگروهی وحرفه ای، بویژهٔ قدرت وایدئالیسم گروههایی که می خواستندایران رابرخطوط فکری وایدئولوژیک خودازنوبسازندازهمه سوبرخاست. هنگامی که بوی خون بلندشددیگرهمه در پی کشتن برآمدند. رژیم نمی توانست زمین بخوردوزنده بماند. مانندآزاده سواران قرون وسطی رژیم می بایست برای زنده ماندن خودراروی پانگهدارد.

امتیازدادن درشرایط ضعف خودکشی بودودرآن اوضاع واحوال هرامتیازی به ضعف تعبیرمی شد. اساساامتیازدادن به دشمنان درست نیست. اصلاح شیوه های نادرست باید به عنوان امتیازدادن به واقع نگری ومنطق تلقی شودنه به دشمنان. مردم حق داشتندبپرسندچرادرهنگام قدرت حتی اندکی ازآن امتیازهادریغ می شد؟ رژیم درواقع به مردم روی نمی آورد، به دشمنانش پشت می کردوچگونه انتظارداشت بپاید؟

یک حکومت مطمئن به خودو پابرجا که درچشم دشمنانش روبه هزیمت نبودمی توانست بابرگردانیدن منابع ازخرید سلاحهای بسیار پیچیده دورازنیازمندیهای دفاعی ایران وطرحهای پرهزینه ونمایشی وتجملی به توسعه اقتصادی واجتماعی ودورکردن عناصری که چون خاری درچشم مردم می رفتند سیرانقلابی راآغازنشده متوقف کند. انقلاب وویرانی ایران اجتناب ناپذیرو پیروزی انقلابیان حتمی نبود ــ اگررژیم فعالانه درفراگردنابودی خویش شرکت نمی جست.

در۱۳۵۷دادن هیچ امتیازی نمی توانست افراطیان راازپیشی جستن برمیانه روان وکشاندن موج افکارعمومی بسوی خویش وتحمیل خودبرکشور بازدارد. مخالفان میانه روولیبرالهانه جاذبه لازم ونه تشکیلات نیرومندداشتند. جامعه ایرانی دردهه پیش ازآن سخت زیرنفوذ رادیکالهاقرارگرفته بودو بخشهای بزرگی ازآن ازگرایشهای افراطی پیروی می کردند. مارکسیستهادرمیان روشنفکران وطبقه متوسط وافراطیان مذهبی درمیان طبقه متوسط و پایین متوسط چنان رخنه کرده بودندوچنان فضای فکری ساخته بودندکه هیچ راه حل میانه بختی نداشت. باهردرخواستی موافقت می شددرخواست بالاتری به دنبال آن می آمدودرخواستهاحالت دستور به خودمی گرفت. بردباکسانی بودکه شعارهای تندترمی دادند.

این درست چیزی بودکه پیش آمد. رژیم به تدریج تقریباهمه درخواستهای مخالفان راگردن نهادوتنهاخودرانابود کرد. اختلافی که هنوز برسرآن گفتگوست آنست که شاه بجای شریف امامی یاازهاری می بایست ازخودجبهه ملی یامخالفان میانه رودیگردعوت می کرد.

آنهاکه معتقدندامتیاز های سیاسی دوماه یاچهارماه دیرداده شددرارزیابی توانائیهای جبهه ملی ــ که به گفته بختیار به شاه تنها ۲۷عضوداشت ــ (۷) وبخت

آن دررو یارو یی بارادیکالهاوافراطیان چپ ومذهبی وشبکه گسترده تروریستی که درداخل وخارج ایران ازآنهاپشتیبانی می کردمبالغه می کنند؛ وترجیح می دهندتاثیرعامل خمینی راکه ازآغاز تاپایان بردرخواست اصلی خود «شاه بایدبرود» پابرجاماندندیده بگیرند.

سیاستگرانی که نه سازمان نیرومندونه پایگاه گسترده ای داشتندوتنهاقدرتشان درامتیازهایی بودکه می توانستندبه دشمنان پابرجای رژیم عرضه کنند ــ امتیازهایی ماننداآزاد کردن تروریستهااززندان، برچیدن ساواک، ضعیف کردن ارتش، میدان دادن به احزاب وگروههای زیرنفوذ بیگانه وروانه کردن شاه ــ تفاوت اساسی باشریف امامی یاازهاری نداشتند. برتری راه حل میانه روهابر «راه حل» نامشخصی که درعمل اختیارشدآن بودکه زمان پیکار برای سرنگونی رژیم راکوتاهترمی کردواحتمالاازهزینه های آن می کاست. ازاین گذشته آنهاهمان اندازه دربرابرگردبادی که برخاسته بودوهیچ کس ابعادش رانمی دانست ناآماده بودند. رهبران جبهه ملی یاسیاستگران دیگری که نامشان درآن روزهابرسرزبانهابودناگزیرهمان سیاستهای سه کابینه آخری رژیم شاه را، باسرعت بیشتر، در پیش می گرفتند. آنهاازخونریزی می پرهیزیدند. ولی نتیجه یکسان می بود. حکومت زیرفشاراعتصابهای سیاسی وراه پیماییهااز پای درمی آمد. رادیکالهادست بالا تررا، دیریازود، داشتندوراه حل خودراتحمیل می کردند.

بررسی آنچه رهبران جبهه ملی در پیکارملی شدن نفت وآنچه پس از پیروزی انقلاب اسلامی کردنداین نظررابیشترثابت می کندکه آنهاقدرت وشهامت سیاسی لازم رابرای آنکه دربرابرسیل افکارعمومی تحریک شده بایستندوازنظرگاههای خوددفاع کنندنداشتند. درسال ۱۳۳۱ آنهاجرات نکردندبهترین پیشنهادهایی راکه درآن زمان به ایران برای حل مساله نفت می شدبپذیرندودکترمصدق رابرحذرداشتند که «مردم» راازدست خواهدداد. درحالی که یک اقدام شجاعانه درآن هنگام می توانست حکومت مصدق ومنافع نفتی ایران رانجات دهدوسیرتاریخ ایران رادگرگون سازد. درهنگامه انقلاب دلنگرانی شان این بودکه مردم ازآنهاپیش افتاده اند.

کارنامه پس ازانقلاب مردانی چون سنجابی یابازرگان یاآنها که آمدندوازقانون اساسی اسلامی دفاع کردندهمه حسی راجزحس ستایش درناظران برمی انگیزد. مقاومت آنهادربرابرفاشیسمی که بی پروایش می آمدعاجزانه بودوبی هیچ پیکاری تسلیم شدندوتنهاجایی، هرجاپیش آمد، برای خوددرنظام حکومتی تازه دست و پا کردند.

چگونه می توان پنداشت این مردان می توانستنددرشش ماه پیش از بهمن ۱۳۵۷ دربرابرهیولای افراطی برخاسته ای که به یک دست کیسه های پول و به دست دیگراسلحه داشت؛ ومی خریدومی ترساند ــ حتی بالا ترین مراجع مذهبی رامی ترساندووادار به تقیه می کرد ــ ایستادگی نمایند؟ آنهاکه درنخستین فرصت مواضع سی ساله خودرارهاکردندوازملت ایران وقانون اساسی مشروطه به امت اسلامی

وولایت فقیه پناه بردند، چگونه یک راه حل میانه رورابه پیروزی می رساندند؟

ازآن هنگام که رژیم راه حل ایستادگی واستقراردو باره اقتدارخودرارها کردو به سازش وتسلیم روی آورد، بجای نیرومند کردن مخالفان میانه رووجدا کردنشان ازافراطیان، عناصرتندرو وسرسخت رانیرومندومیانه روان رانا گزیرازدنباله روی آنها کرد. افراطیان به حق می گفتند که سختگیری،امتیازهای بیشتری ازحکومت می گیردوهر چه بیشترخواستندبیشتر گرفتند. این سؤتفاهم در باره میانه روان وتوانایی آنهادرمتوقف کردن افراطیان چپ ومذهبی درهمه دوران انقلاب و پس ازآن ادامه یافت ومصیبتهای زیادبه بارآورد. امروزهم آنها که می خواهنددر برابرمذهب رزمجو «میانه روان» راعلم کنندنمی دانند که این عناصریک باردیگرراه رابرافراطیان، این بارافراطیان چپ، خواهند گشودونقش تاریخی خودرا که نقش واسطه و پل بوده است بازی خواهند کرد.

درکدام موقعیت انقلابی جایی برای میانه روی بوده است وکدام انقلاب رابالا به وزاری متوقف کرده اند؟ میانه روی مال زمانی است که قطبهای افراطی ازتعادلی برخوردار باشندو یک طرف بوی اشتباه ناپذیر پیروزی رانشنیده باشد. جریان انقلاب راتنهاباعزمی که حتی ازانقلابیون نیزاستوارتر باشدمی توان متوقف کرد.

پیوسته ازنرمی به درشتی وازدرشتی به نرمی پریدن، بی هیچ طرح سنجیده وهیچ تسلطی برامور، سهم خودرادر و یرانی حکومت داشت؛ ولی عامل اصلی، ترک برداشتن اراده مقاومت درآن تابستان ۱۳۵۷بود. مسئول آنهمه خونهای بیهوده که برخاک ریخت ورژیمی که زیرآوارانقلاب دفن شدوکشوری که زیرچنگال گرگان وشغالان افتادتصمیمی بود که ازسرناتوانی وترس درآن هنگام گرفته شد.

شاه درآن شهریورتصمیم مرگباری گرفت. باآنکه اواز پنج سال پیش ازآن می دانست بیماروسالهای زندگیش معدوداست، هرگزطرح روشنی برای جانشینی خودنداشت. باآنکه چندبارسخن ازکناره گیری خوددر۱۰یا۱۲سال دیگر به میان آوارده بود، به نظرنمی رسید بطورجدی به موضوع اندیشیده باشد. درتابستان سال ۱۳۵۷پادشاه وملکه اسپانیادریک دیداررسمی به تهران آمدند. یک روزنامه نگارامریکایی، خانم فلورالو یس، که درتهران بودازمقامات اسپانیایی همراه پادشاه وملکه پرسیده بودآیادرگفتگوهای شاه باخوان کارلوس تحولات اسپانیاازفرانکوبه پادشاهی مطرح شده است؟ پاسخ آنهامنفی بود. باآنکه نمونه اسپانیامی توانست سرمشق طرازاولی برای ایران باشد، شاه هیچ علاقه ای به دانستن آنچه طبعامی بایست برای خوداوجالب باشدنشان نداده بود. (۸)

یکی از «اگر» های مهم انقلاب آنست که درصورتی که شاه بیماری خودرابه عنوان یک عامل فوری درنظرمی آوردودرآن سال بحرانی، ملت خودرادرجریان می گذاشت وفراگردانتقال تدریجی ومنظم قدرت و بازگشت به پادشاهی مشروطه رابه جریان می انداخت چه واکنش مساعدی ازسوی مردم نشان داده می شد؟ انقلاب ایران به این دلیل اضافی نیزنالازم بودکه آنکه هدف دشمنی عمومی قرارگرفته

بودخودچندان امیدی به ماندن درصحنه نداشت. مسلمااحساس همدردی عمومی به شاه بیمار برنگرانی ازآشوب پس ازاوافزوده می شدو به احتمال زیادجلوی زیاده رویهای بسیاری رامی گرفت ودشمنان رژیم راوادار به کوتاه آمدن می کرد. اماشاه مانندبیشتر بیماران روبه مرگ درته دل خودبیماریش راباورنمی کرد. ازاین گذشته کسانی که زیادوبه مدت درازازقدرت وتنعم برخوردار بوده اندعموماًنمی توانندباورکنند که پایانی هست وجانشینانی خواهندبود. داستان سلطان محمودغزنوی درگلستان معروف است که کسی سالهاپس ازمرگش اورادرخواب دید که همه تنش خاک شده بود «مگرچشمانش که درچشمخانه همی گردید.» خوابگزاران گفتند که «هنوزنگران است که ملکش بادگران است.»

گزینش شاه برای نخست وزیری، جعفرشریف امامی بود، ازدیر بازرئیس سناومدیرعامل بنیادپهلوی واستاداعظم لژهای فراماسونری ایران. نام او بامعاملات مشکوک بیشمارآمیخته بودودرمحافل مالی وصنعتی به آقای ۵درصدو۲۰درصدشهرت داشت. ازموسسات بسیارحقوق خدمات سیاسی راکه به آنهامی کردمی گرفت. بنیادپهلوی رابه صورت انحصاردارکازینوهاوقمارخانه های بزرگ ومرکزبندوبستهای مالی درآورده بودوبه عنوان رئیس فراماسونهای ایران از بدنامی عمومی این سازمان نیمه مخفی، که دست کم درایران جزجنبه سیاسی ودسته بندی نداشت، سهمی می برد. گزینش شاه برای نخست وزیری واجراکننده سیاست «آشتی ملی» چنان درچشم مردم بدنام بود که خودش درمجلس ضمن دفاع از برنامه دولت اعلام کرد «من شریف امامی بیست روز پیش نیستم.» به نظرنمی رسدبتوان همانندی برای چنین ورشکستگی معنوی یافت.

دراینکه بابهترین و پذیرفتنی ترین شخصیتهانیزمی شددرآن اوضاع واحوال سیاست «آشتی ملی» رااجراکردوازدرآمدنش به صورت «تسلیم ملی» جلوگرفت جای تردیدبسیاراست. ولی باگماشتن کسی که همه شهرتش به کارگزاری یک دولت خارجی وشرکت درصدهامیلیون دلار بندوبستهای پنهانی ونادرست بودمسلمانمی شدافکارعمومی برانگیخته ایران راآرام کرد. این اشتباهی درقضاوت بود که بامعیارهای معمولی نمی توان دریافت وازهرتوجیه منطقی می گریزد. ایرانیان پس ازسالهاکه یک گروه دست خودرابرمنابع ملی گشوده بود، بهم برآمده بودندواکنون نمی توانستندحضوریکی ازسران آن گروه رادرسمت نخست وزیری ببینند. شاه بعدادر باره علت این گزینش خود گفته بود که روی روابط نزدیک نخست وزیر بایک قدرت خارجی حساب می کرده است. (۹)

نخست وزیرتازه بااختیاراتی بیش ازنخست وزیران ۱۵ساله پیشین روی کارآمد. جزارتش ونیروهای انتظامی بقیه سازمانهایکسره زیرنظرنخست وزیر بود. اوحتی برای نخستین بارتوانست، به آسانی، ازاعتبارات نظامی به مقدارزیادبکاهد. چنانکه دوباردیگرنیزدرهنگام بحران پیش آمده بودشاه خودراازصحنه کنارکشید. باراول در پایان کاردکترمحمدمصدق بود که سپهبدفضل الله زاهدی همه بارمبارزه رابردوش

گرفت. باردوم درخرداد۱۳۴۲بود که اسدالله علم مبارزه راانجام ورژیم رانجات داد. این بارعلم مرده بود. بجای اوکسی درکنارشاه بود که هرچندبااوشباهتهایی داشت، آن شباهتهادربهترین صفات علم نبود.

شریف امامی بلافاصله سانسورمطبوعات راکه دراواخر دولت آموزگار باردیگر برقرارشده بودبرداشت ودستوردادمذاکرات مجلس دربحث برنامه دولت ازرادیوتلویزیون پخش شود. بحث برنامه دولت، آنهم دولتی که نقاط ضعف فراوان داشت فرصتی به پاره ای نمایندگان دادکه درشرایط سیال آن روز برای خودنامی بسازندوخودرابرفرازتحولات احتمالی آینده قراردهند. بویژه که اطمینان لازم راازمقامات بالای رژیم گرفته بودند.

درهمان آغازدولت شریف امامی (شهریور۱۳۵۷) شاه درمصاحبه ای بانیوزویک گفت می خواهدنشان دهدکه پارلمان جای مناسب حمله به دولت وبحث درباره آنست نه خیابانهاومی خواهدثابت کندکه ایران دارای سیاستهای بازاست وبه قانون ونظم احترام می گذارد. چنین سیاستی برای مردم چندسال پیش ازآن آرامش بخش وامیدوارکننده می بودولی درنیمه سال ۱۳۵۷حملات مجلس وروزنامه هابه رژیم اازفروریختن قدرت آن حکایت می کردنه نظم وقانون. تغییرچنان ناگهانی ودرچنان شرایط تعرض مخالفان ودرهم ریختگی رژیم صورت می گرفت که تعبیردیگری نمی شدکرد. برداشت حکومت صرفا حقوقی وظاهری بودوواقعیتهاوبعدسیاسی رادرنمی گرفت.

ازاین گذشته مایه عمده شهرت سیاسی نخست وزیرآن بودکه سناراسالهامانندیک سربازخانه اداره کرده است واجازه بیرون رفتن ازخط به کسی نداده است. حتی یک بانوی سناتورراکه سخنی درانتقادازیک لایحه مربوط به حقوق زن گفته بودوادار به استعفاکرده است. باچنان پیشینه ای به زحمت می شدوانمودکردکه آزادیخواهی تازه به دلخواه بروزکرده باشد.

درهمان یکی دوروزاول اعلام نخست وزیری خود، شریف امامی سال شاهنشاهی راملغی کردوبه تقویم هجری شمسی که سه سالی متروک شده بودبازگشت. نیزدستورداد کازینوهاوقمارخانه هابسته شود. بیشتراین کازینوهارابنیادپهلوی بر پا کرده بودوموافقت بابسته شدن آنهارانیزهویداگرفته بود. سه کازینودراوایل سال ۱۳۵۷بسته شدندوبقیه هم قرار بودبسته شوندولی این تصمیم درآن هنگام اعلام نشد. همچنانکه محدودیت اعضای خاندان پادشاهی درمعاملات بادولت نیزدرهمان زمان به کوشش هویداعملی ودستورآن ازسوی شاه به آموزگارابلاغ گردید. این تصمیم نیز بعداازسوی شریف امامی به عنوان امتیازی به مخالفان باآب وتاب زیادعنوان شد.

همه این اقدامات باسروصدای فراوان درباره نسبت خانوادگی نخست وزیرباسران مذهبی وادعای نخست وزیر به اینکه باتوافق رهبران مذهبی روی کارآمده است ــ ادعایی که ازسوی آیت الله شریعتمداری تکذیب شد ــ همراه بود.

درهمه این تظاهرات درجه ای از بی اعتقادی (سینیسم) به چشم می خورد که حتی برای ظرفیت مردمی چون ایرانیان زیادبود.

ولی درهمان هفته اول دولت شریف امامی امری روی داد که زمین رازیر پای نه تنهادولت، بلکه مخالفان میانه روی آن نیز، خالی کرد. درعیدفطرهزاران تن ازتهرانی ها، ازکارمندودانشگاهی وبازاری، همه اعضای طبقه متوسط ومرفه ایران، درتپه های قیطریه برای نمازجماعت گردآمدند و پس از پایان نمازدرخیابانهاتظاهرات آرامی برگزارکردند. شعارهای آنان تندنبود؛ آزادی واجرای قانون اساسی رامی خواستند. بااینهمه طرفه آنست که این نخستین تظاهرات بزرگ میانه روهانقطه پایانی برنقش آنان به عنوان یک نیروی موثردر بحران ایران گذاشت.

تظاهرات عیدفطرآشکارارنگ مذهبی داشت. به نام مذهب وبه نیروی مذهب بود که میانه روهابه میدان آمدندوقدرت خودرانشان دادند. برای آنهااین تظاهرات ادامه یک سنت هفتادوچندساله بودوطبعاانتظارداشتندبه نتایج همانند گذشته نیز بینجامد. ولی آنچه این تظاهرات درعمل نشان داداین بود که در پیکار بارژیم بایدرهبری به دست ملایان داده شود. ازآن روزرهبران مذهبی بودند که باهمکاری افراطیان چپ تظاهرات همه مخالفان راسازمان دادندوشعارهاراتعیین کردند.

پیش ازآن تظاهرات ضددولت جنبه شورش داشت. آتش زدن سینماهاوبانکهاوموسسات ازاهمیت وبردسیاسی آن تظاهرات می کاست ونمی گذاشت توده های بزرگ مردم خودراباچنان تظاهراتی یکی احساس کنند. این باریک عمل سیاسی تمام عیارصورت می گرفت که سنگینی اش بررژیم بیش ازهمه شورشهای پیشین بود. طبقه متوسط ولیبرالهاومیانه روان باشرکت خودبه تظاهرات عیدفطروزن واهمیت بیشتری بخشیدندولی درهمان حال باگردن نهادن به رهبری ملایان سیرحوادث آینده رااز پیش نشان دادند. مذهب رزمجوکه دریک ساله پیش ازآن هدفهاوشیوه های مبارزه راتعیین کرده بودبانمازعیدفطرتسلط خودرابرهمه لایه های اجتماعی وعناصرمخالف استوارساخت.

تکرارتظاهرات کابینه ای راکه می خواست کابینه «سیاسی» به معنایی که درایران ازآن می فهمند، باشدوبه امیدمعامله بارهبران مذهبی وسیاسی مخالف به میدان آمده بودسرگشته کردودر۱۶شهریور به برقراری حکومت نظامی درتهران واداشت. ولی خبراین تصمیم تابامداد۱۷شهریوراعلام نشدوکسانی که درآن روز به دعوت یک رهبرمذهبی درمیدان ژاله گردآمدندعموماازبرقراری حکومت نظامی چیزی نمی دانستند. برخی ازوزیران درجلسه شب پیش استدلال کرده بودند که اگرخبرهمان شبانه پخش شودتظاهرکنندگان به خانه های خودنخواهندرفت ودرخیابانهاخواهندماند. این استدلال نادرست پذیرفته شد. ولی درآن روزهاکمتراستدلال نادرستی بود که پذیرفته نشود.

پس از۱۷شهریوروکشته شدن ۱۸۳تن درمیدان ژاله تهران دیگرعلت وجودی برای حکومت شریف امامی نماند. ولی سران حکومت به یافتن راه حلهای «سیاسی»

خودادامه دادند. بر پاکردن اعتصاب برای گرفتن اضافه حقوق یکی ازاین راه حلهابود؛ برای آنکه به گمان خودخشم واعتراض عمومی رابه مجاری دیگری بیندازند. تصورمی کردنداگر به درخواستهای اعتصابیان تن دردهندآنان راآرام و بحران راخاموش خواهندکرد. دشمنان رژیم نیزمشتاق بهره گیری ازسلاح اعتصاب بودند. استراتژیهای دوطرف باهم تقارن یافته بود. مخالفان که ناتوانی حکومت راخوب تشخیص داده بودندآن رازیرفشارگذاشتند. حکومت نیزآماده همکاری بود. مواردی بودکه مقاماتی ازساواک باموسساتی که آرام مانده بودندتماس می گرفتندکه مگراضافه حقوق نمی خواهند؟ اعتصابات به بیشتروزارتخانه هاوموسسات وکارخانه های دولتی گسترش یافت. هرگروه هرچه خواستندکم وبیش گرفتندواگر بازخواستنتدبازگرفتند. حکومتی که ازروزآغازبی مذاکره امتیازداده بوداکنون بامذاکره بیشترامتیازمی داد.

درخواستهای سیاسی پس ازاضافه حقوق آمدوحکومت همچنان عقب نشست. آزادی زندانیان سیاسی مانندیک برگردان درهمه جاوازسوی همه گروههاتکرارمی شد. درهای زندانهاراگشودندواعضای سازمانهای تروریستی راآزاد کردند. زندانیان آزادشده صفحات روزنامه هاراباداستانهای واقعی یااغراق آمیزخودپرکردند. مصاحبه های آنان همراه باسخنان نمایندگان مجلس ومطالب روزنامه هافضای سیاست راچنان کردکه گویی ازباروت انباشته است.

اعلام حکومت نظامی در۱۷شهریوربادورو یداددیگرهمراه بود. سه تن ازوزیران کابینه هویدادرهمان روزدستگیرشدند. این درهنگامی بودکه زمینه آزادی همه مخالفان ودشمنان رژیم، حتی آنهاکه دست به خرابکاری وآدمکشی زده بودند، فراهم می شد. رژیم که تفاوت میان مخالف ودشمن رانمی دانست، اکنون تفاوت میان دوست ودشمن رانیزازیادبرد. قراربودعده بیشتری ازسران رژیم دستگیرشوند ولی وزیردادگستری مقاومت کرده بود. مقدم یک فهرست ۵۰۰نفری داشت، ازمقامات سیاسی وشخصیتهای مالی واقتصادی، ودرملاقاتهایش باشاه گاه وبیگاه موافقت اورابادستگیری عده ای می گرفت. ولی دردولت شریف امامی نتوانستندبیش ازآن سه نفررابه زندان اندازند.

زمینه برای تصفیه حسابهاآماده شده بود. سران دولت ونزدیکان شاه به اوفشارمی آوردندکه برای آرام کردن مخالفان کسانی راکه خودنمی پسندیدندقربانی کند. برای آسان کردن کارخوددرقانون اساسی دنبال موادی می گشتندکه ثابت کنندشاه مسئولیتی نداردووزیران مسئول آنچه درگذشته روی داده بوده اند. درآن هنگامه انقلابی، نازک کاریهای حقوقی آنان به بازی می مانست. خودشاه نیزازیادبردکه به عنوان «فرمانده» اعلام کننده هرتصمیم مهم بوده است وبامتهم کردن همکاران نزدیک خوددرواقع برگذشته خویش خط بطلان می کشد.

دومین رویداد، اعتصاب روزنامه هابودکه به اعتراض به مداخله ماموران حکومت نظامی صورت گرفت. دوروزنامه بزرگ تهران درهمان روزهای اول کابینه شریف

امامی حملات سخت خودرابررژیم آغازکرده بودندوتصویرهای بزرگ خمینی ومطالب مربوط به اورابه چاپ رسانیده بودندکه بیش ازارزشی نمادین (سمبلیک) داشت ودرچشم مردمی مانندایرانیان نشانه قطعی برگشت اوضاع بشمارمی رفت. روش تازه مطبوعات ازسوی سران حکومت تاییدمی شد. آنهااستدلال می کردندکه اگرمردم به مطبوعات اعتمادکنندديگربه «بی بی سی» توجه نخواهندنمودکه سخن پراکنی هایش صدای مخالفان رژیم ایران رابه سراسرکشورمی رساند.

برای آنکه اعتمادمردم به مطبوعات بیشترشودوحکومت ازطریق مطبوعات بهتربتواندافکارعمومی رادرجهت هایی که خودمی خواست بکشانداعتصاب مطبوعات تشویق شدوبه سرعت به پیروزی اعتصابیان انجامید. ماموران حکومت نظامی پس ازاعلام حکومت نظامی به ادارات دوروزنامه بزرگ عصرتهران مراجعه کرده بودندوقصدسانسورمطالب راداشتند. آنهاگویااعلام حکومت نظامی راجدی تصورکرده بودند. گردانندگان روزنامه هاکه بامشاوراصلی نخست وزیرویک وزیرموثرکابینه وازاستراتژهای اصلی سیاست تسلیم درتماس نزدیک بودندمقاومت ورزیدندودست ازکارکشیدند، بااطمینان ازآنکه اقدام آنهاپیامدهای سختی نخواهدداشت. تسلیم حکومت به تندی صورت گرفت. به منظور «دراماتیزه» کردن نتایج اعتصاب، نخست وزیرودووزیرکابینه نامه ای باچندتن ازروزنامه نگاران امضاکردندکه منشورآزادی مطبوعات نامیده شد. پس ازآن رادیوتلویزیون دولتی نیزبه مطبوعات پیوستندودرسست کردن پایه های رژیم همداستان شدند.

آزادی مطبوعات در پخش نظریات وخبرهای دشمنان رژیم برسرعت حوادث ووخامت وضع افزودولی برای خودآنهانیزمسائل حل نشدنی پیش آورد. افزایش فروش لزومابه معنی بالا رفتن حیثیت مطبوعات نبود. گروههای فشارآنهارابی هیچ ملاحظه ای درخدمت خودمی خواستند. تاآن زمان گردانندگان مطبوعات می توانستنددربرابرافراطیان بهانه آورندکه آزادی عمل ندارند. ولی پس ازامضای آن نامه بیسابقه دیگرچنان بهانه ای نماند. درشرایط آزادی مطبوعات نیروی افراطیان وتندروترین آنان، چربید. روزنامه هابه جریان رادیکال پیوستند. روزنامه نگارانی که خواستنداستقلال خودرانگهدارندبه کناری زده شدند. هرگاه هم روزنامه ای می خواست مقاومتی نشان دهدیک تهدیدبس بودکه به راهش آورد. همان تهدیدهاکه آیت الله شریعتمداری رانیزوامی داشت ازجریان افراطی پیروی کندوبه رئیس ساواک گله می کردکه برخلاف مقامات دولتی نگهبان ومحافظی ندارد. این دلیل دیگری است براینکه زمین سیاست ایران در۱۳۵۷برای رشدگیاه میانه روی هیچ مناسب نبود.

برای مطبوعات آزادی جزاین معنی نداشت که می توانندباحمله به اشخاص وانتقادات هرچه خشن ترفروش بیشتری داشته باشند. عناصرچپ افراطی که درآنهارخنه کرده بودندموقع رامناسب دیدند. نام پاره ای ازآنهابعدادرفهرست کارکنان ساواک نیزانتشاریافت. بسیاری ازگردانندگان مطبوعات زیرفشارهای گوناگون

حسرت زمانی رامی خوردند که تنهاازیک سوفشارمی آمد. هنگامی که حکومت «نظامیان» ازهاری روی کارآمدمطبوعات نفسی به راحت کشیدندودست به اعتصاب درازمدت خودزدند؛ جز چندر وزنامه ومجله کوچکتر که تازگی انتشاریافته بودند. ادامه انتشارآنهادرشرایط آزادی نامـمکن شده بودونبال بهانه ای بودند که دست ازکار بردارندومنتظر وقایع شوند.

مطبوعات ایران درآن ماههای پایان رژیم مساله آزادی مطبوعات رادرجامعه ای که برای دمکراسی آماده نیست به صورت عبرت انگیزی پیش کشیدند. درچنین جامعه هایی آزادی مطبوعات رانبایدباآزادی روزنامه نگاران اشتباه کرد. چنین اشتباهی به معنی آزادی هرنوع مطبوعاتی است؛ هرکس باهرصلاحیت اخلاقی وحرفه ای قلم بدست گیردنمی تواندآزادباشدزیراجامعه امکاناتی دراختیاراومی گذارد که برضدخودآن بکارخواهدرفت. درغیاب نهادهاوسنتهای دادگستری که یک مشخصه اصلی جامعه های واپس مانده است وباتوجه به بی تجربه گی وساده لوحی سیاسی توده ها ـــ حتی روشنفکران ـــ چنین جامعه هایی، آزادی روزنامه نگاران به زودی جای آزادی مطبوعات راخواهد گرفت؛ پول بدپول خوب رااز بازار بیرون خواهدراند.

ترکیب غریب حکومت نظامی وتیراندازی به تظاهرکنندگان درخیابانهاباسیاستهای سازشکارانه دولت واعلام همدردی برخی وزیران بابازماندگان کشتگان، سیاست حکومت راازهرمعنی وهدفی بی بهره گردانید. درهیات وزیران مسابقه ای برای بدست آوردن محبوبیت شخصی درمیان مخالفان درگرفته بود. رفتارمجلس ومطبوعات باسران پیشین حکومت و «شخصیت کشی» کسانی که دیگرازحمایت وقدرت مشاغل خودبرخوردارنبودند، وزیران وسران رافلج می کرد. برای مسئولان حکومتی دیگریک دشمن هم بسیار بود. کناررفتن ازقدرت، برخلاف گذشته، می توانست به معنی نابودی باشد. هیچ مقامی دیگرجرات نداشت ازسیاستهایی پیروی کند که، هرچه هم درست، گروهی رابیازارد. ساواک وضداطلاعات ارتش مدعی بودند که دلایلی ازتماس یکی ازوزیران موثر بالیبی بدست آورده اند.

نشانه های هزیمت رژیم ازهمان ماه شهریور ۱۳۵۷ آشکارشد. ازآن پس دیگرهرچه بودتزلزل درتصمیم، گریزازتصمیم، «دودوزه بازی کردن» وخیانت وگریز بود. دیگرهیچ کس به دیگری وبه بقای رژیم اطمینانی نداشت وهرکس می کوشید گلیم خودراازموج بدر برد.

رژیم درسراشیب بودمگرآنکه همه نیروی خودرا گردمی آوردودریک ایستادگی نهایی باضربت زدن به سران وگردانندگان توطئه ونه کشتن وزخمی کردن تظاهرکنندگان درخیابانها کشورراازپاشیدگی و پریشانی رهایی می داد. درارتش ودربار وساواک عناصری بودند که ازراه حل مقاومت پشتیبانی می کردندوزمینه رابرای آن فراهم می ساختند.

روز ۱۴ آبان ۱۳۵۷ درتهران مانندمعمول آن روزها گروههای جوانان ونوجوانان به

خیابانها ریختندو به آتش زدن و و یران کردن هتلها و بانکها وسینماها پرداختند. روز پیش ازآن دردانشگاه تظاهرات وتیراندازی شده بودوتلو یزیون دولتی فیلمی ازآن تظاهرات، مونتاژشده، نشان داد که برای تحریک احساسات هرکسی کافی بود. آنچه تظاهرات ۱۴آبان رامتفاوت می کردشرکت جستن عوامل ساواک بود. وزیراطلاعات وجهانگردی وقت بعدادردادگاه انقلاب گفت که عوامل ساواک درحمله به وزارتخانه اووآتش زدن آن شرکت داشتندزیراامامورسیدگی به حمله عوامل ساواک به تظاهرکنندگان مسجدجامع کرمان بود.

رفتارمشکوک پاره ای اعضاومقامات ساواک رادرآن ماههای آخرمی توان به عوامل گوناگون مانندملاحظات شخصی رئیس ساواک، موضع های مستقلی که پاره ای اعضای ساواک هم مانندبسیاری دیگربرای حفظ خودوتامین آینده خودمی گرفتندونیزرخنه عوامل افراطی درساواک نسبت داد (۱۰) ولی درآن روز ۱۴آبان ساواک قصدداشت حکومت شریف امامی راسرنگون کندوراه رابرحکومت نظامیان بگشاید.

کاندیدای ارتش برای نخست وزیری، ارتشبدعلامعلی او یسی بود. درواقع همه عناصری که درحکومت ازراه حل ایستادگی هواداری می کردندامیدخودرابه او یسی بسته بودند.

روش شاه درهمه آن ماههانامشخص ومتزلزل بود. اوارتش رابه خیابانهامی فرستادولی دستورمی دادتیراندازی نکنند ــ هرچندگاه و بیگاه ازآن هم گریزی نبود. فرماندارنظامی، او یسی، که ازتاثیرناگواراین وضع برروحیه سربازان آگاهی داشت بارهابه شاه اصرارورزیدکه اگرقرارنیست ارتش به وظیفه خودعمل کندحکومت نظامی رابردارد، زیراسراسربازانی که ازتظاهرکنندگان دشنام یاگل دریافت می کردندوبیحرکت می ماندندروحیه خودراازدست می دادند. هم ارتش درخیابانهافرسوده می شدوهم تظاهرکنندگان ازقربانیهای گاهگاهی که می دادنددلگرم ترمی شدند.

مخالفت شاه بانظرگاههای او یسی وگماشتن ارتشبدعلامرضاازهاری به نخست وزیری در۱۵آبان ۱۳۵۷نشان می دهدکه شاه تاپایان ازارتش بیشترمی ترسیدتاازخمینی. او یسی درخرداد۱۳۴۲نشان داده بودکه درشرایط مساعدسیاسی توانایی عمل وایستادگی تاآخرین لحظه رادارد. درآن سال عزم نخست وزیرشرایط سیاسی لازم رافراهم کرد. در۱۳۵۷شاه می بایست خودش تصمیم بگیرد. اوازهاری راترجیح داد. مردی سالخورده وازنظرجسمی ناتوان که شهرتش درملایمت ومصالحه بودودیرماندنش درسمتهای بالای ارتشی به سبب ناموثر بودنش به عنوان یک فرمانده. ازهاری پیش ازنخست وزیری ازشاه اجازه خواسته بودکه باچندسخنرانی رادیوتلو یزیونی مردم راآرام کند. اوازساده لوحی سیاسی خوددردوماهه بعدنشانه های فراوان دیگری بدست داد.

سخنرانیهای لابه آمیزش باتوسل دائمی به خداورسول و «استدعاهای عاجزانه»

اش سبب شده بود که اورابه طعنه «آیت الله ازهاری» بنامند. ظاهرشدنهای تلویزیونی اودرآن هفته های تیره وتاریکی ازمایه های تفریح خاطرمعدودمردمان بود. چهره درمانده واندام لرزان اوداستان عامیانه چهار پایی رابه یادمی آورد که در پوست شیررفت ولی تاصدای معروفش راسردادهویت خودراآشکارساخت ومردم به جانش افتادند. ومردم به جان حکومت نظامیان افتادند.

شاه باتعیین ازهاری دومین اشتباه مرگبارخودرا کردواین بس نبود، حکومت اورادریک سخنرانی باورنکردنی اعلام داشت. شاه درآن سخنرانی دریک جمله هم به قیام مردم برضدبیرحمی وفساداشاره کردوهم به اینکه این انقلاب ازسوی او، شاهنشاه وفرمانده ورهبروگرداننده کشور، پشتیبانی می شود. درهفته های آخرحکومت شریف امامی که شبح مداخله ارتش درافق سیاسی نمودارشده بودهواداران رژیم باامیدواری ودشمنانش باهراس به آینده می نگریستند. ولی هنگامی که شاه رئیس ستادارتش رابه ریاست دولت گماشت و بلافاصله باصدای لرزان گفت «من صدای انقلاب شماراشنیدم» ــ اوخودنخستین کسی بود که واژه انقلاب رابکار برد ــ همگان واقعیت رادریافتند: حکومت نظامیان نیزگام دودلانه وناپخته دیگری درسراشیب سقوط بود. اشتباه حقوقی نخست وزیردرگماردن فرماندهان نظامی به عنوان وزیران کابینه، که بزودی بابرداشتن آنهاتصحیح شد، ونمایش معمول مجلس درحمله به دولت ــ درواقع رژیم ــ ازهمان آغاز چیززیادی ازهیبت نظامیان نگذاشت. بزودی کابینه نظامی تبدیل به یک گروه درمانده شد که سیاستهای شریف امامی راباناتوانی بیشتردنبال می کرد.

دراین احوال خمینی ازنجف دورافتاده به پاریس ومرکزارتباطات بین المللی رفته بود. یکی ازنخستین ابتکارات دولت شریف امامی تماس باعراق درموضوع خمینی بود، نه برای آنکه فعالیتهای اورامحدودسازند که به خوبی درتوانایی وشایدموردتمایل عراق بود، بلکه برای جلب موافقت آن دولت به اخراج خمینی ازعراق. مذاکرات درتهران ونیویورک (به مناسبت اجلاس مجمع عمومی سازمان ملل متحد) میان دودولت انجام گرفت وعراقیها که ازمیهمان پردردسرخودآسوده می شدندبه خمینی فهماندندکه بایدبرود. استدلال مقامات ایران آن بود که خمینی درنجف باگروههای زائران ایرانی تماس داردوازآنجانوارهای سخنرانیهایش را، و پول، برای ملاهاوطلاب به ایران می فرستد.

خمینی درنیمه مهر ۱۳۵۷رهسپار پاریس شد. مقامات فرانسوی پس ازآگاهی ازموافقت شاه وحکومت ایران به اواجازه اقامت دادند. هنگامی که خانه اش درحومه پاریس بزرگترین مرکزفعالیت ضدرژیم ایران شدنظرسفارت ایران راجو یاشدند. وقتی تلگرامهای سفارت ایران به تهران بی پاسخ ماندمقامات فرانسوی باخودشاه تماس گرفتند. نظرشاه وحکومت ایران آن بود که ماندن خمینی در پاریس اهمیت ندارد. حتی کار به جایی رسید که وقتی فرانسو یان تصمیم به اخراج خمینی گرفتندحکومت ایران مداخله کردوآنان راباززداشت. در برابررو یدادی که یکی ازنقطه های برگشت

اساسی انقلاب ایران بودرفتارحکومت ایران مانندهمیشه توجیه ناپذیر بود. دراین تردیدنیست که فرانسو یان هرگزحاضرنبودندبرخلاف میل ایران خمینی رانگه دارند، ولی در برابرروش ایرانیان آنهاهم هرچه خمینی خواست برایش کردندزیرادر پی حفظ منافع خوددرایران پس ازشاه بودند.

از پایگاه خوددر پاریس خمینی سیلی ازتبلیغات ضدرژیم سرازیر کرد که درنجف هرگزامکان آن رانمی داشت. یک کاروان پایان ناپذیردیدارکنندگان سیاسی ومردان طرازاول بازرگانی وصنعت ایران بسوی اوروانه شدکه جرات نمی کردنددرعراق به دیدارش روند. درتلویزیون فرانسه جامه دانهای پر پول رانشان می دادندکه سرمایه داران بزرگ ایرانی درخانه اش درنوفل لوشاتوبه خمینی پیشکش می کردند — مردانی که همه زندگی شان بارژیم درآمیخته بودورهبری سیاسی همه چیزراقربانی آنهاکرده بودتاهرچه ثروتمندترشوند. نمایندگان قدرتهای بزرگ غربی نخستین باردر پاریس بااودیدارکردند. در پاریس اودیگریک رهبرمخالف نبود؛ یک رئیس حکومت جایگزین (آلترناتیو) آنهم بابخت پیروزی زیادبود.

شرح ناامیدشدن امریکاازشاه وآغازتلاشهای حکومت کارتر برای برقراری تماس بارهبران جنبشی که اصلانمی شناختند — درهمه دستگاه حکومتی امریکا نسخه ای ازکتاب خمینی نبود — به صورتی مستنددرآثارنویسندگان امریکایی آمده است. درخواستهای همیشگی شاه ازسفیران امریکاوانگلیس برای اندرزوراهنمایی وزیگزاگ رفتن های شاه، دست کم ازآبان ۱۳۵۷، دیگرتردیدی نگذاشته بودکه به رهبری اوامیدی نیست. هرچندامریکاییان نمی فهمیدندکه سیاست تردیدآمیزخودآنهاوبه چندزبان سخن گفتنشان علت اصلی بی تصمیمی شاه است. اختلافهای میان وزارت خارجه امریکاومشاورامنیت ملی کارتردر باره ایران، پیامهای برژینسکی به شاه که استوار بایستدواصرارهای شاه به سفیرامریکا، سالیوان، که تاییدوزارت خارجه رابه اوعرضه کند — آنچه دروزارت خارجه باآن موافقت نمی شد — وتاکیدهای وزارت خارجه وخودکارتر براینکه حقوق بشررعایت شودو بامردم درخیابانهای تهران سخت رفتارنکنید، وهمه داستانهای دلگیردیگررادرآثاراین نویسندگان می توان یافت (رجوع به پانویس ۵).

شاه امریکاییان را به اشتباه افکنده بودکه توانایی غلبه بر بحران رادارد. امریکاییان نیزشاه را به اشتباه افکنده بودندکه شایدطرحی کلی برای ایران دارندودیگراورانمی خواهند. کسانی دردستگاه رهبری امریکامسلماشاه رانمی خواستند. ولی سیاست امریکاآن نبود، زیراامریکاسیاستی نداشت.

ازآبان ۱۳۵۷امریکاوهرکشورخارجی دیگرکه درایران منافعی داشت نگاه خودرابه ایران پس ازشاه دوخته بودکه درآن خمینی برجسته ترین جاراداشت. ازآن پس روش آنهابسیاری ازبدگمانیهای ایرانیان رادرباره دست قدرتهای غربی درانقلاب ایران تاییدمی کند. ولی درآبان کاررژیم عملا تمام بودونه می شدآن رابه یاری خودش نگه داشت ونه بررغم خودش. شاه هنوز برسرجای خودایستاده بود، وجلوی هراقدام قاطعی

رامی گرفت، و برای پذیرفتن هراندرزنادرست وگرفتن هرتصمیمی، هراندازه اشتباه آمیز، آمادگی داشت. بابودن شاه ارتش دست به هیچ کاری نمی توانست بزند. برداشتن شاه نیزتنهاازهم پاشیدن ارتش وکشورراتسریع می کرد؛ ایران برای شرایط نبودن شاه، شخص او، سازمان داده نشده بود.

ستونهای رژیم به دست خودآن فرومی ریختند. چندساعت پس ازروی کارآمدن ازهاری ماموران ساواک واداره دوم ستادارتش به نام فرمانداری نظامی، هویداوشش وزیر پیشین وروسای پیشین ساواک وشهربانی وشهردار پیشین تهران ومعاون او— که به سبب تشابه اسمی باکسی دیگر بازداشت شده بودوتاپایان کسی تن به اعتراف به این اشتباه نداداوراآزادنکرد — وده دوازده تن دیگررادستگیرکردند. اعتراض وزیردادگستری دستگیری عده بیشتری رامتوقف ساخت. درمیان دستگیرشدگان همه کس ازمقامات دولتی وبازرگان ورئیس شرکت تعاونی مسکن یک وزارتخانه و پزشک شرکت هواپیمایی ملی ومانندهای آنهادیده می شدند. درفهرست ۵۰۰ نفری رئیس ساواک ملاحظات شخصی کسان بسیارسهم داشته بود. بعدادرحکومت بختیارچندوزیرواستاندار پیشین و یک افسر بازنشسته درسنین بالای هفتادکه توان راه رفتن نداشت وازرقیبان قدیمی رئیس ساواک بودبرآنهاافزوده شدند.

بازداشت این گروه که چندتنی ازآنان ازخارج بازگشته بودندکه کشورخودرادرآن روزهای سهمگین تنهانگذارندوچندتنی باهمه توصیه هاوتهدیدهاحاضربه خروج ازکشورنشده بودند، اثردستگیری سه وزیر پیشین دردولت شریف امامی راشدتی چندبرابربخشید. بسیاری مقامات بالای کشوری به سرعت ازکشورخارج شدندیاخودراازرژیمی که پاره های تن خودرامی کندو پیش گرگان گرسنه می افکندواشتهای آنان راتیزترمی کردکنارکشیدند. سازش کردن بادشمن درذهان بسیاری ازرهبران رژیم راه یافت. دیگرمنطقانمی شدازکسی وفاداری خواست . (۱۱)

به رژیم مسلماکسانی ازسران آن خیانت کردندوجزچندتنی بقیه کیفرخیانت خودراباجان یاهستی‌خویش دادند. شاه‌در «پاسخ به تاریخ» قره باغی راصریحابه خیانت متهم کرده است ودرمصاحبه ای همین اتهام رابطورضمنی برفردوست واردآورده است. دراواخر پادشاهی خودروزی دریک گفتگوی تلفنی به مقدم گفته بود «نمی دانم شمابامامستیدیا باآنها.» (۱۲) درمحافل حکومتی پیشین گفته می شدمقدم بخشی ازاعتبارات و یژه راکه دراختیارساواک بودبهمراه اسنادهمکاری ملایان باساواک به آیت الله طالقانی داد. دفترطالقانی چه پیش ازانقلاب وچه پس ازانقلاب هزینه های گزاف می کرد — ازجمله مقرری دادن به چهارهزارخانواده. پس ازمرگش ماموران خمینی به زوراسلحه دفترراتعطیل واسنادومنابع آن راضبط کردند. خودمقدم درزندان به آزادی خودوحتی رسیدن به مقامهای بالادررژیم انقلابی خوشبین بودوحتی به دیگران اطمینان می دادکه مقدمات آزادیشان رافراهم خواهدکرد. او پرونده های نام ونشان کارمندان وعوامل ساواک رادست نخورده به

رژیم تازه تحویل داد. افرادبیشماری ازمیان آنها، درکنارافسران وسربازان و پاسبانان یابه فتوای ملایان به دست اوباش درشهرهای گوناگون «لینچ» شدندیابه اعدام محکوم گردیدند. ازمقامات ساواک وافسران ارتش گروهی ازسوی همکاران پیشین خودمتهم به همکاری باانقلاب هستند. ازکارمندان «دفترویژه» فردوست یکی دررژیم انقلابی به ریاست ستادارتش رسیدوچندتنی فرمانده یامعاون فرمانده واحدهای نظامی شدند.

ولی دراین زمینه بایددرباره مفهوم خیانت توضیحی داد. خیانت دریک بافت اخلاقی می تواندپیش کشیده شود. بایدپاره ای باورهای اخلاقی دریک جامعه، یاهرهیات اجتماعی، قبول عام داشته باشدتامفاهیمی مانندخیانت معنی بیابد. جامعه ایرانی، وبویژه طبقه حاکم آن، کم وبیش دریک خلأ اخلاقی عمل می کند. قانون منفعت جانشین قانون اخلاقی است وبزرگترین ارزشهابه پول ومقام داده می شود. حتی دین ازدرونه اخلاقی خودتهی شده است وبه صورت یک معامله هرروزه میان انسان ونیروی برتر پاداش وکیفردهنده درآمده است.

مردانی که همه عمرخودشنیده بودند «سیاست پدرومادرندارد» «نان رابایدبه نرخ روزخورد» «برخلاف جریان نبایدشناکرد» «ماباکسی شیرنخورده ایم» «دستی که به دندان نتوان بردببوس» ودهها ضرب المثل وتعبیرات دیگرکه زبان فارسی راانباشته است، ودیده بودندهرکس بیشتربه این روحیه وفادارمانده پاداش بیشتری گرفته وزیان کمتری برده، بامعیارهای دیگری می اندیشیدند. انقلاب ایران فرصتی بود، وهنوز هم هست، برای نشان دادن عمق بی ایمانی وفرصت طلبی گروههای بیشمار — وعمق نادانی گروههای بیشماردیگر. دروقت پیچاپیچ هرکس توانست نشان دهدکه چه مایه ای دارد.

گروههای حاکم ایران دراین انقلاب بویژه نمایش دلگیری ازسست عنصری دادند. رشگ وکینه وآزمندی؛ تنهاخودرادیدن وبه خوداندیشیدن؛ موفقیتهای کوچک رابالاترازمصلحت های بزرگ گذاشتن؛ دربرابرهرقدرت برترخم شدن، از پیش هرخطرگریختن؛ هرجامی شدگوشه ای ازمنافع خودرابدربردبهرقیمت سازش کردن، به درجات هراس آوری ازآنهابه ظهوررسید. آنهاکشورراویران کردند. ولی، جزچندتن معدود، خودراهم نجات ندادند. دراین انقلاب نشان داده شدکه مردانگی وشرافت وپایبندی به اصول وآزرم نه تنهاصفات بزرگی است، صفات سودمندی هم هست. برای نگهداری یک ملت، یک کشور، برای خوشبخت کردن جماعات ونسلهانمی توان این صفات راحذف کرد.

یک شخصیت سیاسی بین المللی چندی پیش گفت «دوستی که به تعهداتش عمل نکندازدشمن بدتراست.» درحفظ آزادی وتمامیت ملت، درحفظ صلح جهانی، آنچه درزبانهای اروپایی کاراکترمی نامندودرفارسی بایدبه استواری منش ترجمه کردسهم حیاتی دارد. مردمی که درمواقع خطریادربرابروسوسه سودودوستی وتعهدرازیرپامی گذارندازهیچ چیزدفاع نخواهندکرد. انسان نمی تواند دائماًمواضع

خودراتغییردهدو بایدیک جایی بایستد. خطر برای همه هست ووسوسه برای همه پیش می آید. اماهمه متزلزل نمی شوند. بسیاری ازآنها که متزلزل نمی شونددر پایان برنده اند. به نام مصلحت اندیشی ازاصول روی گرداندن درست نیست. ازکجاکه مصلحت در پافشاری روی اصول نباشد؟

درجامعه ای که افرادبیشتر برای معایب اخلاقی خودپاداش می گرفتندحقیقتانمی شدازخیانت سخن گفت. آن شهردارتهران که استعفای خودرابنده وار به خمینی ــ هنوز به قدرت نرسیده ــ تقدیم می داشت روی منطق سراسرزندگی خودوهمگنانش عمل می کرد. اودیده بودکه همه افتضاحات مالی که بانامش آغشته بودمانع ازرسیدنش به مقامهای بالانشده بود. چه کسی ازاوصفات والای انسانی خواسته بود؟ مگرنه آنکه همه پیشرفتهای خودرادرسایه وجهه های تیره ترشخصیت خودبدست آورده بود؟ او به رژیمی که همه چیزش راازآن داشت خیانت می کردیابه «قانون اخلاقی» که برآن رژیم فرمان می راندوفاداری می نمود؟

به زندان انداختن سران رژیم راضرب شصت دیگری تکمیل کرد. فهرستی ازنام کسانی که پولهایی رابه خارج فرستاده بودندانتشاریافت. بیشترارقامی که ذکرشده بودبه نحوی آشکارساختگی واغراق آمیز بود. پاره ای صحت داشت ومعاملات عادی بازرگانی رادربرمی گرفت. بقیه مبالغ کوچکی مربوط به خریدارزهای مسافرتی یاتحصیلی بودکه تهیه کنندگان فهرست به دلخواه خودهزار ومیلیون برابر کرده بودند. بیشترآنهاکه نامشان درآن فهرست آمداکنون درخارج زندگی های بسیارمحدودومختصری دارند. درتهیه آن فهرست دشمنان لیبرال وتندروی رژیم همکاری کرده بودند.

واکنش دولت در برابرتوطئه دشمنان به منظور بی اعتبارکردن رژیم، ممنوع خروج کردن کسانی بودکه نامشان درفهرست آمده بودوبی هیچ اساسی متهم شده بودند (هرچنداساساخروج ارزبه موجب قانون آزادبود). بجای بررسی اتهامات ومجازات افترازنندگان، دولت براتهامات آنان صحه گذاشت. شمار بزرگی ازسران رژیم بدین ترتیب به اتهامی که نه صحت داشت ونه قانوناجرم بودبدنام شدند. رژیم مصمم بوددرضربت زدن برخودازدشمنانش پیش افتد.

اینکه درجریان دستگیرکردنهاواجازه خروج دادنهاوانتشارنامهادرروزنامه هاچه فرصتهابرای سؤ استفاده به دست پاره ای مقامات وروزنامه نگاران افتادخودداستان دلتنگ کننده دیگری است. برسرآتشفشان گروهی نشسته بودندوباهم تصفیه حساب می کردندوازهم «حق وحساب» می گرفتند.

اگررژیم دردشمنی باهواداران خودچالاک بوددر برابردشمنانش رفتاری دیگرداشت. دراواخرحکومت ازهاری شورای فرماندهان نظامی وانتظامی پیشنهادرئیس شهربانی راتصویب کردکه درآن دستگیری فوری چندصدتن ازگردانندگان اعتصابات وراه پیماییها، که همه درآن لحظه زیرنظر بودند، وفرستادنشان به جزیره کیش پیش بینی شده بود. جانشین رئیس ستادارتش تصمیم

جلسه وآمادگی فرماندهان نیروی هوایی ودریایی وهوانیروزرابرای انتقال زندانیان به جزیره وحفاظت آن تلفنی به آگاهی شاه رسانید. پس از پانزده دقیقه پیغام تلفنی شاه رسیدکه باطرح موافقت نکرده است.

دوهفته ای ازحکومت ازهاری نگذشته بودکه زمزمه تغییرآن دردر بار برخاست ودست دولت راناتوانترکرد. موج اعتصابات دراین حال کشوررابه فلج کامل نزدیک می کرد. باهمه تسلیم دولت قبلی به درخواستهای «صنفی» وسیاسی گروههای گوناگون کارکنان دولت وبخش خصوصی وصنایع دولتی، افراطیان مذهبی وچپ گرایان سلاح اعتصابات سیاسی راهمچنان ازدست ننهادند. درجنوب گروهی اززندانیان سیاسی آزادشده اعتصاب صنعت نفت راسازمان دادندو باهیچ واکنش جدی روبرونشدند. سرلشکرحسن پاکروان، یک رئیس پیشین ساواک، ازمقدم پرسیده بودمگرسازمان امنیت نام محرکان اعتصاب رانمی داندکه اقدامی برضدآنهانمی کند؟ وقتی مقدم پاسخ منفی داده بودگفته بودپس ساواک درهمه این سالهاچه می کرده است و پاسخ شنیده بودکه زمین می خریده است! (۱۳)

روش دولت در برابراعتصابات آمیزه ای ازلابه وتهدیدبودودرهمه جاتن زدن ازاقدامات قاطع. درخوزستان فرماندارنظامی که توانسته بودبامانوری ماهرانه وبی هیچ خشونتی به اعتصاب مهندسان برق پایان دهدازسوی مقامات مرکزی سرزنش شد. درتهران ماموران فرمانداری نظامی که انباری رابادرحدود ۱۰۰۰ «پلاکارد» وشعارهای ضدرژیم توقیف کرده بودندپس ازتلفن بهشتی به مقامات حکومتی انباررا آزادکردندتاتظاهرکنندگان روز بعدبتوانندآنهارا باخودببرند. درآن اواخرتلفن های رهبران مذهبی مخالف وزنی به مراتب بیش ازوزیران کابینه داشت. هیچ کس دردولت ازاین تضاددرشگفت نمی ماندکه چرابایدتظاهرکنندگان رادرخیابانها گاه وبیگاه به گلوله بست ولی ازرهبران آنان فرمان بردوانگشتی هم برروی آنان درازنکرد؟

مقدم، خستگی ناپذیر، استراتژی آشتی ملی خودرادنبال می کرد. اوکه ازبی تصمیمی شاه به ستوه آمده بودامیدخودرایکسره به مخالفان بست. به کسی که اظهارتعجب کرده بودچراسربازان رابه خیابانهامی فرستندکه شاهدتظاهرات مردم باشند گفته بود «به اعلیحضرت بگویید.» (۱۴)

باآنکه کریم سنجابی پس ازسفرخودبه نوفل لوشاتوومصاحبه اش درتهران دشمنی خودراباقانون اساسی وشاه اعلام داشته بودو به جمهوری اسلامی خمینی پیوسته بودو بهمین سبب چندروزی بازداشت شده بود، به نظررئیس ساواک بهترین کاندیدای نخست وزیری بودواورانزدشاه فرستاد. ولی سنجابی دردیدارش باشاه به توافقی نرسید. شاه سنجابی راپیش ازآن تحقیرمی کردکه کشوررابه او بسپاردو برود. پس ازاونوبت غلامحسین صدیقی، یک رهبردیگرجبهه ملی، بودکه بیرون رفتن شاه راازایران به مصلحت نمی دانست ولی پیشنهادمی کردشورای سلطنت تشکیل شودوشاه به گوشه ای درشمال یاجنوب برودواستراحت کند. این پیشنهادبه سبب یک اشکال

حقوقی که برآن وارد گردیدردشد: چگونه می شدهم شاه درایران بماندوهم شورای سلطنت تشکیل یابد. کو یی نمی شدشرط بیمارشدن شاه راپیش کشید. اماشکال واقعی شرایط صدیقی این بود که اصرارداشت شاه درایران بماندواین چیزی بود که شاه نمی خواست. سرانجام راه حل شاپور بختیارراکه بامقدم به دیدارشاه رفت پذیرفتند ــ شاه ازایران بروودشورای سلطنت تشکیل گردد. شاه حساب می کردباگماردن افرادموردطمینانش درسمتهای حساس ارتش می تواندآن رادردست داشته باشدوامیدوار بودبختیار بخواهدیابتواندواوراباز گرداند. درواقع تاکتیک رفتن ازایران یاتهدیدبدان برای برگرداندن افکارعمومی، مدتهابودذهن شاه رامشغول داشته بود. به موجب اطلاع خصوصی، دست کم سه بارازاردیبهشت تامهر ۱۳۵۷نزدیکان شاه ازقول اوگفته بودندکه اگروضع بهبودنیابدشاه ممکن است برودورنجش خودراازمردم قدرناشناس به این صورت نشان دهد.

درواشنگتن نیزکفه آنهاکه هواداران لیبرالهاومیانه روان ایرانی بودند ــ بزودی آنهاهوادارخمینی شدند ــ چربید. کارتربه این نتیجه رسیدکه می بایست شاه راکه مدتهابودازنقش رهبری خودکناره گرفته بودوحضورش جزمانعی برسرهرراه حل قاطع نبودکنارگذاشت وهمه امیدهارابه رهبران جبهه ملی ونهضت آزادی بست. به شاه که پیوسته ازسفیران امریکاوانگلیس می پرسیدچه بایدبکند گفتندبایدبرود. سفیران دوکشور به درخواست شاه باهم به دیداراومی رفتند.

برای آنکه ارتش درنبودن شاه ازهم نپاشد، یابرضدبختیارکودتانکند، یااگرهمه چاره هامنحصرشدوافراطیان تن به هیچ سازشی ندادنددست به کودتابزنند (به اصطلاح امریکاییان «مشت آهنین») برای آنکه زمینه این هرسه فراهم گردد، ژنرال هو یزررابه ایران فرستادندکه به همان اندازه برای ماموریت غیرممکن خودمناسب بودکه انتصابهای قبلی وبعدی خودشاه. درواشنگتن هیچ تصمیم روشنی نداشتند. ماموریت هو یزردرواقع پرده ای بودکه رهبری امریکا بربی تصمیمی وبی تکلیفی خودمی کشید. هو یزردرآن فضای آشفته و پرازبدگمانی وشکست خورده، درحالی که چندتن ازسران ارتش ومقامات بالای امنیتی بارهبران مخالف درتماس دائم بودندمحکوم به ناکامی بود. درغیاب شاه وبدون تعهدروشن ومستقیم امریکادربرابرسران ارتش هیچ راه حلی نبود. نه ارتش رامی شدنگهداشت نه حکومت را. نه جلوی بازگشت خمینی رامی شدگرفت نه وازگونی رژیم را.

شاه باتوجه بیش ازاندازه اش به نظرخارجیان همه راههارابرروی خودوکشوروحتی آنهابسته بود. حتی اگرتصمیم به رفتن شاه ازامریکابودجهان پایان نمی یافت. وضع شاه بدترازژنرال «چون» درکره جنوبی نبودکه باحضور ۴۰هزارسربازامریکایی درخاک خودواخطارهای مداوم وصریح رئیس جمهوری ووزارت خارجه امریکا، دراوضاع واحوال بسیارخطرناک پس ازکشته شدن رئیس جمهوری پارک چونگ هی، ازرژیم خودافاع کردوازتهدیدقطع کمکهای امریکانهراسیدوسرانجام برراه خودرفت. یابدترازرژیم گواتمالانبودکه پس ازفشارهای حکومت کارتردرموضوع حقوق بشر،

خود کمکهای نظامی امریکارارد کردوتسلیم نشدواکنون امریکاست که می کوشدآن رابه پذیرفتن کمکهای خودمتقاعدسازد.

مقایسه میان رژیمهای ایران وکره جنوبی وبویژه گواتمالا بهیچ روی درمیان نیست. ولی اوضاع آن روزایران خطرناکتر و بستگی آن به پشتیبانی امریکابیش ازکره جنوبی وگواتمالانبود. شاه ازآغازمی بایست چشمانش راازدهان سفیران امریکاوانگلیس برمی گرفت و برواقعیتهای کشورخودمی دوخت. شایددرآن زمستان ۱۳۵۷دیگرنمی شدرژیم وکشوررانجات دادولی دراین صورت نمی توان مسئولیتهارابه گردن کنفرانس سران غربی درگوادالوپ گذاشت که چندروزی پیش ازسفرشاه تشکیل شدو پس ازآن وزیرخارجه امریکاخبررفتن شاه راازایران اعلام داشت. اگررفتن وماندن شاه درنتیجه نهائی تاثیری نمی گذاشت همه بحثهابیهوده است. اماا گرفرض براین باشد که درصورت ماندن می برد، این خوداو بود که رفت.

پیش ازرفتنش شاه قره باغی رابه ریاست ستادارتش گماشت، مردی که درمیان سران ارتش ازحیثیتی برخوردارنبودو به صفات فرماندهی شناخته نبود. به نظرمی رسدشاه تاواپسین روزهاازاقدام ارتش می ترسید ــ بیش ازهراحتمال دیگری. انتصاب قره باغی ورفتن شاه درحکم امضای فرمان ازهم پاشیدگی ارتش بود. خودقره باغی نیزاین رامی دانست وبهرکس متوسل شدتاشاه راازرفتن بازدارد. وقتی کوششهایش به جایی نرسیدهمه نیرو یش راگذاشت وسرخودرانجات داد.

سفرشاه برای خوداوموقتی می نمود. خانواده سلطنتی حتی بسیاری ازلوازم شخصی راهمراه نبردند. شاه امیدوار بودبارفتنش مردم به خودآیندواوراباز گردانند. او به درستی پیش بینی می کردکه امنیت ورفاه ایران بی او پایدارنخواهدماندوهمه آینده آن به خطرخواهدافتاد. ولی اشتباه می کرد که انتظارداشت مردم به هیجان آمده ازچنین دوراندیشیهابرخوردار باشندیاحکومت بختیار بتواندبرسر کار بماند، چه رسد که اوراباز گرداند. خاطره ۲۵مرداددرذهن او بود. ولی درگوشه دیگری خاطره دیگری، دست کم به همان نیرومندی جای گرفته بود: شاه سلطان حسین صفوی که درکاخش بدست شورشیان افغان کشته شد. درروان بسیار پیچیده اومسلماملاحظات دیگری نیزدرکار بود: آرزوی دور بودن ازرو یدادهاوتصمیم های ناگوار؛ رنجش ازقدرناشناسی وناپایداری مردمی که تنهاهفت هشت ماه پیش همه خیابانهای مشهدرابرای خوشامدگفتن به او پرکرده بودندوخیابانهای هرشهردیگری راپرمی کردند؛ و برهمه اینهاالبته بایدبیماری اوراافزود.

درواقع شاه ازهمان آغازبحران تمام شده بود. یک وزیرکه روزشنبه ۱۸شهریور۱۳۵۷، یک روز پس ازبه اصطلاح جمعه سیاه، اورادیده بودمی گویدکه شاه به اندازه ده سال پیرشده بودولرزان راه می رفت ووقتی به بحث درباره اوضاع پرداخته بودبه حال گریه افتاده بود. درهمه ماههای پس ازآن هرچه گزارش ازحال شاه بودحکایت ازافسردگی وبهت وسردرگمی اومی کرد. شبهانمی خوابیدوتادیروقت به دیدن فیلم می گذراند. هرکه اورادرآن ۵ماه آخردیده است،

خاطره ای ازمردی درهم شکسته دارد.

ازسفرشاه تاسقوط رژیم در۲۲بهمن ۱۳۵۷حوادث با شتاب اجتناب ناپذیری سیرکرد. خمینی به رغم کوششهای بیهوده ای مانندبستن فرودگاههابه تهران بازگشت ودست کم دومیلیون تن به استقبالش رفتند. او پیروزشده بودومردم بدنبال پیروزمندانند. ارتش بیسرو بیفرمانده زیرضربات تاب نیاوردوازهم گسیخت. بامداد۲۲بهمن فرماندهان ارتشی درجلسه ای گردآمدندکه فردوست نیز، باآنکه سمت فرماندهی نداشت، درآن شرکت جسته بود. همه آنها، ازسرسختان ووفاداران، تاخودباختگان وخیانتکاران، نامه ای امضا کردندبه این مضمون که ارتش درکشاکشهای سیاسی بیطرف است وبه سر بازخانه هابازمی گردد. بلافاصله گروههای مسلح به پادگانهای تهران حمله بردندوتاشب هنگام همه آنهاراتصرف کردند. دولت که نه پایگاه مردمی داشت، نه پشتیبانی نظامی ونه تسلطی بردستگاه اداری ــ بیشتروزیران رابه وزارتخانه هاراه نمی دادند ــ مانندخانه مقوایی فروریخت. درواقع راه حل روی کارآوردن حکومت بختیارتنهابه یک کارمی آمد ــ به فراهم کردن نمای آبرومندی برای رفتن شاه ازکشور. ساده لوحی زیادی می خواست که انتظارداشته باشندآن حکومت بیش ازآن بتواند. همه چیز برضدآن بود.

برندگان انقلاب

وقتی انقلاب پیروزشدمدعیان زیادی یافت ودرواقع بسیارکسان درآن سهم داشتند. گروههای بیشمارمردم، هرکس درمرحله ای، به موج انقلابی پیوسته بودند. درراه پیمایی های چندصدهزارنفری، خانمهاباپالتوهای پوست درکناروزیران پیشین وسرمایه داران ومقاطعه کاران معروف شرکت می جستند. کارمندان دولت وکارگران، اعتصابهاراراه می انداختند. دانشجویان ودانش آموزان عمومانیروهای فعال انقلابی راتشکیل می دادند. کاسبکاران وبازاریان خزانه های ملایان راپر پول می ساختندوراه پیمایی هاراسازمان می دادند. حتی اداره زندانهادرچندماه اول انقلاب بابازاریان بود. توده های خانه بدوش شهری صفهای تظاهرکنندگان راانبوه می ساختندوزنانشان در بهشت زهرامویه گران حرفه ای بودندوبرنعش هر «شهید» که ازراه می رسید، اگرخودعجوزی نودساله وازضعف پیری مرده بود، شیون می کشیدند. حتی کارگران «میهمان» افغانی ازحق خودبه گردن انقلاب سر بلندبودند.

فداییان ومجاهدان وگروههای انشعابی دیگرمارکسیست وکادرهای حزب توده سهم خوددرپیکارهای خیابانی وترتیب دادن اعتصابهاوگرداندن رادیوتلویزیون ومطبوعات و پیکارمسلحانه مرحله آخرادا کرده بودند. لیبرالهادرموقع حساس به رهبری ملایان گردن گذاشته بودند و «وحدت کلمه» رانگهداشته بودند. فلسطینی هاوالاملی هاپاره ای ازمأموریتهای ناپاکترانقلابیان رابرایشان انجام داده بودند. بخش فارسی رادیوبی بی سی که تنی چندازمخالفان سرسخت حکومت ایران درآن نفوذ داشتند ازصورت هواداارانقلاب دراوایل به صورت تعزیه گردان آن دراواخر درآمده

بودولابدآن رابه عنوان یک پیروزی حرفه ای تلقی می کرد. مطبوعات بین المللی دردامن زدن به انقلاب ازرسانه های رسمی ونیمه رسمی خودکشورکم نداشتند. حکومتهای کشورهای بزرگ غربی آنچه ازدستشان برآمده بودانجام داده بودندتادرایران پس ازشاه جای خودرانگهدارند. سوریه ولیبی بویژه از پیشامدهاخرسندبودند. آنهاموازنه استراتژیک رادرخاورمیانه تغییرداده بودند. شوروی که خوددرمراحل پایانی به انقلاب پیوسته بودازسهم بزرگ دست نشاندگانش، درداخل وخارج ایران، در پیروزی انقلاب خرسندبود. انقلاب امکانات بیحسابی برای اعمال نفوذ واستیلابریکی ازکشورهای مهم استراتژیک دردسترس می گذاشت.

امابرنده اصلی انقلاب آنهابودندکه آن رابراه انداختند. بقیه، پیوستگان وهمراهان بودند. آخوندهاومذهبیان افراطی وقشری؛ بازاریان وکاسبکارانی که تولیدوبازاریابی انبوه ونوین آنهاراتهدیدمی کرد؛ طبقه پایین متوسط وروستاییان ریشه کن شده وخانه بدوش شهری ـــ خمیرمایه های جنبشهای فاشیستی، نامشان هرچه باشد ـــ نیروی اصلی انقلاب بودند. مردمانی سخت محافظه کاروناراضی که ارزشهایشان به خطرافتاده بودوجهان محدودشان دگرگون می شدومی خواستندزمان رابایستانندوعقر به رابه عقب بکشند.

تظاهرات وراه پیمایی های بزرگی که ازعیدفطر۱۳۵۷به بعدسازمان یافت بارهبری و پشتیبانی این عناصر بود. اکثریت ملاهاوطلاب ـــ جمع آنهابه ۲۰۰هزارتن تخمین زده می شود ـــ به صف انقلابیان پیوسته بودندوبادست گشاده پول خرج می کردند. وقتی یحیی علامه نوری، ملایی درشرق تهران که تظاهرات ۱۷شهریورراراه انداخت، دستگیرکردند، نزداودرحساب فرزندان خردسالش بیش از۱۰۰میلیون ریال یافتند.

هیـأتهای مذهبی محله هابه یاری مسجدهاوباتجر به زیادی که درراه انداختن دسته های عزاداران داشتندستون فقرات تظاهرات بودند. بازاریان درهرجانه تنهاخزانه جنبش انقلابی راپر پول کردند، افرادبیشماری راکه دراختیارداشتندبه مبارزه راندند. آنهابودندکه به اعتصاب کنندگان پول می رساندندمبادازیرفشارمالی دست ازاعتصاب بردارند. درواقع بازارسهم قاطع در پیروزی انقلابی داشت که به رهبری ملایان صورت گرفت.

انگیزه هاوعواملی که گروههای گوناگون رابه صفهای انقلابی راندبسیار بود. ناراضیان ـــ که رژیم باسیاستهای نسنجیده وعموماناالازم، کوشش درافزودن برآنهاداشت ـــ دردشمنی وکینه به جایی رسیده بودندکه بهر بهاواژگونی رژیم رامی خواستند. بسیارشنیده می شدکه می گفتنداین رژیم برود، جایش هرچه می خواهدبیاید. دشمنی کوردر پیوستن به انقلاب تقریبا همان سهم راداشت که فرصت طلبی محض. گروههای بیشمارصرفابه جریان برنده پیوستند. آنهامی خواستندروی آب باشند. جهت سیل برایشان اهمیتی نداشت.

چپگرایان تندرووماركسیستهاحتی بیش ازمذهبی های تندروآرزوی یک انقلاب رامی کشیدند. نیروی اصلی آنهاجوانان ونوجوانانی بودندباایدئالیسمی وحشیانه وبی

مدارا، بامایه فرهنگی اندک که فرمولهای سطحی رابجای علم گرفته بودندو بیشترازطبقه پایین متوسط می آمدند. انقلاب برایشان فرصتی بود که دشمن نیرومندتررابه دست دشمنی که می پنداشتندناتوانتراست از پای درآورند. آنهاهنوزخودراميراث بران انقلاب می شمارند، ولی تاکنون، بیشتر، قربانیان آن بوده اند.

لیبرالها ــ هواداران جبهه ملی ومذهبیان میانه روترورادیکالهایی که تاکتیکهای میانه روترامی پسندندو چپگرایان میانه رو وهمه عناصردمکرات منش که درنخستین مراحل، رهبری جبهه ملی راپذیرفتندوعموماازطریق آن به رهبری ملایان گردن نهادند ــ دیر پیوستگان به انقلاب بودند. آنهادراصل ازاصلاحات سیاسی واجرای درست قانون اساسی هواداری می کردند. اگررهبری رژیم دست عوامل بزرگ فسادرا، که ده پانزده تنی بیش نبودند، دورمی کردواجازه بحث مؤثردر باره اولویتهاوسیاستهاو برنامه هامی داد (آنچه بدان مشارکت نام نهاده شده بودوسخن ازآن می رفت وعمل بدان نمی شد) وازتسلط مطلق خودبرفراگردتصمیم گیری می کاست اختلاف زیادی میان آن ولیبرالهانمی ماند.

سهم این لیبرالهادرانقلاب به مرحله اعتراض آن محدودمی شود. اشتباهی که هنوزازآن بدرنیامده اندابنست که چندنامه انتقادآمیزی راکه بااطمینان به پیامدهای بی خطرآن به نخست وزیروشاه نوشته شدوچندحرکت اعتراض آمیزسالهای آخر پیش ازانقلاب رابه عنوان انقلاب قلمدادمی کنند. ولی اعتراض رابجای انقلاب نباید گرفت. چه دررهبری، چه درنیروهای شرکت کننده، چه درشعارهاوهدفهاو بویژه درابعادمیان این دوتفاوتهای بزرگ بود.

اشتباه دیگرآنها ــ که شایدبیشترشان اکنون ازآن بدرآمده اند ــ آن بود که وقتی سررشته آشکاراازدستشان بدررفت، **درهمان تابستان ۱۳۵۷، راهشان راازفاشیستهای** مذهبی جدانکردندونیروی مستقلی نماندندکه به احتمال زیادمی توانست کمک کندوکشوررانگهداردو پس از برقرای نظم واقتدارحکومتی، یک حکومت جایگزین به ملت عرضه دارد.

انقلاب ازوقتی آغازشدکه عوامل مذهبی باهمه نیروی خودبه میدان آمدندوتظاهرات بزرگ رابر پاکردند. وقتی شعارهای تندضدرژیم درقالب شعارهای مذهبی ازدهان هزاران تنی برخاست که ازسوی رهبران مذهبی رهبری وازسوی بازار پشتیبانی مالی می شدند. حرکت انقلابی ازهنگامی معنی یافت که دسته های مسلح وتعلیم یافته از پناهگاههاواردوگاههای خوددرکوباولبنان (زیرنظرفلسطینی هاوالامل) و یمن جنوبی وارو پای شرقی به ایران سرازیرشدندوزیر پوشش مذهب وعزاداری و باشعارهای اسلامی به غارت وسوختن وو یران کردن پرداختند.

وقتی انقلاب آغازشد، یعنی هنگامی که توده های بزرگ مردم درخیابانهابه حرکت درآمدندوسرنگونی رژیم راخواستندلیبرالهانقش فرعی داشتندومی کوشیدندصدایشان راازمیان فریادجمعیت انبوه به گوشهابرسانندوهنگامی که

نتوانستند، باآنهاهم آواشدند. آنهادنباله روی انقلاب بودندنه پیشروی آن؛ آنهابیعت کردندنه رهبری. آنهاآرمانهای یک عمرخودرابانخستین نهیب مذهبیان به فراموشی سپردندوبه شعارجمهوری اسلامی پیوستند. درست است که موج اعتراض راآنهاآغازکردندولی میان زمزمه اعتراض آمیزوغریوانقلابی که ازنیمه ۱۳۵۷برخاست تفاوت بسیاراست. دعوی آنان برانقلاب آنست که وقتی به جنبش درآمدهرچه توانستندبرای پیروزیش انجام دادند.

اینکه می گویندانقلاب منحرف شدوملت گول خورداز این اشتباه برمی خیزد. انقلاب بهیچ روی منحرف نشدوازآغاز، ازهمان نیمه ۱۳۵۷خط خودراچنانکه درکتاب ولایت فقیه وسخنرانیهای خمینی آمده بودو چنانکه در۱۵خرداد۱۳۴۲عملانشان داده شده بوددنبال کرد. رهبری انقلاب ــ ائتلافی ازمذهبیان قشری وتندروومارکسیستهای گوناگون ــ ازآغازمی دانست چه می خواهدوهدفهای خودرانیز پنهان نکرد.

اگرلیبرالهاترجیح دادندخرداد۱۳۴۲راندیده بگیرند ــ قیامی که برضداصلاحات ارضی وبویژه آزادیهای سیاسی زنان صورت گرفت و یک سال پس ازشکست آن بودکه خمینی موضع ضداستعماری گرفت وبه لایحه مصونیت قضائی نظامیان امریکایی درایران حمله کرد ــ یانوشته هاوسخنان خمینی رانخواندندیافراموش کنند؛ اگردلشان خواست رهبران مذهبی راکه اسلحه بدست می گرفتندوباگروههای تروریست ارتباط داشتندمردان وارسته ای بدانندکه پس از پیروزی به مدارس ومسجدهای خودبازخواهندگشت این دیگرمربوط به خودشان است.

درهمان سفرسنجابی، رهبرجبهه ملی، به پاریس درآبان ۱۳۵۷خمینی تردیدی برای اونگذاشته بودکه این بارملایان حاضرنیستنداشتباهات طباطبائی وبهبهانی (رهبران مذهبی انقلاب مشروطیت) وکاشانی (رهبرمذهبی پیکارملی کردن نفت) را ــ تکرارکنند. پیامهای بعدی او به سنجابی درباره رهبری مبارزه به اندازه کافی روشن بودکه جایی برای امثال جبهه ملی درتصمیم گیریهای آینده نمی شناسد. اگرهم لیبرالهادرانقلاب سهمی داشتندازآن هنگام که سنجابی هاوبازرگان هادر پاریس به دستبوس خمینی رفتندوبه اوامراوگردن نهادندیگرچیزی ازآنهانماند.

درانقلاب فریب وانحرافی نبود. دوطرزتفکرافراطی اسلامی ومارکسیستی برای درهم شکستن نظام موجودچندگاهی متحدشدند، بی آنکه کمترین توهمی درباره عمق تعهدهرکدامشان نسبت به آیین وآموزه داشته باشندوبی آنکه اندکی ازعمق بیرحمی خودرابپوشانند. کافی بودکسی رویدادهارابی عینک کینه جویی وفرصت طلبی بنگردوسیرناگزیرحوادث رابه روشنی پیش بینی کند. آن لیبرالهاومیانه روان که وقتی یکایک ازگردونه انقلاب پیروزمندبه بیرون پرتاب شدندیازیرچرخهای آن افتادندچشمان خودراباورنمی داشتند، درباره ارزش خودبیش ازاندازه مبالغه می کردند. این مبالغه راهنوزکسانی دردرون و بیرون ایران می کنند.

لیبرالهاوچپگرایان میانه رواگردرجایی فریب خوردنددرارزیابی نیروی خودشان

بودوگرنه خوب می دانستندکه رهبری مذهبی انقلاب و پشتیبانان رادیکال آن دردرون و بیرون ایران هیچ توجهی به آرمانهای آنان ندارند. ازمیان این لیبرالهاآنانکه از پیش بارهبران مذهبی دمخور بودنددشوارترمی توانندادعا کنندکه مقاصدوجهت فکری آنان رانمی شناخته اند. مساله همه آنهافرصت طلبی بودنه اشتباه وفریب خوردن. می خواستنددرطرف برنده باشند، هرکه بود. امروزهم که ازمذهب رزمجوسرخورده اندوازسوی آن به دورافکنده شده اندبه یک گرایش افراطی دیگر ــ اسلام درقالب مارکسیسم ــ روی می آورند. یک یوغ رابایوغ دیگری جانشین می کنند. این بارهم فریب واشتباهی درکارنیست. غنیمت شمردن فرصت است. این بارالبته بسیار بعیداست که میوه تلخ گزینش فرصت طلبانه خودرابچشندزیرابخت پیروزی ندارند. ولی اگر پیروزو بازسرخورده و به کناری افکنده شدندچه خواهند گفت؟

استنادایـن گروههابه انقلاب پایه های ایدئولوژیک آنان راسست می کند. زیراانقلاب بارهبری وهدفهای اعلام شده اش هیچ ربطی به آنهاوبتهایی که می سازندندارد. چسباندن انقلاب به مصدق کوشش دردناکی است. مصدق یک روشنفکرغیرمذهبی (لائیک) وطرفدارقانون اساسی ومشروطیت بودوازاین انقلاب ورهبران آن شهربه شهرمی گریخت. نمی توان هم ازمصدق اعتبارگرفت وهم ازانقلابی که ازروزاول، ازنخستین مرحله خوددر۱۳۴۲، گفته بودخواهان بازگرداندن جامعه به قرون وسطی به یاری شیوه هاوتکنیک های نوین مغزشویی وسرکوبی است. اگرانحرافی درمیان بودازسوی لیبرالهاومیانه روان بودکه تادیدندبه یاری مذهب رزمجومی توان مردم رابه خیابانهاریخت همه اصول خودرازیر پانهادند.

کوری وفلج ذهنی دربرابرانقلاب منحصربه لیبرالهانبودکه بهرحال ازسال نخست انقلاب خودرابدان گره زده بودند. گردانندگان وسران رژیم وطبقه حاکمی که آن گونه بدست خودش کشوری رابه دشمنانش سپرده بودگمراه تر بودند. تسلیم کردن خودبه آسانی؛ آماده بودن برای محاکمه «زیرامن که کاری نکرده ام»؛ امیدبستن به ترحم وانصاف حاکمان شرع؛ انتظاراینکه به زودی همه چیزآرام واوضاع عادی خواهدشد؛ پشتگرم بودن به پشتیبانی افکارعمومی درخارج؛ پیوستن شتاب آمیز به انقلابیان پیروزمندواعلامهای وفاداری؛ تظاهرات پارسایانه وچنگ زدن به فرمولهای مذهبی؛ ازهرسودیده می شد. هرکس به دلیلی دررژیم گذشته کنارگذاشته یابه بازی گرفته نشده بودسهمی ازانقلاب خواست. آنهاکه پایگاه پایین تری درنظام گذشته داشتنداکنون پایگاه بلندتری درنظام انقلابی می خواستند. جستجوبرای یافتن یک رشته خویشاوندی به ملایان به سختی درخانواده هاآغازشد. آنهاکه پولی به ملایی داده یابه ساختن مسجدی کمک کرده بودندگردن خودراافراشته ترمی گرفتند.

به زودی معیارتازه ای برای طبقه بندی خودیافتند. اگردرخانواده ای کسی رااعدام یامالی رامصادره نکرده بودندآن خانواده به چشم برتری وفخربرقربانیان می نگریست. این خودرژیم انقلابی بودکه زودفاصله هاراازمیان وابستگان رژیم پیشین ــ سران حکومت وکسب وکار، استادان دانشگاه وروشنفکران وروزنامه نگاران،

صاحبان مشاغل وهرکس درچهارچوب تنگ جامعه «مستضعف» نمی گنجید ــ برداشت وآنان رادریک صف، درصف آسیب دیدگان ومحروم شدگان، بایکدیگرهمراه کرد. اما هرکس تاآن لحظه که آتش انقلاب دامن خودش رانگرفت غافل ماندودیگران رامحکوم دانست.

رهبران مذهبی بویژه هیچ رعایت حق شناسی رانکردند. جزمعدودی ازهمکاران رژیم پیشین که همچنان لازم می شمردندیاآنهاکه پیوندهاشان باپاره ای رهبران بسیارنزدیک بود، بردیگران مراعاتی روانداشتند. کسانی که به ریشه های خودخیانت ورزیدندیارنگ عوض کردنداعدام شدندیادارایی شان به غارت رفت. آنهاکه به رژیم آخوندی خوش خدمتی نمودندیابه چاپلوسی ازآن پرداختندپاداشی نگرفتندو برکناری ازکارکمترین کیفرشان بود. بازار بارهاتهدیدوزیرفشارحکومت فلج شد. ملی کردن بازرگانی خارجی دردستورقرارگرفت. دوتن از بازاریان رااعدام کردند، یکی ازآنهاازسازمان دهندگان اصلی کمکهای مالی بازار به انقلاب. مغازه داران راحتی چندگاهی به چوب بستندوموجودیشان راحراج کردند. دانشگاههارابستندودانشجویان رابیرون راندندواستادان رادوزانداختند. دهها هزارمعلم راپاکسازی و بیکارکردند. قلم هایی راکه به اقتضای موقع چرخیده بودومنافع صنفی رابالا ترازسرنوشت ملت گرفته بودشکستند.

وتوده های مردم که هرچه رادلشان خواسته بودباورکرده بودند، که آتشسوزی سینمارکس آبادان راکارساواک می دانستندوتصویرخمینی رابرماه می دیدند، ودرخیابانهافریادمرگ برشاه سرداده بودندوآماده بودندتن به هررنجی برای روی کارآمدن ملاهابدهند، میوه های گزنده یک انقلاب زهراگین راپیاپی می چشند: بیکاری وگرانی وکمیابی به ابعادی که سه سال پیش ازاین باورنکردنی بود، ویران شدن کشوردرجنگ داخلی وخارجی، اشغال سرزمینهای ملی، هرسال دهها هزارکشته وزخمی وصدها هزارآواره، ناامنی وتسلط اوباش برجان ومال مردم، ازمیان رفتن سرمایه مادی ومعنوی کشور.

آنهاکه ازاندیشیدن وسنجیدن، ازشناخت واقعیات سر باززدندودیوانه آساوگوسفندوارعمل کردنداکنون می بینند که باآنان چون محجوران وچهار پایان رفتارمی شود.

ازآن افرادوجماعات بیشمارکه به انقلاب پیوستند کمترکسانی آسیب ندیده بدررفته اند. افسران وسران رژیم که مردانه در برابر «دادگاهها» وجوخه های اعدام ایستادندیازندان خودراتحمل کردندومی کنند، کسانی که تاپایان باانقلابیان جنگیدندوجان یاهستی خودراازدست دادند، آنهاکه به ارزشهاواصول خودوفادارماندند، کسانی که به هیستری همگانی دچارنشدندونخواستنددرشمار «برندگان» باشندسرنوشتی بدترازسازشکارانی که تالحظه آخراعدام یامصادره اموال خودراباورنمی کردندو به خودوعده مقامات بالادرجمهوری اسلامی می دادندنداشتند. این بارازحسابگری یانامردمی یاترس وسست عنصری چیزی بدست نیامد. آنان که

ازخودپایداری نشان داده انددست کم برای آیندگان سرمایه ای اخلاقی گذاشته اند که برای نگهداری وساختن ملت بکارخواهدآمد.

این بارخوب آشکارشد که گاهی هم «حکمت» تسلیم وسازش بهرقیمت ونان به نرخ روزخوردن درست ازآب درنمی آید. آنهاکه همه عمرآموخته بودندبایدهمراه بادرفت زندگی های خودرابرآتش دیدند. شایدایرانیان درآینده به این انقلاب وسهم خوددرآن و بهره خودازآن بنگرندو به استواری اخلاقی ارزشی بیش از «زرنگی» یاکینه جویی بدهند. زرنگی وکینه جویی آنان چیزی بیش ازقربانی کردن مصالح بزرگ در پای منافع کوچک نبوده است. آنهابه مصداق آن ضرب المثل معروف خود «برای دستمالی قیصریه راآتش زده اند.»

شایدزمینه اخلاقی انقلاب چندان کمتراززمینه های تاریخی یاسیاسی آن اهمیت نداشته است.

خرداد ۱۳۶۰

یادداشتها

۱ــ اشاراتی به فردوسی وابن سیناوسهروردی.

۲ــ و۳ــ دربررسی نظریات شریعتی وخمینی از پژوهشهای

M.M.J. Fischer: Iran from Religious Dispute to Revolution Harvard University Press 1980.

سودجسته ام

۴ــ جلال آل احمد: درخدمت وخیانت روشنفکران: تهران ۱۳۵۶.

۵ــ برای بررسی فرازونشیبهای سیاست امریکادرایران وآشفتگی های آن دردوره پیش ازانقلاب، ازجمله آثارزیرمراجع باارزشی هستند:

A - H. Leeden and W. Lewis: Debacle, the American Failure in Iran New York Alfred A. KNOP 1981.

B - Barry Rubin: Paved with Good Intentions New York Oxford University Press 1980

C - Scott Armstrong:

سلسله مقالات درواشنگتن پست، به صورتی که از۲۷اکتبرتااول نوامبر ۱۹۸۰دراینترنشنال هرالدتریبیون نقل شده است.

D - W.H.Sulivan: Dateline Iran, The Road Not Taken Foreign Policy, Fall 1980

۶ــ یکی ازگیرندگان این گونه کمکها کریم سنجابی رهبرجبهه ملی بود که دست کم توسط دانشگاههای ملی واصفهان ووزارت علوم وآموزش عالی هرماه مقرری محرمانه ازمحل بودجه سری نخست وزیری می گرفت.

۷ــ من شخصااین پانویس رابه تاریخ نویسان مدیونم. مقاله روزنامه اطلاعات، که نه نخستین ونه آخرین اشتباه دریک سلسله درازاشتباهات بود، ودرآن به خمینی به عنوان نماینده ارتجاع سیاه ودارای اصل ونسب غیرایرانی (هندی) اشاره شده بودبه دستورشاه دردفترمطبوعاتی هویدا، وزیردربار، که قبلادرنخست وزیری بودتهیه گردیدکه مرتباازسالهاپیش مقالاتی برای انتشاردرمطبوعات تهیه می کردوبه چاپ می رساند. متن اولیه مقاله به دستورخودشاه تغییریافت وتندترنوشته شد. مطالب اساسی مقاله همانهابود که خودشاه چندسالی پیش درمصاحبه ای بایک مجله امریکایی درباره خمینی گفته بود.

مقاله ازدفتروزیردربار پس ازمذاکره تلفنی خوداوبرای من دریک کنگره حزبی فرستاده شدومن درشرایطی که امکان خواندن مقاله هم نبودآن راتقریبابلافاصله به خبرنگاراطلاعات که اتفاقادرآن نزدیکیهابوددادم. روزنامه اطلاعات که نگران موقعیت خوددرقم بودپس ازتماس گرفتن باوزیراطلاعات جهانگردی ونخست

وزیروتاییدمطلب (که باتوجه به دستورشخص شاه امری طبیعی وخودبخودبود) دست به انتشارمقاله زد. هیچ فشارخاصی برروزنامه نیامدوهمین حقیقت که مقاله مانندمقالات بیشمار پیش ازآن ازسوی وزارت در بارونخست وزیر پیشین فرستاده شده بودبرای چاپ آن کفایت کردعلاوه برآنکه به تاییدمقامات بالای دولت هم رسیده بود.

مقاله درگوشه ای ازروزنامه اطلاعات چاپ شدوعده کمی (ازجمله خودمن) آن راخواندند. بیشترمطالبی که در باره آن مقاله برزبانهاافتاداغراق آمیزاست. شرحی هم که چندروزی پس ازاستعفای کابینه آموزگارتوسط یکی ازنویسندگان روزنامه اطلاعات درآن روزنامه نوشته شدوهمه مسئولیت آن مقاله رابه گردن وزیراطلاعات وجهانگردی وقت (این نویسنده) انداخت پرازمطالب غیرواقعی بود. خودآن نویسنده بعدباتوجه به آگاهی دست اول خودواستنادبه حقایقی که ازدادرسی های دادگاه انقلاب فاش شده بودمقاله ای درروزنامه جمهوری اسلامی نوشت وواقعیت راکم وبیش چنانکه دراینجاآمده است بیان کرد ــ علت آن بودکه دشمنانش خوداورامسئول آن مقاله قلمداد کرده بودند. درخودروزنامه اطلاعات نیزچندهفته ای پس ازروی کارآمدن حکومت جمهوری اسلامی نویسنده دیگری موضوع مقاله موردبحث رابهمین صورت که دراینجاآمده شرح داد.

دردوران پیش ازسقوط رژیم هرگونه توضیحی ازاین دست مایه ناتوانی بیشتررژیم ولطمه خوردن به خودشاه می شد. ازاینرومن هیچ پاسخی به اتهامات اطلاعات ندادم وبه رئیس دفترمخصوص شاه نیزگفتم که خاطرشاه راازاین بابت مطمئن سازدکه واقعیات مربوط به چاپ آن مقاله محفوظ خواهدماند.

اکنون دیگرآن ملاحظات درمیان نیست.

۸ــ گفتگوباخانم فلورالویس.

۹ــ اطلاع خصوصی.

۱۰ــ چنانکه معاون ساواک، بنابه اطلاع خصوصی، گفته بوددرنخستین ماههای پایه گذاری ساواک گروهی ازعوامل حزب توده بابهره گیری ازناآگاهی وشتابزدگی مسئولان به عضویت ساواک درآمده بودندو بعداپرونده هارانیزازمیان برده بودند. خودمسئولان ساواک نیزازنفوذ ناپذیری سازمان خودمطمئن نبودند.

۱۱ــ درآشوبهای مذهبی مصردرتابستان ۱۹۸۱سادات رئیس جمهوری مصرکه باتهدیدی نه چندان متفاوت ازایران سه سال پیش روبروشده بوده نزدیک ۱۶۰۰تن رابه زندان انداخت. یکی ازآنهانیزازهوادارانش نبود.

۱۲ــ اطلاع خصوصی.

۱۳ــ اصلاع خصوصی.

۱۴ــ اطلاع خصوصی.

نگاهی به گذشته
برای ساختن آینده

پس ازنزدیک به سه سال که ازانقلاب وجمهوری اسلامی درایران می گذرداکثریت بسیار بزرگ ایرانیان بطورقطع ازسرنوشت دردناک خودچه درسطح فردی وچه درسطح ملی به تنگ آمده اند. جزافرادوگروههای معدودهمه ایرانیان در وضع بدتری نسبت به گذشته بسرمی برند. سطح زندگی شان پایین وکیفیت زندگی شان غیرقابل تحمل ووحشتناک است. مردم نه ازآزادیهای سیاسی وحقوق مدنی برخوردارندونه حتی ازآزادیهای شخصی. امنیت ازکشوررخت بر بسته است وقانون جنگل براجتماع حکمرواگردیده است. ارزش جان انسانی باگوسفندبرابراست. توسعه فکری وفرهنگی یکسره متوقف شده است و پایه های اقتصاد کشورفرومی ریزد.

جماعت توطئه گری که در پایان ۱۳۵۷خودرابردوش ملت ایران سوارکردندوارث یک خزانه سرشار، درامدهای شگرف نفتی، صنعت و بازرگانی پررونق، دستگاه اداری مجهز، ارتش نیرومندو پشتیبانی بین المللی بودندوخودشان ادعامی کردند ۹۸درصدمردم راپشت سردارند، آنهادرکمترازدوسال همه چیزراازدست دادند. نه تنهانتوانسته اندازآنهمه امکانات مادی ومعنوی، که نخستین نخست وزیرجمهوری اسلامی باچنان شگفتی وستایش ازآنهاسخن می گفت، برای ساختن یک کشورآزادوآباداستفاده کنندچنان و یرانی درهرجابه بارآورده اند که ملت بایدده سال شب وروز بکوشدتاآثارشوم این دوران کوتاه راجبران کند. حتی نتوانسته اندامنیت خارجی وتمامیت ارضی ایران راحفظ کنندو باسیاستهای نادرست وغرضهای شخصی خودکاررابه جایی رسانده اند که کشوری مانندعراق جرات یافت و به ایران هجوم آوردو بخشی ازسرزمین ملی رااشغال وشهرهای استانهای مرزی راو یران و یکی دومیلیون تن رابیخانمان کرد.

کشورمادرسه ساله گذشته دچارآنچه حکومت جمهوری اسلامی ایران می نامندبوده است. امااین پدیده نه حکومت است، نه جمهوری است، نه اسلامی است ونه ربطی به ایران دارد ــ هرچندبایدپذیرفت که مسلما «جمهوری اسلامی» هست.

حکومت نیست زیرادههامرکزقدرت درگوشه وکنارکشورهرکدام سازخودرامی زنند. قوانین، حتی قانون اساسی، هرورزنقض می شود. هیچ کس قدرت تصمیم گیری واجرای تصمیم ندارد. هرچه هست مبارزه قدرت میان جناحهای مختلف، میان ارکان حکومت، میان مرکزواستانهاومیان نهادهای گوناگون نظامی وغیرنظامی است.

جمهوری نیست زیرابدترین صورت دیکتاتوری است، یک نظام توتالیترکه قانون

اساسی آن مردم رارسمادرشمارصغار ومحجورین قلمداد کرده است واختیارات رابه یک فردداده است که طرفدارانش اوراتاحدمعصوم و پیغمبر بالا برده اند. این رژیمی است که می کوشدیک شیوه زندگی و یک طرزفکررابرمردم تحمیل کندوآنهاراحتی درخانه هایشان آزادنمی گذارد.

اسلامی نیست زیرااسلام ربطی به زورگویی وقتل وخود کامگی وتبعیض ــ دست کم میان مسلمانان ــ ندارد. اسلام بهرکس عمامه ای سر بگذاردحق نمی دهدمردم رابکشدواموالشان راغصب کند. اسلام دین یک مشت ریاکار ومقام پرست وآدمکش ووسیله مال اندوزی و تجاوز نیست. این جمهوری اسلامی بدترین ضربتهارابه اسلام درایران زده است. به نام اسلام صورت خشن تروزننده تری ازفاشیسم رابه کشورتحمیل کرده است. بیشترمسلمانان درایران و بیرون ازایران ازآن بیزارندوروی برگردانده اند.

واین رژیم ربطی به ایران ندارد. ملاهای حاکم باهرچه ایران وایرانی است مخالفند. حتی درگرماگرم جنگ خارجی نمی توانندشمنی خودراباعنصرملی وایرانی پنهان دارند. آرزوی آنهاکشوری است که حتی زبانش هم عربی شودوتاریخ سه هزارساله اش به عنوان یک ملت متمایزازدیگران فراموش گردد. دشمنی شان بافرهنگ ایرانی بر بیزاری شان ازهرچه فرهنگ است افزوده شده است واگر بیشتر بپایندایران رابه صورت یک بیابان فرهنگی درخواهندآورد.

جزدرزمانهایی که کشورمازیراشغال قبایل عرب ومغول وتاتار بوده هرگزحکومتی درتاریخ ایران اینهمه به منافع ملی ومصالح مردم بی اعتنائی نداده است.

علت اینهمه بی پروایی رانبایدصرفادرشخصیت وروحیات سران رژیم جستجوکرد، باآنکه هر بررسی سطحی دراین زمینه شخص رااازدرنده خویی وآزمندی وآزادی مطلقشان ازهرملاحظه اخلاقی (جایزدانستن وحتی مشروع شمردن دروغ ونیرنگ وریا) به هراس می افکند.

علت رابیشتر بایددرفلسفه حکومتی آنان جست. ملایان پایه حکومت خودرابرالوهیت گذاشته اند. حکومتهای دیگر پس ازقرنهاتحول دراندیشه سیاستی وبدورافکندن نظریه های «حکومت خدایی» و «حق الهی پادشاهان» پایه فلسفی خودرابرمنافع عمومی افرادجامعه قرارداده اند. مشروعیت حکومت بررضایت حکومت شوندگان استواراست وهنگامی که چنین پایه ای برای حکومت پذیرفته شددست کم حفظ ظواهرجلب حکومت شوندگان برای بقای حکومت لازم می آید.

ولی وقتی حکومت پایه الهی یافت وکسی یاکسانی دعوی کردندکه ازسوو به نام خداحکومت می کنند؛ وحزبی اعلام کردکه مخالفت باآن مخالفت بااسلام است؛ وهرکس باسیاستهای رژیم موافق نبود «محارب باخدا» اعلام شددیگرحتی لازم نیست وانمودکنندکه مصالح مردم رادرنظردارند. آنگاه به آسانی می توانندبگویندمردم برای آزادی ورفاه ونان... انقلاب نکردند. آنهابرای جمهوری اسلامی قیام کردندودرجمهوری اسلامی بایدکشت وکشته شد.

زیراجمهوری اسلامی اساسابرای این جهان نیست. هدف نهائی آن مرگ وجهان دیگراست واین یک اشکال بنیادی دیگرمذهب رزمجو (میلیتان) است: قدری بودن ومرگ پرستی وشهیدپروری؛ بی اهمیت دانستن جهان گذران وهمه توجه رابه آخرت بستن. جهان بینی اسلامی، چنانکه درایران شناخته شده است، برای جان انسان وفردیت و بهروزی اوارزشی نمی شناسد. انسان مصرف کردنی ترین چیزهاست. آزادی واراده اوقدری ندارد، چنانکه رای اکثریت به چیزی گرفته نمی شود. حق باانسانهانیست. الوهیت راچنان بکارمی برندکه جایی برای انسانیت نیست. باچنین جهان بینی، آسان می توان مردم راپیوسته به کشتن وروانه گورستان کردن بشارت داد. آن «قاضی شرع» که بی تحقیق حکم به کشتن می دهدواستدلالش آنست که محکوم اگرگنهکاربوده بحثی نیست واگربیگناه بوده به بهشت می روددرواقع نتیجه منطقی راازیک دستگاه فکری می گیردکه فردبشری درآن جایی نداردو بایدزندگیش رادراین جهان گوسفندوار به تقلیدواطاعت بگذراندوهمواره دراندیشه آن جهان باشد.

حکومتی نیزکه درآن چنین آمیخته ای ازاستبدادوهرج ومرج حکمفرماست. نتیجه ناگزیریک فلسفه سیاسی است که سیاست رادرقلمرومذهب می شناسدو برای مجتهدیافقیه حق فرمانروایی برهمه زمینه های زندگی شخصی واجتماعی قائل است. ازآنجاکه هیچ مجتهدوفقیهی کم ازدیگری نیست. احکام مستبدانه مراجع گوناگون، هرکدام درهرجابتوانندوهریک چنانکه خودتعبیرمی کند، جاری خواهدبود. نیزچون مقام مجتهدراصرفاشمار پیروان و پر بودن خزانه اش تعیین می کند، آن کس که به هرشیوه و بادست زدن به هروسیله مال و پیروان وزور بیشتری می یابددیکتاتوری خودراتحمیل خواهدکرد. درچنین نظامی پایه واقعی ولایت فقیه راهمان شیوه هاواسباب سیاستگران قدرت طلب می سازدودعوی میراث بری از پیامبروامامان بهانه ای خودساخته بیش نیست.

جمهوری اسلامی قمارخطرناکی بااسلام کرده و باخته است. اگرحکومت حق آخونداست وآخوندثابت کرده است قادر به حکومت نیست پس فلسفه سیاسی او بی اعتباراست. ملایان حاکم اسلام رابه آزمایشی کشانده اندکه بخت بردنداشته است.

نمی توان اجازه دادااین هرج ومرج ووحشیگری بیش ازاینهازندگی فردی وملی ایران رابه تباهی کشاند. این نتیجه ای است که بیشترایرانیان درهرجابدان رسیده اند. ولی ازاین مهمترساختن جامعه آینده ایرانی است. جامعه ای بدوراززیاده رویهاواشتباهات وکوتاهیهای گذشته، جامعه ای که بتواندازآخرین فرصتهای بازمانده دردوسه دهه آینده برای گشودن مشکل واپس ماندگی استفاده کند. این کارراباید درهمین گیروداراآغازکرد. ماوضع کنونی رانمی خواهیم. بجای آن چه می خواهیم؟

سرمایه هایی که برای رهانیدن ایران و بازساختن آن داریم اینهاست: مردم، تجربه ملی و پس ازهمه اینهامنابع طبیعی وسازمانی کشور. بایداین سرمایه هارابسیج

کردودرست بکار برد. دراین میان بزرگترین سرمایه مایعنی نسل کنونی ایرانیان است که بیشترین آسیبهارادیده است. تااین مردم درشرایط کنونی پرکندگی، تلخکامی، بی اعتقادی وسرگشتگی بسرمی برندوتاچنین زخمهای ژرف کینه ودشمنی بر پیکرخوددارندنخواهندتوانست به جایی رسند که فرمانروای خودباشندوتاوقتی این مردم زمام کارهای خودرادردست نگیرند کشوری واپس مانده خواهیم ماند.

بازسازی ایران به عنوان یک ملت که بتواندریک چهارچوب ملی عمل کند، بساط استبدادآخوندی رابرچیندوحرکت خودرابسوی بزرگی ازسرگیردبزرگترین هدف فعالیت سیاسی دراوضاع واحوال کنونی است. واژگونی دستگاه آخوندهای حاکم یک نتیجه فرعی چنان فعالیت سیاسی وتنهایکی ازانگیزه های آن خواهدبود.

بدورانداختن این نظرکه ایران مهره بی اراده ای درشطرنج جهانی بیش نیست وسرنوشت آن درامریکاوانگلیس وشوروی تعیین می شودنخستین گام است. ذهن ایرانی درطول نسلهاعادت کرده است درکارهای مشیتی ببیند، نیرو یی برترازاراده اوکه سیرامورراBهرحال تعیین می کند. درگذشته این مشیت جنبه مافوق طبیعی داشت، ازهنگامی که ارو پاییان، بویژه انگلیسها، درایران نفوذ یافتندبه آنان نیزنیرو یی برابرباآن مشیت درامورایران نسبت داده می شود. دریک نسل گذشته امریکاییان نیز برای ایرانی معمولی دارای چنین قدرتی شده اند.

دیدن دست انگلیس وامریکادر پشت هررو یدادسیاسی وقلمدادکردن تاریخ چندسال گذشته ایران به صورت سلسله ای ازتوطئه هاونقشه های آن دوکشور، بحث کنونی محافل ایرانیان داخل وخارج کشوررادربخش بزرگترآن شبیه درامهاوتراژدیهای یونانی کرده است که خدایان پیوسته درامورانسانهاجهت می گرفتندوانسانهابی اراده دستخوش نقشه هاوخواستهای آنان بودند.

برای این گروه ایرانیان ناتوانی امریکاوانگلیس دراداره امورخودشان هیچ ارتباطی به قدرت مشیت وارشان درایران ندارد. به انگلیس، یک قدرت درجه دوی نظامی واقتصادی و پاره پاره شده دریک جنگ طبقاتی، وامریکا، بو یژه امریکای کارتر، سرگردان درمیان سیاستهاومراکزقدرت متضاد، چنان طرحهای درازمدت پیچیده ای نسبت داده می شود که خودانگلیسهاوامریکاییان رابه شگفتی می اندازد.

حتی اینکه نتیجه این توطئه هابه زیان جهان غرب ـ بیش ازدو برابرشدن بهای نفت وارداتی امریکا، آبروریزی گروگانگیری، ازدست رفتن میلیاردهادلارصادرات سالانه، تشدیدبحران ورکودو بیکاری دردنیای غرب وتقو یت آشکارموقعیت شوروی درحوزه خلیج فارس تمام شده است، اهمیتی برای نظریه بافان «توطئه بزرگ» ندارد.

این حقیقت که «بی بی سی» جانب مخالفان رژیم گذشته راگرفت ـ کاری که رسانه های همگانی خودایران بسیار بیش ازآن کردند ـ یاژنرال هو یزردر پایان کاررژیم به ایران آمدتاشایدچیزی راازمیان و یرانه هانجات دهد؛ یاچندروزی پیش ازرفتن شاه ازایران ـ که تصمیم خودش بودوکسی لشکری نکشید ـ درگوادالوپ سران غربی درباره ایران پس ازشاه گفتگوکردندبس است تاثابت کندکه

امریکا وانگلیس ازسالهای نامشخص وموردِاختلاف پیش نقشه ای ریخته اندوگام به گام تااجرای کامل آن ـــ جنگ ایران وعراق یاهرحادثه دیگری که روی دهد ـــ پیش آمده اند.

کسی حتی به اسنادمنتشرشده مربوط به سالهای ۹ـــ۱۹۷۸ واظهارات مسئولان امریکایی که خبرازیک سردرگمی وندانم کاری باورنکردنی می دهدتوجهی نمی کند. سهم قطعی اشتباهات مسئولان رژیم گذشته ونیزمخالفان آن درروی کارآمدن ملاهادراین نظریه بافیهاهمان اندازه پایمال می شودکه نقش قطعی ایرانیان درتعیین سرنوشت آینده خودشان. هرچه هست انتظارتحولات سیاسی امریکاورفتن آن وآمدن این است. همه دست روی دست گذاشته اندتا «آنهاکه مارابه این روزانداختندخودشان‌هم کارهارادرست کنند.» کمترکسی حاضراست بپذیردکه این خودمابودیم، هریک درجای خودوبه شیوه خود، باکارهایی که کردیم‌ونمی بایست ونکردیم ومی بایست، که خودرابه این روزانداختیم. واین تنهاخودماهستیم که می توانیم به آینده ای که می خواهیم برسیم. درجه مداخله بیگانگان درکارهای مابیش ازهمه بستگی به آن داردکه خودمان چه اندازه چنین امکاناتی برای آنان فراهم آوریم.

ازهمه ایرانیان نمی شودانتظارداشت نارساییهاومحدودیتهای جدی ابرقدرتهاوقدرتهای درجه دوم دیگررابشناسند. امادست کم می توان انتظارداشت فهرست درازناکامیهاوشکستهای آنان رادرعرصه های گوناگون از پیش چشم بگذرانند. اگرآنهامعمولا نمی توانندبه آنچه می خواهندبرسنددلیلی نداردکه وقتی پای ایران به میان آیدقادرمطلق باشند. سهم ابرقدرتهادرامورجهانی انکارکردنی نیست ولی قدرت آنهاراشرایط گوناگون محدودمی کند. دراین محدوده وسیع هرملتی کم وبیش میدان کافی برای عمل دارد.

امامِلتی می تواننداراده خودرااعمال کندکه درمیان خودپاره ای توافقهای اساسی کرده باشد. ملتی که گروههای گوناگون آن به بهانه های سیاسی یاایدئولوژیک یاتضادمنافع آماده ازمیان برداشتن یکدیگرازروی زمین نباشند. اختلاف وحتی دشمنی درمیان عناصروگروههای یک جامعه امری ناگزیراست، مگرآنکه دشمنی هابه جایی رسندکه موجودیت ملت راتهدیدکنند. درآن شرایط است که بیگانگان نقش موثردرامورملت خواهندیافت ودیگررهایی دشوارخواهدبود. اگرملتی نتواندبااختلافات درونی خودزندگی کندودرمیان خودهمزیستی داشته باشدبه نابودی تهدیدخواهدشد. اینکه بسیاری ازایرانیان آگاه نگران آنندکه کشورشان به روزگارلبنان دچارشودمبالغه نیست. درلبنان نیزمخالفان نابودکردن یکدیگررابهترازهمزیستی بایکدیگریافته اندوبیگانگان به دست اندازی پرداخته اندوکار بدینجاکشیده است.

مااگرنخواهیم سالهای آینده رانیز، مانندگذشته درآشفتگی وسرگردانی وهدردادن نیروهاوخونریزی و برادرکشی ازدست بدهیم بایددرپی یگانگی ملی باشیم. نه به این

معنی که همه یکسان بیندیشندوعمل کنند. بلکه به این معنی که همه بتوانند دریک نظام باهم بسر برندوحق اظهارنظروفعالیت ورقابت، حق حیات برای یکدیگرقائل باشند. هراختلاف به معنی دشمنی نیست وهردشمنی نبایدبه رو یارو یی تاآخرین نفس بینجامد. درروحیه ایرانیان کنونی چنین گرایشهای خطرناکی رابسیارمی توان یافت وهمین است که ادامه زندگی ملی مارانهدیدمی کند.

دشمنی بارژیم کنونی ایران زمینه ای کافی برای یگانگی ملی نیست. آنهاکه می گویندداول بایدبه این معرکه پایان دادو بعددیدکه هرکس چه می کندغافل ازآنندکه همین طرزفکر بودکه در۱۳۵۷ گروههای مختلف رادرحرکتی که به زیان تقریباهمه آنهابودوایران رابه نابودی تهدیدمی کندمتحد ساخت. یگانگی بایدبرمبنای سازنده تری استوار باشد، یعنی برتفاهم تاریخی ونقادی وارزیابی دو باره تجر بیات ملی ودرآوردن آن به صورت یک زمینه مشترک. آنهاکه باهم فرازونشیبهایی راگذرانده اندودرک کرده اندتفاهم بیشتری می یابندتاکسانی که صرفابه یک هدف آنی می اندیشندو پس ازرسیدن به آن آماده انداحیاناگلوی یکدیگرراهم بدرند.

عظمت تلاشی که در پیش است، چه درمرحله براندازی استبدادآخوندی وچه پس ازآن برای برقراری نظم وقانون و بازسازی ایران، یک کارتشکیلا تی پردامنه راایجاب می کند. بایدهزاران وهزاران ایرانی، هریک درحوزه توانایی خود، باهم ازنزدیک کارکنند. چنین همکاری بی توافقهای گسترده میان آنها، حداکثرتوافق ونه حداقل توافق که آسانگیران پیشنهادمی کنند، امکان نخواهدداشت. ازاین گذشته اگرزمانی برای بحث ورسیدن به یک همرایی (اجماع) باشداکنون است. درایرانی که فاشیستهای مذهبی برجای خواهندگذاشت کسی وقت و یارای بحث نخواهدداشت.

بازگشت به ایران و براندازی حکومت ملایان البته برای اکثریت بزرگ مخالفان رژیم کنونی یک رهسپاریگاه طبیعی است، ولی پس ازآن چه؟ برای آنکه بتوان اکثریتی رادرراه نگهداشت و پس ازرسیدن به مقصدنیروی همبسته آنهاراحفظ کردبایدمیانشان یگانگی یانزدیکی فکری وایدئولوژیک برقرار باشد. دراین صورت نیروهادرسردرگمی یارقابتهای شخصی یازیرتاثیررو یدادهای روز پراکنده نخواهندشدوهدرنخواهندرفت.

آنهاکه می گویندبایدهمه اختلافهاراکنارگذاشت وتنهادراندیشه پیکار باخمینی بوددرصف متحدخودچه جایی برای سران رژیم اسلامی ومسئولان مستقیم و یرانیهاوکشتارهاوغارتهاکه درنبرددرونی قدرت شکست می خورندو یکایک به مخالفت باجمهوری اسلامی رانده می شونددرنظرمی گیرند. آیاصف متحدگنجایش قصابان او ین رانیزخواهدداشت؟

یک ائتلاف بزرگ بایک هدف منفی وحداقل توافق، آن سلاح برنده ای نیست که بتواندخونخواران مکتبی رابه زیراندازدوآن نیرو یی نیست که ایران ازهم دریده ونیمه و یران پس ازآنهارابه صورت کشوری درآوردکه به آینده اش امیدی بتوان داشت. جنبشی که همه رادر برگیردجنبش نیست، توده بی شکلی است که درتضادهای

درونی خودتوان حرکت راازدست می دهد. اگراکثریتی ازایرانیان بتوانندبرسرآنچه ازتجربه ملی وخودآگاهی مشترکشان ریشه گرفته همرای شوندتندتر رودورترخواهندرفت. چنانکه ظریفی گفته است آشتی ملی راباآش ملی نبایداشتباه گرفت.

نمونه هایی که برای ائتلاف وهمراهی سازمانهاوگروههای گوناگون درراه هدف یگانه می آورندگمراه کننده است. دردوران اشغال فرانسه احزاب ازچپ وراست ومیانه رو بااختلافات سخت ایدئولوژیک برضددشمن بیگانه درجنبش مقاومت همداستان شدند. درسازمان آزادیبخش فلسطین گروههای افراطی چپ وراست بامیانه روان درزیریک چترگردآمده اند. تفاوت وضع کنونی ایرانیان بااین نمونه هادرآنست که درهردوموردسخن ازاحزاب وسازمانهای نیرومندوسازمان یافته است نه افرادودسته های کوچک بیشمارکه نه استواری سازمانی دارندنه بهم بستگی ایدئولوژیک. اگرهم زمانی بتوان ولازم باشدچنان ائتلافهایی ترتیب دادبایدسازمانهاواحزابی داشت که نیروهای پراکنده راگردآورده باشند.

براین تفاوت بایداشغال بیگانه رادرآن دوموردافزودکه باهمه ماهیت ضدایرانی حکومت کنونی ایران برآن قابل انطباق نیست و پیکارملی راازیک انگیزه عاطفی نیرومندبی بهره می سازد.

درجنبش مقاومت فرانسه یاسازمان آزادیبخش فلسطین، احزاب وسازمانهای شرکت کننده هرچه هم درمیان خوداختلاف داشتندیادارندپیوسته به یکدیگروعده تصفیه و بر پاکردن اردوگاههای آموزشی نداده اندواحتمالادستشان به خون یکدیگرآلوده نبوده است.

آشتی باتاریخ

برای رسیدن به یگانگی ملی بایدنخست بایکدیگروتاریخ خودآشتی کنیم و به عبارتی به یکدیگرو به تاریخ خودیک عفوعمومی بدهیم. بیشترافرادملت ازهرطبقه دریک موقعیت هستند. جز چندصدهزارنفری بقیه ایرانیان سرخورده وناخرسندند. هیچ کدام نمی خواستندسرنوشت خودوکشورشان این باشدکه هست. آنهادرهرموقعیت وهرجبهه ای بودندقصدشان بهبودواصلاح بودوامروزهمه شکست خورده اند. پذیرفتن این حقیقت می تواندخودپایه ای برای آشتی ملی باشد. همه اشتباه کرده اندوفریب خورده اند. همه سهمی درمسئولیت مشترک ملی داشته اندوهمه آسیب وزیان دیده اند. اینکه کسی کمتریابیشتراشتباه کرده یازیان دیده، یااشتباهاتش ازعمل برخاسته یابی عملی، یااشتباهات خودرانشان داده یافرصت آن رانیافته اهمیت نداردزیراجزآنهاکه دستشان به خون مردم واموال عمومی آلوده است بقیه نیت خوب داشته اند.

نبایدکاری کردکه پس از پایان یافتن این کابوس بازایرانیان برسرو یرانه های

کشورخودبنشینندوخرده حسابهای کهنه راتسو یه کنندوهرگروه که خودرایک آب شسته ترازدیگران می داندبه آنهااجازه نفس کشیدن ندهد. درتحلیل آخرهیچ کس شسته ترازدیگران نیست. همه ایرانیان مسئول آنچه برسرشان آمده هستندونباید بیهوده تقصیررابه گردن این وآن بیندازند. هرکس باانصاف به گذشته خودش بنگردخواهددیدکه درجایی کوتاه آمده است. اگرچنین نبودمادروضع کنونی قرارنداشتیم. اگردرایران همه یااکثریتی درست رفتارکرده بودندکی همه چیز به خطامی رفت؟

انقلاب اسلامی رایکسره ساخته دست بیگانگان وفراورده توطئه های مرموزی مانند «کمر بندسبز» انگاشتن برای بیشترایرانیان نوعی آسایش خاطردرسرگردانی وتکان روحی سه ساله گذشته فراهم کرده است. پس ازشیفتگی مذهبی سه سال پیش که ازآنهمه ایرانیان بیشمار ـ اکثریتی ازآنان ـ رافراگرفت وخمینی گمنام رادرکوتاه مدتی به مقام قهرمانی ونیمه خدایی رساند، این یک تریاک تازه توده های ایرانی است. این ایرانیان ازخودنمی پرسندکه چراخودشان خمینی وملایان رامی ستودند؛ چراروشنفکرانشان دربیان سرسپردگی خودبه «آقا» ازیافتن کلمات پرآب وتاب درمی ماندند، چرارهبران مخالفشان دریک رقص «هفت پرده» همه پوششهای ایدئولوژیکشان رایکایک به دورمی افکندندودر برابرولایت فقیه وجمهوری اسلامی وامت مسلمان برهنه می شدند؟

چرااکثریت بزرگ نویسندگان درآن شش ماه آخررژیم جزدرستایش خمینی وانقلاب اوننوشتندوتاماهها وسالهای بعدتاجایی که می توانستندوامیدی داشتندهمچنان ننوشتند؟ چرامرفه ترین لایه های اجتماعی ایران، نمایندگان اشرافیت سرمایه ومقام، حتی درآسودگی پناهگاههای خوددرامریکاوارو پاازخمینی دفاع می کردندتاهنگامی که اموالشان درایران به غارت نرفت یاکسانشان به زندان نیفتادندو به دژخیم سپرده نشدند؟

نیروی انقلاب ازمردمی برخاست که دیگربه زحمت می شدکسی راازمیانشان یافت که هوادارخط امام نباشد ـ ازتوده مردم عادی به همان اندازه که رهبران فکری یاسیاسی یاصاحبان صنعت وسرمایه. حتی اگرفرض کنیم که دگمه انفجاررادستی درخارج ایران فشارداد، ماده منفجره اش میلیونهاتنی بودندکه باقلم وقدم و پول خودبه ملایان در پیکارشان یاری می دادند. وقتی نویسندگان پرآوازه چپ ولیبرال ـ بی آنکه احتمالانماز بدانند ـ پشت سرملایان به آنهااقتدامی کردندودرراه پیمایی هاباشعارجمهوری اسلامی شرکت می جستند، وقتی کارمندان وکارگران درهرجابااعتصابات خودحکومت رابه زانودرمی آوردند، وقتی تظاهرات میلیونی به راه می افتادچه نتیجه دیگری می شدانتظارداشت؟ می گویندبیگانگان دگمه رافشردند. اماآیاهمه آن چندین میلیون تن هواداران فعال وغیرفعال خمینی عامل بیگانگان بودند؟ می گویندگول خوردندو بی بی سی فریبشان دادودرسخنان کارترو همکارانش «چراغ سبز» دیدند. آیاکسی که گول می خوردوچشمش به چراغ

سبزدیگران است خودمسئول نیست؟ آیادرخیابانهای شهرهای ایران اتباع بیگانه میلیون میلیون راه پیمایی می کردندودرادارات وکارگاههای ایران کارمندان وکارگران بیگانه اعتصاب به راه می انداختند؟

وآنهمه اشتباهات که حکومتهایکی پس ازدیگری در برابرمخالفان نشان دادند، آنهمه ناتوانی که درحفظ خودونگهداری کشورازآنهادیده شد، آنهمه سستی اراده وورشکستگی معنوی،کار بیگانگان بود؟ آیا یک حکومت تنهاباید به خواست واراده خارجی ازخودوکشورش دفاع کندواگرخارجی نخواست، مسئولیت ازگردنش می افتد؟ اگرحکومت جمهوری اسلامی رایک ارتش اشغالگر بیگانه برایران تحمیل کرده بودچه اندازه می شدبرسهم خارجیان درانقلاب ایران ــ آنگونه که بیشترمامی پنداریم ــ افزود؟ آنهاکه امروزنظریه های گوناگون می سازند به پیرامونشان بنگرند. در۱۳۵۷دوستان وکسان وآشنایانشان چگونه رفتارمی کردند؟ آیامی شدباآنهاحتی یک بحث ساده درباره پیامدهای ترسناک فعالیتهایشان برضدرژیم کرد؟ آیاعمومشان نمی گفتنداین رژیم (شاه) برود، هرچه می خواهدبشود؟ اگرآنهاخودشان بودندکه چنین می خواستنددیگرچراتقصیرهارابه گردن این وآن می اندازند؟ اگرخیال کرده بودندانگلیس وامریکامی خواهندکمر بندسبز بکشندچراخودشان آلت دست بیگانگان واسباب اجرای طرحهایشان شدند؟

شایداستدلال کنندکه چنان ازحکومتهای گذشته به تنگ آمده بودندکه ازخودبیخودشدندوازاینرومسئولیت باآن حکومتهاست. بایدپرسیدمگرراه دیگری جزسرنهادن به خاک در برابرارتجاع وفاشیسم نبود؟ برای اصلاح یک رژیم، حتی پیکار باآن، کاردیگری جزاطاعت کورکورانه ازنیروهای نادانی وتوحش نمی توان کرد؟ ازاین گذشته آیاآن حکومتها جز باپشتیبانی وشرکت فعال یاضمنی همین میلیونهاتن روی کارمی ماندند؟ خیابانهای شهرهای ایران رادرماههاوسالهای پیش ازانقلاب اسلامی چه کسانی بافریادهای «جاوید شاه» خودمی لرزاندند؟ درهمان اردیبهشت ۱۳۵۷مردمانی که درمشهد ــ دهها وصدها هزار ــ به پیشبازشاه رفتندازکجاآمده بودند؟

اینگونه بهانه آوردنهاودلیل تراشیدنهاپیکارکنونی وآینده ملت ایران راناممکن می سازد. همه چیزراازچشم بیگانه دیدن جایی برای مشارکت وابتکارخودمردم نمی گذارد. کسی دلیلی برای دست به کاری زدن نمی بیند. اگرمردم بی اثر بوده اند، هنوزهم بی اثرندودرآینده هم بی اثرخواهندبود، پس چه نیازی به تلاش است؟ انقلاب راساخته و پرداخته دیگران دانستن برای گروههای بیشمار بهانه آسوده نشستن وانتظار برنده نهائی راکشیدن است و برای گروههای دیگردلیلی براینکه می توان به گذشته درتمامیت آن بازگشت وانگارهیچ روی نداده، روشهای نادرست پیشین راازسر گرفت.

ازهم اکنون بسیاری دست درکاران گذشته رامی توان یافت که به پشتگرمی

نظریه های گوناگون توطئه، هیچ نقطه سیاهی درنظام پیشین نمی بینند. اولاانقلاب نبودوفتنه بود. بعدهم به سبب شکست های سیاسی واقتصادی وفرهنگی نظام پیشین نبودو برعکس ازهراس بیگانگان از برآمدن یک ژاپن دوم در باخترآسیاسر چشمه می گرفت. بنابراین چه جای انتقادازگذشته است وچه نیاز به تلاش برای بهبودواصلاح ودگرگونی برداشتهاوکارکردهای نادرست وناپسندآن؟ در برابر کسانی که هیچ نقطه روشنی درگذشته ایران نمی بینند، کسان دیگری راهم می توان یافت که اگرخیلی بخواهندمنصف باشندمی گویندعیب گذشته آن بود که رهبران به اندازه کافی بیرحم ودلسخت وديكتاتورنبودند.

ماباشناختن مسئولیت فردی وملی خودچه برای گذشته وچه آینده، گذشت بیشتری در برابریکدیگرخواهیم یافت وارزشهای یکدیگررابهترخواهیم شناخت زیراکمترکسی ازقله های خطاناپذیری بردیگران خواهد نگریست؛ قضاوتهای مامیانه روتروواقعگراترخواهدشد. وقتی همه حق رابه جانب خودندانیم دیدانسانی تری خواهیم یافت که بیشترماسخت بدان نیازمندیم.

بهمین گونه تاریخ ایران، تاریخی که برای نسل کنونی ایرانیان زنده است، بایدبخشوده شود. نمی توان پذیرفت که هرگروه بخشی ازتاریخ رامال خودبداندو بقیه رانفی کند. این تاریخ مال همه ماست. همه مادرساختن آن سهمی داشته ایم و یاازآن برخوردارشده ایم، هرکس درجای خود. همه کم و بیش درسودوزیان شریک بوده ایم. ماهرچه نسبت به یکدیگرومراحل تاریخ ۷۵ساله گذشته خودکینه داشته باشیم نمی توانیم تجربه خودراازجهت شدت وتلخی آن باتجربه ملی آلمانهادرصدسال وفرانسویان دردو یست سال گذشته مقایسه کنیم. اگرآنهابه این «پالایش تاریخ» قادر بوده اندمانیزخواهیم توانست.

بجای محکوم کردن تاریخ خودبایدآن رانقادی کنیم و بهترین عناصرآن را، هرچه که سازنده وماندنی است، بگیریم ودرساختن آینده خودبکار بریم. این کاری است که همه ملتهای پیشرفته کرده اندومی کنند. آنهاتاریخ خودرامیان احزاب وگروههاتقسیم نمی کنند، هرکس مدعی دوره ای ومنکردوره های دیگرنمی شود. برای نقادی وارزیابی تاریخ اخیرخودبایدازعادت ایرانی سیاه وسفیددیدن اموردست برداریم. عناصرنیک و بدرابایددرهردوره بازشناخت وازروی پیشداوری همه چیزهاراخوب یابدندید. قضاوت ماهرچه باشدهردوره تاریخ اخیرمانشان نیک و بدخودرابرزندگی ماونسلهای پس ازمانهاده است وخواهدنهاد.

انقلاب مشروطیت،نوسازی دوران رضاشاه اول، پیکارملی کردن نفت به رهبری مصدق، جنبش اصلاحی محمدرضاشاه وانقلاب ۱۳۵۷همه ازهمین جامعه برخاسته اندوهمه درحدودتواناییهاوکم وکاستی های نسل معاصرخودبوده اند. مانمی توانیم ــ فردفردما ــ منکراین شویم که سزاوارتاریخی هستیم که داریم ونمی توانیم خودراازآن برکناربداریم. علاوه براین درهریک ازاین مراحل تاریخی جنبه های سازنده ای هست که درهرنظام سالم آینده جای خودراخواهدداشت.

انقلاب مشروطیت به مایک قانون اساسی داده است که نخستین سندی است که به یک تعبیر به امضای ملت ایران رسیدو واقعیتهای جامعه ماراد بردارد وامروز پس از۷۵سال اصول بنیادی آن همان اندازه برای حفظ یکپارچگی وتعادل ملی ایران مقتضی است که درهمه ۷۵ساله گذشته بوده است. سلطنت مشروطه، تفکیک قوای حکومتی، تضمین حداقلی ازحقوق اقلیتهای مذهبی واختیارات داخلی استانهاوشهرستانهاازجمله اصول بنیادی قانون اساسی است که نیروی زندگی خودراهمچنان حفظ کرده است ومی تواندپایه پیشرفتهای آینده درهمه این زمینه هاباشد. درگذشته برای زیر پانهادن این اصول بهای سنگینی پرداخته ایم ودرآینده نبایدخطای خودراتکرارکنیم.

نوسازی سالهای ۱۳۲۰–۱۳۰۰ نخستین اقدام جدی و پیگیرایران درسده گذشته برای ساختن یک جامعه امروزی بود. ازاین گذشته رضاشاه اول ایران راازتجزیه رهانیدوآن رادرتمامیت خودنگهداشت. اراده سیاسی راسخی که اوونسل او برای حفظ تمامیت ایران نشان دادنددر بحران آذر بایجان نیزیک باردیگرایران راازتجزیه نجات داد. این هردوتعهد ــ کوشش برای امروزی کردن جامعه ایران وحفظ تمامیت و یکپارچگی کشور ــ بایددرآینده نیزدنبال شود.

پیکارملی کردن نفت یک برگ درخشان تاریخ معاصرایران است. به پیام ضداستعماری این پیکار بایدهمچنان وفادارماند. ایران بایدسرنوشت خودراومنابع ملی رادرکف داشته باشدو به هیچ بیگانه ای اجازه تسلط ندهد. روابط ایران باجهان خارج بایدصرفاًبراساس حفظ مصالح ملی ایران واستقلال کشورتنظیم واداره شود. این راهی است که مصدق پیمودوادامه آن درتوانایی و به مصلحت ملت ایران است.

جنبش اصلاحی سالهای ۵۶–۱۳۴۱ که به نام انقلاب سفیدشهرت یافت واصلاحات ارضی وصنعتی کردن ایران وآزادی زنان درآن جای مهمی دارددستاوردهای شگرفی درهرزمینه اجتماعی واقتصادی داشت و به ایران برای نخستین باریک پایه صنعتی وآموزشی دادکه هرحرکتی بسوی پیشرفت آینده ازآن بهره خواهدگرفت. مفهوم توسعه ملی همه جانبه دراین دوره به بلوغ خودرسیدونتایج آن باهمه و یرانگریهای جمهوری اسلامی هنوز باماست و بنیه ملی ماراتشکیل می دهد. پایه گذاری یک ارتش نیرومندازمیراثهای ماندنی دیگراین دوره است که ارزش آن درجنگ باعراق نشان داده شد ــ حتی درشرایط فلج وزندانی کردن ارتش.

موج اعتراض سالهای ۱۳۵۵تا۱۳۵۷تاآنجاکه به فسادو بدی حکومت و بستگی به بیگانه مربوط می شودبایدبه عنوان یک درس عبرت پیوسته درنظر باشد. این موج اعتراض، صرفنظرازمرحله انقلابی مصیبت بار بعدی آن، ازچشم پوشیدن برواقعیتهای ایران وفداکردن مصالح عمومی برای هدفهاومقاصدخصوصی برخاست. درآینده هدفهاونظرات شخصی است که بایدفدای مصالح عموم شود. انقلاب ۱۳۵۷ورشکستگی نهائی حکومت خودکامه وفردی رانشان داد.

این انقلاب همچنین طغیانی برضدنابرابریهای آشکارجامعه ایرانی بودو بسیاری

ازدیوارهای امتیازهای طبقاتی رافروریخت. جامعه مابایدبسوی برابری هرچه بیشتر فرصتهاوامکانات ــ تاحدی که فرصتهاوامکانات رانکشد ــ برودوازفاصله میان طبقات وگروههابکاهد.

درهیچیک ازاین مراحل ملت مابه هدفهای خودنرسید. هرمرحله بااشتباهات وکوتاهیهاوسؤ استفاده ازقدرت به درجات گوناگون به شکست انجامید.

قانون اساسی بازیچه شدزیراانقلابیان ــ جزقهرمانان انقلابی آذربایجان ــ انرژی وعزم کافی برای دگرگونیهای اساسی رانداشتندودرمحافظه کاری ومصالحه بیش ازاندازه غرق بودند. ایران در۱۳۲۰پایمال تجاوزنیروهای بیگانه گردیدزیرارضاشاه اول درسیاست خارجی خودوارزیابی اوضاع جهان اشتباه کرد. پیکارملی کردن نفت شکست خوردزیرامصدق از پذیرفتن بهترین راه حل ممکن برای حل مساله نفت به سبب ترس بیهوده ازدست دادن پشتیبانی عمومی تن زدومساله نفت رابیش ازاندازه و به زیان ملاحظات وضرورتهای دیگردرمرکزتوجهات خودقراردادتاسرانجام همه چیزازجمله خودپیکارملی کردن نفت قربانی آن شد. اصلاحات ونوسازی جامعه ایرانی ازگشودن گره فقروواپس ماندگی برنیامدزیراحرص ومال اندوزی از بالا تاپایین نظام حکومتی راتباه کرده بودو بدی حکومت و برداشت نادرست ازتوسعه وواروتگی اولویتهامنابع ملی رابه هدرداده بود. موج اعتراض سالهای ۱۳۵۵تا۱۳۵۷درگرداب هرج ومرج وارتجاع پس ازآن غرق شدزیراتاآنجاکه به اکثریت بسیار بزرگ انقلابیان مربوط می شدبیشتریک حرکت منفی ودنباله روانه بود. ایرانیان درشوربی اختیارخودبرای کینه جویی نمی دیدندکه خودرادراختیارنیروهایی گذاشته اندکه ازاعماق سیاه جامعه برخاسته اندوقدرت خودراازنادانی وتوحش می گیرند. آنهابرضداستبدادوفسادونابرابری اعتراض می کردندولی فرمانبرچشم وگوش بسته اقلیتی بودندکه اعتراضشان برضدپیشرفت ودانش وفرهنگ، برضدجهان امروزوانسان نوین، بود. آنهاآوای وحش رادرانقلاب خودنشنیدند.

سودی نداردکه هرگروه بکوشدگناه این شکستهارابه گردن دیگران بیندازدیامنکرکامیابیهایاناکامیهای هردوره موردنظرخودباشد. اعتبارکامیابیهاوگناه شکستهابردوش همه ایرانیان است. ظرفیت جامعه ایرانی ازعهده بیش ازآن برنیامده است.

چنان هم نیست که این تاریخ یاهردوره ای ازآن ــ جزانقلاب اسلامی ــمایه سرشکستگی ایرانیان باشد. باهمه شکستهاکمترملتی درمیان کشورهای رشدنیافته تاریخی به پرباری وتحرک ۷۵ساله گذشته ایران داشته است وازعهده کارهای نمایان تربرآمده است. انقلاب مشروطه نخستین انقلاب دمکراتیک درکشورهای آسیایی ــ افریقایی بودو پیکارملی کردن نفت درردیف نخستین جنبشهای ضداستعماری قرارداشت. نوسازی واصلاحات دوره پهلو یهادرمیان نخستین تلاشهای همه جانبه برای توسعه درجهان سوم بشمارمی رودوازنظردستاوردهاکمتررقیبی برای خودمی شناسد. کشورهای معدودی بوده اندکه درشش دهه گذشته درجنبش خودبرای نوسازی

ازایران درگذشته اند. ایران تنها کشوری بودکه (در۱۳۲۶) ازاشغال شوروی دست نخورده بدرآمد. اتریش یک مورددیگر بود. ولی اتریشیهاآزادی سیاست خارجی خودرادر برابردادند. مابارهاسرمشق والهام دیگران قرارگرفته ایم ــ ونه تنهادرزمینه های منفی اعتراض وطغیان. شوروانرژی ملی ایرانیان دریک فوران مدارم، صفحات تاریخ رابا پیروزیهاوشکست های قابل ملاحظه پرکرده است. این ملت همواره ازخوداستعدادونیروی زندگی استثنایی نشان داده است. تاریخ ۷۵ساله گذشته ماناشاداست، امابزرگ است؛ مانندهمه تاریخ ما.

این تجربه مشترک بجای آنکه مارابه جان یکدیگر بیندازدمی تواندبهم نزدیکتر کند ــ اگریکدیگررابفهمیم واین تجربه رادرک کنیم. مااین راه رابا همه اختلافات بهرحال باهم آمده ایم وراه آینده رانیز بهتراست جداازهم یابرضدهم نپیماییم. درتعیین راه آینده نیزاین تاریخ به کارماخواهدآمد.

درآوردن دوره های تاریخی ازحالت وابستگی گروهی خود، و به تعبیری ملی کردن تاریخ اخیرایران، به یک عامل اصلی کشمکش میان گروههای گوناگون پایان خواهدداد. به زبان دیگرمامی توانیم تاریخ خودرابرسریکدیگر بکوبیم یاآن راتوشه سفرمشترک خودبسوی بهروزی سازیم. می توانیم تاریخ راامری شخصی وحزبی وگروهی بینگاریم یامانندتاریخ قدیم ترخودبدان رنگ همگانی وملی بدهیم. درواقع میان دوره های تاریخی صدسال پیش یاسی سال پیش تفاوتی نیست. آنچه هست درحالت عاطفی ماست. زمانی بودکه بحث برسرتاریخ اخیرایران بخشی از پیکارقدرت میان هواداران رژیم وگروههای مخالف آن بود. امروزچنین نیست. همه دریک صف قراردارند. آنهاکه تنهابه دوران پیکارملی کردن نفت وآنچه «واقعیت انقلاب ایران» می نامندودرواقع مرحله اعتراض پیش ازانقلاب است دلبسته اند، وآنهاکه به نوسازی وجنبش اصلاحی دوران پهلوی اهمیت می دهندبه یکسان نگران سرنوشت آینده کشورخودهستند. هردومکتب فکری بایدجنبه های مثبت این دوره های تاریخی رابشناسندو بپذیرند. پذیرفتن اینکه قهرمانان محبوب مادچاراشتباه یاکوته بینی شده اندیاشهامت وروشن نگری کافی نشان نداده اند، یامردانی که عادت کرده ایم منفورشان بداریم پاره ای خدمات حیاتی ونمایان به کشورکرده اندازقدرماچیزی نمی کاهدو برعکس نشانه بلوغ فکری ماخواهدبود.

دراین میان انقلاب مشروطه ازقبول عام برخوردارشده است وجای خودرادرفرهنگ سیاسی ایران یافته است. درمیان ایرانیان کمترکسی است که ازآن انقلاب سربلندنباشد. دوران پهلوی و پیکارملی کردن نفت درمرکزکشاکشهای فکری قراردارندوانقلاب ۱۳۵۷نیز بدانهاپیوسته است.بحث در باره این دوره هاعمومایکسو یه ومیان تهی وآغشته به شعاروآلوده دروغ ودشنام یاتملق گو یی بوده است.

برای افرادی بحث در باره هریک ازدوره هارنگ شخصی دارد. می کوشندبانفی یکی یادعوی میراث بری دیگری مقاصدخودراپیش ببرند. امابرای بقیه ایرانیان بسیارآسان است که تاریخ خودراازحالت بیش ازاندازه سیاسی شده وشخصی

درآورندوآن راچنانکه هست یعنی مربوط به همه ببینند. بدین ترتیب بسیارآسانترخواهدبود که حوادث واشخاص دردورنمای مناسب قرارگیرندواهمیت آنهادرتاریخ وسرنوشت ایران شناخته ترشود.

درفضای تبلیغاتی و باروانشناسی کنونی ایران بیش ازهمه ارزشهای واقعی دوران پهلوی است که ازنظرهادورمانده است. فسادو بدی حکومت و بستگی به بیگانگان، بو یژه دردهه آخراین دوره، چنان تصو یرذهنی ازآن ساخته که سهم حیاتی رضاشاه اول ومحمدرضاشاه دریکپارچه کردن سرزمین واقوام ایرانی به صورت یک ملت وساختن جامعه ایرانی تقریباازصفر، به زحمت به یادهامی آید. کمترکسی ازخودمی پرسدبدون پهلو یهااکنون ایران کجابودوآیااصلا کشوری بااین مرزهاو بااین منابع و بااین زیرساخت اقتصادی وفرهنگی و بااین نیروی انسانی وقدرت سازمانی می توانست بوجودآید؟

اینکه ایران درسالهای میان ۱۳۳۴تا۱۳۵۷ازدرامدقابل ملاحظه ودرچهارسال آخری آن ازدرامدسرشارنفتی برخوردار بوده آنهمه کارهاراکه درسالهای میان ۱۳۰۰تا۱۳۵۷انجام گرفته توضیح نمی دهدوتازه اگررضاشاه اول نبودخوزستان یرای ایران نمی ماند که بعدهادرامدنفت آن به کارتوسعه کشور بیاید.

برای بسیاری ازایرانیان دشواراست اوضاع واحوال ایران رادرنخستین دهه های سده بیستم، هنگامی که رضاشاه اول به بازسازی آن آغازکرد، یا درسالهای پس ازجنگ دوم جهانی که نیروهای ارتجاع وتجزیه وهرج ومرج بازسر برآورده بودند، تصورکنند. آنهاکافی است به اوضاع واحوال کنونی کشور، دوسه سالی ازفرمانروایی ملایان نگذشته، نظری بیفکنندتادریابندنادانی وخرافات، و پرستش مرگ وو یرانی، وستایش پلیدی، ودشمنی باپیشرفت وشعورودانش باایران چه می کرده است. ازهم پاشیدگی و بیکاری و بینوایی ورکودورواج فسادوهمه گونه تباهی هارادرهمه جاوهمه سطح هابنگرندتابدانننددرآن ۵۷سال چه گامهای غول آسایی برای دگرگونی ذهن وروح و پیرامون دراین کشور برداشته شد.

قدرآنهاکه «نه» گفتندو پیکارکردندوسختی کشیدندوقربانی دادنددرنزدهمه ایرانیان بایدمحفوظ وشناخته بماند. ولی تنهاآنان که آجری روی آجرنهاده اندوناچاربوده اندهمه چیزراازنخستین آجر بسازندو بالا ببرندمی توانننددرتلاش خستگی ناپذیرآن سالهاعنصرقهرمانانه ای رابشناسندکه ارزشی حتی والا ترازفراهم آوردن امکانات زندگی امروزی برای دهها میلیون ایرانی دارد. ماازدستاوردهای آن ۵۷سال نیزسر بلندشده ایم. بزرگی ایران درزیر بارنرفتن وسر پیچی تظاهرکرده است ونیزدرسازندگی وآفرینندگی. گرایش عاطفی وفرهنگی ایرانیان به شهیدومظلوم پرستی نبایدمارابرشکوهی که درساختن و پیش بردن است نابیناکند. قدرایرانیان بیشماری راکه زندگانیهای خودرااسباب ساختن ایران کردندنیز بایدشناخت ومحفوظ داشت.

دشمنی بارژیم گذشته بهردلیل باشدنبایدچشمان مارابراندیشه پیشرفت ونوسازی

ببندد ــ امری که باشگفتی شاهدآن هستیم. دراعلامیه های گروههاوشخصیتهای سیاسی کمترنشانی ازتعهدبه ترقیخواهی وتوسعه است. یکی هم اشاره به بزرگی ایران، ساختن قدرت اقتصادی ونوکردن جامعه آن ندارد. شایدهم پیشرفت راامری مسلم وخودبخودفرض کرده اندکه لزومی نداردتاحدیک تعهد، حتی یک ایمان بالابرده شود. اگرچنین است بهتراست دوسه سال پس از پهلو یهاودو یست سیصدسال پیش ازآنهابه خاطرهاآورده شود.

تعادلی که بایدبه اندیشه ایرانی بازآوردبخشی درهمین جاست. آزادیخواهی، همچنانکه اعتقادبه عدالت اجتماعی، یک جزٔ مسلم هر برنامه سیاسی برای ایران است. اماجزٔ اصلی دیگرآن ترقیخواهی وتوسعه است ــ آنچه که بایدسنت پهلوی نامیده شود. بدون ترقیخواهی وتوسعه نه آزادی پایدارمی ماند، نه عدالت اجتماعی بدست می آید، نه خودملت حفظ می شود. شکستهای پیاپی آزادیخواهان در۷۵سال گذشته تاریخ ایران ــ درانقلاب مشروطه، درسالهای پس ازجنگ جهانی دوم، در پیکارملی کردن نفت ودر۱۳۵۷ ــ مستقیمابه بی اعتنایی آنان به ضرورت توسعه و بیخبریشان ازمقتضیات ومکانیسمهای آن برمی گردد. همچنانکه شکست پهلو یهاازبی اعتقادی شان به آزادی سرچشمه می گرفت.

برای کسانی که بارتوسعه ونوسازی وآبادکردن کشوررابردوش نداشته اندوسختی کاررااحساس نکرده اندوزندگی شان یادرمخالفت وکناره جو یی گذشته است یادرآسایش وتنعم بی مسئولیت، شناختن قدرکوشندگان وکسانی که درمشاغل سیاسی واداری یادر بخش خصوصی، قرن بیستم رابه ایران آوردندآسان نیست. ولی این مردان وزنان بیشمارنیزازارزش خو یش بیخبرند. شکست ۱۳۵۷ که خودازهمین ضعف روانی برخاست آنان رامتزلزل و به خودبی اعتقادبرجای گذاشته است. پیکارتبلیغاتی حساب شده ای که از پیش ازانقلاب آغازشده بودوهنوزادامه داردوهدف آن شخصیت کشی و بی حیثیت کردن سران رژیم ودرنتیجه خودرژیم گذشته است به یک احساس عمومی گناه دامن زده است. زیاده رو یهاو بی پرواییهای آن ده پانزده تن اصلی که دررژیم پیشین دست خودرابردارایی های کشورگشوده بودندو پشتیبانی بیدریغ رهبری سیاسی ازآنان سایه سیاهی برتصو یری انداخته است که بهرحال بامعیارهای ایرانی درخشان و بیمانندداست.

پیش ازهرچیز بایداین پیکارتبلیغاتی رادست کم درمیان خودعناصررژیم گذشته، آن صدهاهزارتنی که هریک درجایی به آرمان ملی خدمت کردند، متوقف ساخت. زیرامتاسفانه بیشترخوداین عناصرهستندکه بالذتی بیمارگونه یکدیگررابه پلشت اتهام و بدگو یی می آلایند. هیچ کس نمی تواندبامحکوم ساختن دیگران خودراتبرئه کندواصلانیازی به تبرئه نیست. چه کسانی ۵۷سال پهلوی رامحکوم می کنند؟ آنهاکه درراه جمهوری اسلامی تلاش کردند؟ بهتراست دستاوردهای آن دوره بادستاوردهای مخالفان آن مقایسه شود.

احساس گناه رابایدبدورانداخت وخودراازجریان عمومی نبایدبیرون کشید.

کسانی که ایران راازهرج ومرج وویرانی پایان سلسله قاجار بدرآوردندو بدان نیرو یی بخشیدندکه همه نادانیهاو بدخواهیهای جمهوری اسلامی نیزازنابودکردنش برنخواهدآمد، در پیروزیهاوشکستهای آن دوران بیمانندتاریخ اخیرایران سهم داشته اند. همه این مردان وزنان بایدازکرده های خودسر بلندباشند؛ اشتباهات آن دوران رابشناسندوازآن پندگیرند. ولی بی اعتقادی به خودو به عصرخودبیجاست.

آنهاکه همه گناههارابه گردن رژیم گذشته می گذارندبایدبپذیرندکه اگرچنین بودباسرنگون شدنش می بایست همه چیزدرست می شد. اینهم که بگویندکم وکاستی های جامعه که کشوررابه چنین روزی انداخته ساخته و پرداخته آن رژیم بوددرست نیست. مگرخودآن رژیم جزکم وکاستی های جامعه رامنعکس می کرد؟ کسانی دردشمنی خودتاآنجاپیش می روندکه شور بختی کنونی رامیراث رژیم پیشین می شمرند. ولی خودآن رژیم ازکجاآغازکرده بودوچه میراثی برده بود؟ هرگذشته گذشتگانی داشته است.همه میراث‌بر پیشینیان خو یشند. ازاین گذشته آن میلیونهاتنی که بهرقیمت می خواستندشاه بروودخمینی بیایدچگونه می توانندشاه راازپذیرفتن ــ خواست خودشان سرزنش کنند؟

اینگونه استدلالهاو بینشهای نیمه کاره رادشمنان استقلال ورفاه ایران بسیار بکار برده اندو بایدبه همانهانیزواگذاشته شود. آنچه مانیازداریم شناخت درست رو یدادهاونهادن هرچیزدرجای خوداست.

ایدئولوژی عصر پهلوی، آمیزه ای ازناسیونالیسم وتعهدبه توسعه وترقیخواهی وعدالت اجتماعی، نزدیک به شش دهه ایران راازتجزیه وهرج ومرج رهانیدو بدان یک زیرساخت فرهنگی واقتصادی وسازمانی بخشیدکه نه‌پیس ازآن داشت و نه پس ازآن حتی حفظ شد. این ایدئولوژی در۱۳۵۷بیشتربه سبب همین احساس گناه وروحیه شکست تقریبابی مبارزه به یک جهان بینی قرون وسطایی تسلیم شد. ولی شکست نخورده است زیراجایگزینان آن نیروی زندگی ندارند. «جامعه توحیدی» ملایان مکتبی دوزخی ازستمگری و پلیدی و بیدانشی است و «جامعه بی طبقه» ای که مارکسیستهای گوناگون و پراکنده وعده می دهنددربخش بزرگترسیاستهای اقتصادی خودهم اکنون باپیامدهای مصیبت باردرایران اجراشده است وازافریقاتاارو پای شرقی ودریای کاراییب به نمونه های شکست خورده آن فراوان می توان برخورد.

درایدئولوژی عصر پهلوی، آزادیخواهی جای چندانی نداشت واین کمبودبزرگ آن بود. ازاین استدلال که جامعه برای آزادی آماده نیست ــ وجامعه برای آزادی آماده نبود ــ چنین نتیجه گرفته شدکه بایدتافراهم شدن همه اسباب آزادی صبرکرد. رابطه ارگانیک توسعه وآزادی ازیادرفت. فراگردتوسعه هنگامی موفق است که باافزایش تدریجی آزادی همراه باشد. توسعه اقتصادی واجتماعی رابدون توسعه سیاسی نمی توان تصورکرد. همان گونه که توسعه اقتصادی واجتماعی مرحله به مرحله است، توسعه سیاسی رانیز نمی توان یکباره بدست آورد.

بااینهمه در باره سهم سنت آزادیخواهی درساختن ایران نونبایدمبالغه کرد. رهبران انقلاب مشروطیت ومصدق ـــ که درسی ساله گذشته برای ایرانیان بیشمار مظهراین سنت آزادیخواهی بوده است ـــ درهرمقایسه درست بیطرفانه در برابرکارهای بزرگ ونمایان دوره پهلوی تحت الشعاع قرارمی گیرند. مصدق به عنوان کسی که اجرای قانون اساسی رامی خواست، هرچندخوددرعمل ازآن فراتررفت، وکسی که در برابرامپراتوری انگلستان ایستاد، هرچندشکست خوردومی توانست شکست نخورد، بایدستایش شود. ولی به مصدق بایدچنانکه بود، یعنی مرحله ای از پیکارطولانی وهزارسو یه ملت ایران، نگریست نه نفی آنچه پیش ازاوو پس ازاوانجام گرفت.

دوسهم عمده مصدق درتکامل سیاسی ایران جای خودراهمواره حفظ خواهدکرد. اوکسی بودکه خطرحکومت مقام سلطنت رایادآورشد: «شاه بایدسلطنت کندنه حکومت»، واوکسی بودکه بی پرواترازهررهبرسیاسی دیگری در برابرامپریالیسم بیگانه قدعلم کرد.

شاه مسلمااشتباه کردکه بجای آنکه نیروی خودراپشت سرعناصرترقیخواه قراردهدکوشیدهمه نیروهاراپشت سرخودصف آرایی کند. عشق او به رهبری وفرماندهی به و یرانیش انجامید. همه کسانی نیزکه خواستنددر پناه شاه سنگر بگیرندواورامسئول هر پیشامدی بشمارندبه اووکشورخدمت نکردند. اماا گرناشکیبایانی بودندکه می خواستندبه زورسلطنت کشورراپیش ببرندیاسودجو یان وفرصت طلبانی بودندکه می خواستندبه نام سلطنت به مال وجاه برسند، مصدق و پیروان اونیز پاسخی برای مسایل کشورنداشتند؛ نه برای پیکارملی شدن نفت، نه برای توسعه اقتصادی واجتماعی کشور. درهمه سی سال ازآنهانه برنامه ای برای اداره ایران دیده شدنه یک سازمان سیاسی که بتواندجایگزین متقاعدکننده ای برای حکومت باشد.

سنت ناسیونالیسم وملی گرایی برخلاف ادعای پاره ای ازهواداران مصدق منحصر به اونیست وملی گرایان تنهامصدقی هانیستند. رضاشاه اول ومحمدرضا شاه بانگهداری ایران در برابردست اندازی بیگانگان وحفظ تمامیت ارضی کشورسهمی به مراتب بزرگتردارندتامصدق باملی کردن نفت. رضاشاه اول درآن چندسال نخستین سردارسپهی خود، که حقیقتاتنهادوران قهرمانی تاریخ ایران پس ازنادرشاه بشمارمی رودوسپاهیانش درشمال وجنوب وخاورو باخترایران باتجزیه طلبان وعمال روس وانگلیس می جنگیدند، ایرانزمین راازا «ممالک محروسه ایران» بوجودآورد ـــ سهم اندازه نگرفتنی اش در بیدارکردن روحیه وغرورملی ایرانی به کنار. وهمان بازگرداندن آذر بایجان در۱۳۲۶به ایران، ازنظراهمیت خودو پیروزی قاطعی که بدست آمد، همه پیکارملی کردن نفت رامنکسف می سازد. البته درمیان ملتی مانندایرانیان، باافسانه های تاریخی وفولکلورمذهبی آنان، مظلوم پرستی وشهیدپروری به آسانی جای بینش درست تاریخی رامی گیرد. مادرکجااندازه هاونسبت هارانگه داشته ایم که در بررسی رو یدادهای تاریخی خودانتظارداشته باشیم؟

پافشاری در برجسته ترکردن نقش مصدق وندیده گرفتن سهم بسیار بزرگتر پهلو یهاازیک سووکوشش درلگدمال کردن یادمصدق وسهم قابل ملاحظه اوازسوی دیگرشایدزیانبارترین پدیده سیاسی بیست و پنج سال آخر سلسله پهلوی بود. کشمکس برسرمصدق وشاه و۳۰تیرو۲۸مردادبسیاری ازنیروهای کشوررادرآن بیست و پنج سال تلف کرد؛ روشنفکران بیشماررااززشرکت فعال درزندگی سیاسی بازداشت وحکومت رادریک وضع نالازم دفاعی قرارداد، باهمه سیاستهای نمایشی ناشی ازآن.

نیرومندشدن دست بیگانگان یک نتیجه ناگزیردیگرچنان کشمکشی بود. هم شاه وهم پیروان مصدق درآن بیست و پنج سال دیگرچشمان خودراازواشینگتن برنگرفتند. هریک و یرانی دیگری ورستگاری خودرادرتحولات سیاسی پایتخت امریکا می جست.

بحث برسرمداخله امریکادر۲۸مردادازهردوسو بادرجات یکسانی ازناراستی و بیدقتی وغرض ورزی درگرفت وتصو یررایکسره مسخ کرد. بررسی، هرچندسریع، آن رو یدادکه امروزجزئیاتش نیزدراسناددانتشاریافته روشن گردیده است شایدبه فیصله یافتن آن کشمکش، که بهرحال اکنون بیهوده است، کمک کند.

چنانکه ازسندها، ازجمله نوشته کرمیت روزولت، عامل اصلی «سیا» در۲۸مرداد، برمی آید، وی بایک میلیون دلارولی بااطمینان به پشتیبانی ارتش ومردم برای سرنگون کردن مصدق به ایران آمده بودوتنهاده هزاردلارآن راصرف اجرای طرح خودکرده بود. (۱) آیااگرشرایط ایران ازهرنظرآماده دگرگونی نبودباده هزاردلارو یک یاحتی چندمیلیون دلارمی شدحکومتی راکه دوسال پیش ازآن باچنان پشتیبانی عمومی روی کارآمده بودو یک سالی پیش ازآن در۳۰تیر۱۳۳۱روی نعش صدهاتن ازجانبازان خودباز به قدرت رسیده بودسرنگون کرد؟

واقعیات ۲۸مردادنشان می دهدکه حکومت به پایان تواناییهای خودرسیده بودوعملااشاره ای ازسوی امریکابرای زمین زدنش کفایت می کرد. مخالفان نیز باآنکه همه عوامل رابه سودخودداشتندتاوقتی آن اشاره نشده بودجرات اقدام درخودنمی یافتند. دست امریکارادر۲۸مرداد۱۳۳۲نمی توان ندید. ولی ناتوانی روزافزون حکومت ووخامت وضع اقتصادی ودرهم ریختن اعتمادعمومی وخطرمهیب ستون پنجم کمونیست که، ازنظرشرایط داخلی ایران، باکودتای خودورسیدن به قدرت چندان فاصله ای نداشتندعوامل موثرتری بودند. دراوضاع واحوال ۲۸مرداد۱۳۳۲تکرار۳۰تیر۱۳۳۱امکان نیافت ونکته اساسی درهمین است. در۲۸مردادازآن صدهاهزارتن ۳۰تیرکسی دستی به پشتیبانی مصدق برنیاورد. برعکس وقتی شاه به ایران بازگشت عملا همه مردم تهران به پیشبازاوشتافتند.

این واقعیات حتی ازسوی خودرژیم اذعان نشد. کوشیدندسهم امریکاراززیرآوارتبلیغات میان تهی پنهان کنندومصدق راعامل انگلستان بشناسانند. هواداران مصدق نیز آنقدربرسهم امریکاتاکیدکردندکه ازیادبردنداگرامریکاچنان

عامل تعیین کننده ای بوده دیگر گفتگوازنهضت ملی ایرانیان معنی ندارد. اگرامریکافقط وقتی بخواهد، و بی هیچ نیازی به لشکرکشی ومداخله مستقیم، نهضت ملی آب می شود، بهترخواهد بوددیگرآن رادرشمارنیاورند.

درعمل نیزکسی نهضت ملی رادرشمارنیاورد. رژیم امیدخودرابه امریکابست وسیاستهایش رابیشتر باتوجه واکنشهای امریکاییان تنظیم کردوهر بارنشانی ازتغییرسیاست درواشینگتن نمودارشدخودراباخت، هرچندبرآن بودکه مردم رادرکنارخوددارد. هواداران مصدق نیز بجای یک مبارزه مثبت و بسیج نیروهای مردم، باهمه چیز، حتی برنامه اصلاحات ونوسازی، مخالفت ورزیدندو به انتظار «چراغ سبز» نشستند. دراین ندیده گرفتن مردم ودل مشغولی به امریکاست که می توان انقلاب ۱۳۵۷را، درحدودی، توضیح داد. رژیم آنقدر به امریکامتکی بودکه وقتی، به درست یانادرست، پنداشت پشتیبانی کارترراازدست داده گریزرابر پیکارترجیح داد. لیبرالهای پیرومصدق نیزکه کوششی برای ریشه گرفتن درمردم نکرده بودندوهمه سرگرم برگرداندن افکارعمومی خارجیان ازرژیم بودندبه اولین نیرو یی که وعده می دادسررشته های پیروزی رادردست داردتسلیم شدندوهمه دعوی رهبری وآزادیخواهی وملی گرایی رابه فراموشی سپردند. بیست و پنج سال پیکارآنهابرای آزادی وناسیونالیسم به انقلاب اسلامی وجمهوری فاجعه آمیزی پایان یافت که همه آرمانهایشان راهم نفی می کرد.

اگردر۲۵سال پس از۲۸مرداد۱۳۳۲ناتوانی پیروان سلطنت ومصدق درارزیابی منصفانه حوادث تاریخی به چنان بن بستی درتحول سیاسی ایران انجامید، درشرایط کنونی، ادامه همان روحیه واقع گریزودیدیکسو یه می رودکه پیامدهای بسیارخطرناکترداشته باشد. درآن بیست و پنج سال، موجودیت ایران مانندامروزتهدیدنمی شد.

کمترمنظره ای دلگیرترازکوششهای کسانی است که هنوزنبردهای بیست و پنج سال پیش وسی سال پیش رامی جنگند. هنوزدرشرایط و بااصطلاحات ۳۰تیرو۲۸مردادباهم سخن می گویند. سیلی ازفرازسرهردوگروه گذشته است وهنوزآنهاگذشته خودرابرفرق یکدیگرمی کوبند. هریک دیگری رانفی می کند، درحالی که دیگران هردوراحذف کرده اندودرکارحذف خودایران هستند.

برای بسیاری کسان مصدق به صورت دستاو یزی درآمده است تااز بن بست شخصی خودبدرآیند. آنهاسالهاباشاه مبارزه کرده اند ــ عمومادردرون خودرژیم و بابرخوردارشدن ازآن ــ وسپس به انقلاب اسلامی پیوسته اند. پاره ای ازآنان دررژیم جمهوری اسلامی نیزجایی داشته اندوازآن رانده شده اند. این کسان خودرارهاشده و بی تکلیف می یابندودرراه مصدق رهایی خودرامی جو یند. شعارهایی مانند «نجات انقلاب اصیل ایران» یاکوشش برای منحرف جلوه دادن انقلاب اسلامی ازهمین روست. حتی کسانی می خواهندبقبولانندکه شعاراصلی انقلاب، که ازنیمه ۱۳۵۷درهمه تظاهرات عمومی ودراعلامیه هاوسخنان رهبران

انقلاب تکرارشد «استقلال، آزادی، جمهوری ملی اسلامی» بوده است، نه آنچه همه مردم ایران شنیدندومیلیونهاتنی که درراه پیماییهاوتظاهرات شرکت می جستندتکرارکردندیعنی «استقلال، آزادی، جمهوری اسلامی.»

اینگونه برداشتهای مایوسانه به هیچکس خدمتی نمی کند. دردبزرگ تاریخی ماناراستی است. فریب دادن خودودیگران است. پرده پوشی خطاهاوکاستی هاست. گذاشتن دشنام بجای منطق است. سیاه وسفیددیدن همه چیزاست. درهفتادو پنج سال گذشته ماپیوسته تاریخ خودرادستکاری کرده ایم وهرچه راخواسته ایم ندیده ایم وهرچه رامیل داشته ایم جای آن گذاشته ایم. اگرکسی در پی آن بوده که تعادل رابه ارزیابی بازآوردوخوب و بدهارباهم ببیند، ازدوسو به دشنامهای زشت نامیده شده است.

آنهاکه بانیت خوب و به قصدخدمت واطلاح درانقلاب شرکت جستند، اکنون که به اشتباه خودپی برده اندلازم نیست برای تبرئهٔ خودیک تجربه ننگین تاریخ ایران راسفیدکاری وتوجیه کنند. این انقلاب ازآغاز خوداسلامی بود، ازهمان هنگام که مرحله اعتراض راپشت سرگذاشت؛ ورژیمی که ازآن بدرآمدیک جمهوری اسلامی است باهرچه بتوان ازآن انتظارداشت. اگراسلام راچنین تعبیرکنندکه درآن مذهب ازسیاست جدانیست وفقیه مرجع حل وعقدواولی الامراست، حکومت فقیه همین است که درجمهوری اسلامی دیده ایم، وحکومت اسلامی رابادمکراسی وحقوق بشروترقیخواهی وملی گرایی نمی توان اشتباه کرد. نیروهای اصلی انقلاب درهمه این سالهابه آرمانهای خودوفادارمانده اندوازهدفهای اعلام شده خود، هدفهایی که از۱۳۴۲دانسته بوده، هیچ منحرف نگردیده اند. انقلاب، رهبران واقعی خودرا ــ نه آنهاکه ازروی فرصت طلبی، خویشتن رابه زور به آن بستندودیریازودبه حاشیه یابه بیرون پرتاب شدند ــ نفی نکرده است. کیست که بتواندخمینی و بهشتی وخلخالی هارابه انحراف ازانقلاب اسلامی وجمهوری اسلامی متهم کند؟ مگرآنهاازسالهاپیش آنچه راکه امروزمی کنندموعظه نکرده اند؟ نمی شودهم باخمینی و پیروانش مخالف بود، هم سنگ انقلاب رابه سینه زد. انقلاب باآنهایکی است. اشتباهات ومفاسدرژیم پیشین راهم نمی توان دلیلی بردرستی عمل کسانی که جمهوری اسلامی رابرکشورتحمیل کردنددانست. اشتباهات ومفاسد گذشته لازم نبودباکابوس انقلاب اسلامی جانشین شود.

اقرار به اشتباه روش بسیارسازنده تری خواهدبودتادست و پازدنهای ایدئولوژیک برای پذیرفتن انقلاب ونفی خمینی وهرچیزدیگری که انقلاب ازآن برخاست و بدان شناخته شدو باآن به پیروزی رسیدوهمراه آن به پرتگاه می رود؛ یاازاین سترون تر، جنایات جمهوری اسلامی رامحکوم شمردن ودامن خمینی راازآن پاک دانستن و «اطرافیان» رامانندمعمول سپر بلاکردن. پیش ازهمه خودخمینی است که همه این تلاشهارانقش برآب می سازد.

کسانی که در۱۳۵۷عقایدآزادیخواهانه وترقیخواهانه وناسیونالیستی

خودرازیر پاگذاشتندو به یک جریان ضدملی، ارتجاعی واستبدادی سیاه گردن نهادندو پنداشتند که پس ازانقلاب سررشته هارادردست خواهند گرفت، بهتراست دست کم اکنون میان دومرحله اعتراض وانقلاب تفاوت گذارندو به اشتباه خوددریکی شمردن آن دومرحله اذعان داشته باشند. گذشته ازهمه اینهاخطای آنان بود که ــ یابه سبب دست کم گرفتن نیروی ملایان یانشناختن مقاصدآنان و یادست بالاگرفتن توانایی‌های ناچیزخودشان ــ پیروزی ملایان راآسان کرد. آنهااگررژیم انقلابی رامحکوم می کنند، درواقع به این علت که به انقلاب خودوفادارمانده، بایدازسهم خوددرروی کارآوردن آن پشیمان باشند.

چنان احساس پشیمانی ــ بجای موجه جلوه دادن انقلاب که هرروزنامکن ترمی شود ــ به سلامت ونیرومندی جریان اصلی سیاسی ایران کمک خواهدکرد. پس ازتجربه های گذشته، اکنون تقریباهمه ایرانیان می توانند دریک جریان ملی، آزادیخواه، ترقیخواه وطرفدارعدالت اجتماعی همراه گردند.

ازاین انقلاب که نه لازم بودونه اجتناب ناپذیر، اکنون که روی داده، باهزینه های باورنکردنی ملی ورنجهای اندازه نگرفتنی دهها میلیون ایرانی، بایددرسهای لازم واجتناب ناپذیرآن راگرفت. آزادیخواهان بایدمحدودیت دیدخودرادردهه های گذشته بشناسند. آزادیخواهی درحدی سودمندوعملی است که به توسعه کمک کند. همکاران وعوامل بیشماررژیم پیشین نیز بایدنارسایی‌هاوزیاده رویهای گذشته خودرادریابند.

گذشته ایران که در۱۳۵۷قطع شدبایدادامه یابدولی هیچ کس نبایددر پی تکرارآن باشد. به گذشته درتمامیت آن نبایدبازگشت. هدف بایدبازگرداندن ثبات سیاسی باشد، بدون رکودوجمودفکری؛ وتوسعه باشدبدون ریخت و پاش وناهماهنگی؛ وعدالت اجتماعی باشد، نه به صورت رشوه دادن. موضوع، بالاترازآنست که گروهی بخواهندبرسرخانه وزندگی شان برگردندیاجبران مافات کنندیاانتقام بکشند.

انتقام جستن ازکسانی که درمرحله ای ازانقلاب بدان پیوسته اندیادرآن نقشی داشته اند، یاباجنبه هایی ازرژیم گذشته مخالفت ورزیده اندو یرانگراست و بازسازی ایران راکه بایدهدف اصلی باشدناممکن خواهدساخت.جزکسانی که به تعدی وجنایت و یادزدی وغارت پرداخته اند ــ درهررژیم ــ هیچ کس محکوم نیست. حتی پرشورترین مدافعان رژیم پیشین نیز بایدبپذیرند که اگرحمله کردن بدان رژیم درست نبوده، مبارزه نکردن آن رژیم نیزهمان اندازه درست نبوده است ــ همه استدلالهای دیگردرباره حقانیت دوطرف به کنار. انقلاب ۱۳۵۷ کاریک نفرو یک گروه نبودوچنان نبود که دریک سوی آن بیگناهان گردآمده باشندودرسوی دیگرگناهکاران. هواداران رژیم مخالفان خودراسرزنش می کنند که چراودرروی آن ایستادند. مخالفانی که اکنون پشیمانندحق دارندرژیم راسرزنش کنند که چراودرروی دشمن نایستادوچنان نمایشی ازناتوانی و بی تصمیمی دادکه همگان رابه صف مقابل راند.

مسئولیت انقلاب هم برعهده رژیم پیشین وهم مردمی است که درآن شرکت

جستند. رژیم اشتباه می کرد که مردم رابه حساب نمی آوردومی پنداشت هرچه بخواهد باآنهامی تواندبکند. مردم نیزاشتباه کردند که آنهمه پیشرفت ورفاه راامور مسلم گرفتند. رژیم البته نمی خواست مردم راناراضی کندواطمینان داشت که بااجرای طرحهای عمرانی اکثریت بزرگ مردم راپشت سردارد. میلیونهاایرانی نیزکه ازته دل پیروزی انقلاب راآرزومی کردندالبته نمی خواستند کشورشان رو به ویرانی برودومی پنداشتند بارفتن رژیم همه چیز بهترخواهدشد. مشکل دراین بود که نه رژیم مردم رامی فهمیدوحتی می کوشید بفهمدونه مردم تجربه و بینش سیاسی کافی داشتند که بتوانندمحدودیتهاوکژطبعی های هراس آوررهبران انقلاب وسیراجتناب ناپذیرآن رابسوی ارتجاع، ودرنتیجه و یرانی، تشخیص دهند.

آن اکثریتی ازایرانیان که بطورفعال یاغیرفعال به موج انقلابی پیوستنداکنون پشیمان وسرگشته اند. آنهاخودرافریب خورده می دانندوحق دارندچون نتایج انقلاب رانمی خواسته اند. امااین خودشان بودند که خودرافریب دادند. رهبران انقلاب جزچنددروغ تاکتیکی نگفتند. درسرسپردگی شان به اسلامی که خودشان تعبیرکرده بودندودرچگونگی آن اسلام جای تردیدوابهام نبود.

اکنون بانگاه به گذشته بهترمی توان گفت که واژگون کردن همه چیزضرورتی نداشت. یک تلاش سازمان یافته ــ که ثابت شددست کم درکوتاه مدت درتوانایی مردم هست ــ برای اصلاح رژیمی که اراده مقاومت وحتی غریزه زندگی راازدست داده بودسودمندترمی بودتاویران کردن ماشینی که ایران رابدانجارسانیده بود که هنوز پس ازنزدیک سه سال غارت وکشتن وسوختن وویران کردن سرپاایستاده است وته مانده ارتشش عراق راسرشکسته کرده است وته مانده اقتصادش ۳۷میلیون تن راسیرمی کندومی پوشاند.

طبقه متوسطی که به نقش رهبری خودپشت پازدورهبری ملاهای بیفرهنگ وشاگردحجره های بازاروباش محلات راپذیرفت وامروز برای زنده ماندن ونفس کشیدن می جنگدازورطه میان نیات خودونتایجی که بدست آورده گیج شده است. درسیاست قضاوت بیشترروی نتیجه است ودراخلاق بیشترروی نیت. اماسیاست رانبایدازاخلاق تهی کرد. نیت ونیتجه هردورابایددرنظرگرفت. نیتهاخوب بوده است ونتایج بد، ناخواسته. به نیات خوب نبایدحمله کرد، هرچه هم نتایج بدبوده باشد. اماازنتایج بدهرگزنبایددفاع کرد. این به معنی سیاسی کردن تاریخ، تهی کردنش ازعناصرسازنده ودرآوردنش به صورت عامل پراکندگی ملی خواهدبود.

به همه دوره های تاریخ اخیرایران نیز بایدبهمین گونه نگریست. بیشتراین تاریخ راشکاف بزرگ میان نیتهاونتیجه هاساخته است. زیرااین جامعه هرگزتجربه وسازمان سیاسی لازم رانداشته است. همه قربانی این کمبودهای بنیادی شده اند. مگرباارزیابی این گذشته ودرس گرفتن ازآن، باپالایش تاریخ، بتوان کمبودهاراشناخت و برطرف کرد.

ملت ایران بایدسرانجام به آن پختگی رسیده باشدکه کشاکشهای، به اندازه کافی

دردناک، گذشته رابه اکنون وآینده کش ندهد. توانایی ازهردوسودیدن رو یدادهاو بدورافکندن دشمنی هاوشیفتگی های بی پایه واغراق آمیز بایدبه یاری مابیایدومارابرای پیکار بزرگتری که در پیش است، یعنی ساختن یک جامعه نو ین، جایی که انسان آزاده بتواند درآن بسر برد، آماده سازد.

دگماتیسم های مذهبی وسیاسی

برای ساختن جامعه نو ین ایران بایدازتجر به ملی وخودآگاهی سیاسی نسل کنونی ایرانیان مایه گرفت. بایدارزشهایی راکه برای ماو پدران مادردوره معاصرتاریخ ایران محترم بوده است و برای آنهاپیکارکرده ایم پایه توافق ملی تازه قرارداد. این ارزشهایی هستندکه ایران رادرقرن بیستم به صورت جامعه متفاوتی درآوردندوسیری راآغازکردندکه اگرچه باانقلاب اسلامی قطع شده است ناگزیر بازازسر گرفته خواهدشد. آزادیخواهی، ناسیونالیسم، توسعه ونوسازی (ترقیخواهی) وعدالت اجتماعی به ملت ایران در۷۵ساله گذشته کمک کردندخودراحفظ کندونیرومندشود ــ چنانکه درچندقرن پیش ازآن نبوده است.

اکثریت بزرگ ایرانیان گذشته ازگرایشهای فکری خودددداخل سنت آزادیخواه ــ ناسیونالیست ــ ترقیخواه ــ هوادارعدالت اجتماعی قرارمی گیرند. اختلاف میان آنهابرسرتاکیدبوده است. ترقیخواهان ازآزادی غفلت کرده اند، آزادیخواهان به توسعه ونوسازی اهمیت لازم رانداده اند. این دوگروهندکه نقش اساسی رادرساختن ایران دراین قرن داشته اند ومی توانندباشناخت درست ومنصفانه گذشته برسرراه آینده توافق کنند. قانون اساسی مشروطیت زمینه طبیعی چنین توافقی است. آزادیخواهان تا۱۳۵۷دست کم، همواره پشتیبان پرشورقانون اساسی مشروطیت بوده اندوترقیخواهان راسرزنش می کردندکه احترام آن قانون رانگه نمی دارند. ترقیخواهان نیزهرگز باآن قانون مخالفتی نداشته اندوحتی اگردرعمل به قانون اساسی بی اعتنایی کرده انددست کم به ظواهرآن پایبندمانده اند. درانقلاب ۱۳۵۷هردوگروه کیفر پشت کردن به قانون اساسی مشروطیت رادیدند. ترقیخواهان که حکومت فردی رامیانبرموثرتوسعه وآماده کردن کشور برای دمکراسی می دانستندکوتاهیهاوزیاده رو یهای مرگبارآن رابه چشم دیدندوآزادیخواهان که آرمان خودرازیر پای جمهوری اسلامی قربانی کرده بودندباورشکستگی ایدئولوژیک وسیاسی رو بروشدند. هردوگرایش فکری آنچنان سالهاغرق درکشاکش خودبودندکه ندیدندهیولاهایی ازژرفای لجنزارهای اجتماع برمی آیندوهمه سنت آزادیخواهی وترقیخواهی وحتی ناسیونالیسم ایرانی رالگدکوب توحش وارتجاع می کنند.

بازگشت به قانون اساسی مشروطیت برای ترقیخواهان ادامه راه گذشته بدورازانحرافات آنست و برای آزادیخواهان تجدیدوفاداری به آرمانهایی که خودنیزاذعان دارندنمی بایست درهیستری همگانی ۱۳۵۷فراموش می شد. اگرقانون

اساسی مشروطیت پایه توافق قرارگیردآنگاه حتی کشمکشهای خارج ازموضوع ۳۰تیرو۲۸مردادرانیزمی توان، نه به فراموشی ولی، به تاریخ سپردو یک برنامه عمل، نخست برای رهایی ایران ازهرج ومرج واستبدادوخونریزی وسپس برای بازسازی کشور ریخت.

قانون اساسی مشوطیت البته سند کاملی نیست. تبعیض وتجاوز به حقوق بنیادی افراددرمتن آن جای داردوتعیین حدودقوای حکومتی درجاهایی ازآن به ابهام برگذارشده است. این کمبودهارامی توان باتشکیل مجلس موسسان، بنابرخودقانون اساسی برطرف کرد؛ ولی بازگشت به قانون اساسی مشروطیت برای رسیدن به توافق وآشتی آسانتراست تاازاول آغاز کردن.

پیش ازهمه بایدتکلیف ملت ایران روشن گردد. اصطلاح مشهورمردم مسلمان شیعه ایران که بامنظورهای عوامفریبانه ازسوی کسان گوناگون بکارمی رووددرواقع نفی ده پانزده درصدجمعیت کشوراست که یامسلمان نیست و یاشیعه نیست. این که مذهب اکثریت مردم کشوری جایی برای اقلیت نگذاردوآنهارابه شهروندان درجه دوم تنزل دهدتفاوتی بانفی حقوق اقلیت سیاسی توسط اکثریت سیاسی ندارد. امادریک دمکراسی بو یژه حقوق اقلیت است که بایدنگهداشته شود.

مقصودازملت مسلمان شیعه ایران چیست؟ اگرمسلمانی وشیعیگری ملت می سازدپس شیعیان لبنان وافغانستان وهندو پاکستان وعراق ملت ایران هستندو بقیه کشورهای مسلمان جهان نیز. درعوض بسته به تعبیر (مسلمان یاشیعه؟) ایرانیان غیرمسلمان یاغیرشیعی ایرانی نیستند. وقتی دین یامذهب ملاک است، دیگرملت ایران معنی نداردوهمان امت اسلامی آخوندهای حاکم کفایت می کند، که تازه خودآن نیزدچارتناقض میان مسلمان یاشیعه است. اگرهم میان دوامت مسلمان جنگ درگرفت مشکلی نیست. یکی حتمااسلام ودیگری کفراست ومشکل تئوریک بدین ترتیب «گشوده» می شود.

جای مذهب درجامعه و پژوهش در باره اصول ومبادی آن درایران به اجمال وابهام برگذارشده است. درحوزه های علمیه تنهابه بخشی ازاین پژوهشهامی پردازند. بخش بسیار بزرگتر بحث بامخالفت حکومتهایابی میلی روشنفکران به ورودومباحث جنجالی یاخطرناک رو بروشده است. مذهب تنهایک سلسله فرمولهاواورادنیست و بااهمیتی که درزندگی مردم داردروانیست به آن مانندیک «تابو» بنگرند. تصوری که ازمذهب ساخته اند ــ یک سلسله تصویرهای ذهنی (ایماژ) وکلیشه هاوفرمولهاازنسلی به نسل دیگرانتقال می یابد. امامذهب هم مانندهرجنبه دیگرزندگی بایددرست شناخته وفهمیده شود.

بو یژه که ازسال ۱۳۵۷ گروهی مذهب رامانندشمشیر برفرق جامعه فرودآورده اندوآن رابجای همه ارزشها گذاشته اندوازآن دینامیتی برای و یران کردن کشورساخته اند. حکومت اسلامی بسیارچیزهارابرمردم ایران تحمیل کرده است، یکی ازآنهابرخوردجدی و واقعگرایانه بامذهب است، بدورازسانسورحکومت

یاتهدیدمتعصبان. آن حکومتها که چنان مانع هر پژوهش جدی مذهبی می شدند کجاهستند؟ اکنون که می بینیم بامذهب و به نام مذهب چهامی توان کرددیگر چاره ای نمانده است مگرروشن کردن جای مذهب درجامعه وآن سهمی ازنیروی انسانی ومنابع مادی کشورکه بایددرآن صرف شود.

اسلام به عنوان بخشی ازمجموعه تلاشهای اجتماع اسلامی برای چیره شدن برواپس ماندگی جایی داردوخواهدداشت. جنبه اخلاقی اسلام دریک کشوراسلامی بی تردیدعاملی سازنده است. ولی اسلام، چنانکه ثابت کرده است، نمی تواندنسخه کاملی برای همه مسایل بدهد. درهیچ کشوری وهیچ دوره ای نتوانسته است. جهان پیش می رودومسایلی پیش می آوردکه درگذشته هیچ کس ازآنهاآگاه نبوده است و برایشان هیچ راه حل آسانی نازل نشده است.

درخودشیعیگری اجماع (به شرط آنکه منظورازآن رااجماع فقیهان ندانندواجماع به معنی همرایی مردم یااکثریت آنان درنظرگرفته شود) وعقل، منابع شریعت هستند ــ درکنارقرآن وسنت. بدین ترتیب راه براصلاح ونوآوری وتطبیق دادن جامعه باشرایط روزگشوده است. همه مفهوم اجتهادهمین است: قضاوت مستقل. برای قضاوت مستقل تنهادانستن فقه واصول وفلسفه افلاطون ومنطق ارسطوکفایت نمی کند. علمای مذهبی باآموزشی که می بینندازشناختن دنیای امروزنیز برنمی آیندچه رسدبه برطرف ساختن مشکلات آن.

اسلام راباسیاست وحکومت یکی گرفتن، جامعه ودین هردورابه بن بست می کشاند. زیرامذهب بامقولات مطلق سروکارداردوجامعه درتغییروتحول همیشگی خودبه انعطاف نیازمنداست. تحمیل معیارهای مطلق و بیچون وچرابرای اموری که پاسخهای مقدس وآسمانی برنمی دارندو بایدباآزمون وخطاوازراه مصالحه باآنهارو بروشد، آن معیارهارادیریازودازاعتباروجامعه راازکارخواهدانداخت. شرکت درانتخابات یارای دادن یاندادن به یک کاندیدای معین یادر پیش گرفتن یانگرفتن یک سیاست اموری نیست که درقالب حرام وحلال وگناه وثواب وجهنم و بهشت بگنجد. رهبرمذهبی که بخواهدبه زورکلام آسمانی مسایل روزانه سیاسی رابگشایددیریازوددرخواهدیافت که نه رهبرونه سیاسی است.

جاه طلبی سیاسی رهبران مذهبی درتاریخ به واکنشهای سخت ضدمذهبی انجامیده است. درغرب، کلیسای مسیحی بهای سنگینی برای زیاده رو یهای پاپهایی پرداخت که مانندخمینی معتقدبودنددین ازدولت جدانیست وهرروز به بهانه ای انجیل رااسباب دست خودمی کردند. کلیساتنهاازهنگامی که مداخله درسیاست رامتوقف کرده حیثیت خودراباززیافته است. درمکزیک کلیساهفت دهه پس ازانقلاب هنوز بهای سنگین آلودگی خودرابه سیاست می پردازد.

منظورازجای مذهب درسیاست رابایدروشن کرد. اگر بحث برسراستفاده سیاسی ازاحساسات مذهبی مردم است که سیاست پیشگان عوامفریب باز به وسوسه آن خواهندافتادو بایدرسواشوند. اگرمقاومت توده های مسلمان در برابر پیشرفت است که

سابقه داشته است و پیشرفت بیشتروآگاهترکردن توده هاازآن خواهدکاست. اگرراه حلهای اسلامی تازه برای مسایل تازه درجهانی متفاوت است هنوزازاصلاح طلبان اسلامی ازسیدجمال الدین (افغانی ـ اسدآبادی) گرفته که آغازگر بودتاعبده ورشیدرضای مصری ومولانامودودی پاکستان ومحمدناتسیراندونزی وعلال الفاسی مراکشی وشریعتی وصاحب «ولایت فقیه» ومولف «اقتصادتوحیدی» چیزاصیل وقانع کننده ای عرضه نشده است. در بیشترمواردا گراندیشه ای اصیل بوده (مانندبانک بی بهره) قانع کننده نبوده است واگرقانع کننده بوده جزرونوشت ناقصی ازاندیشه هاوکارکردهای دیگران نبوده است.

آنهاهم که به اندیشه های مارکسیستی وکمونیستی جامه اسلامی می پوشانندبهتراست درشمارچاره اندیشان اسلامی آورده نشوند. خودملایان نیز به درستی آنهاراازصف اسلامی خودمی رانند. آنهابه گفته یک نو یسنده (۲) درشماربهره برداران ازاسلامند، تازه ترین بهره برداران ازآن.

دردکشورهای اسلامی واپس ماندگی است. تفاوتشان دراین زمینه باکشورهای واپس مانده دیگرآنست که بایک مکتب فکری پشتیبانی شده ازسوی یک ساختار (استروکتور) مذهبی (علمای مذهبی) که هنوزمدعی است برای همه مسایل وهمه زمانهاومکانهاپاسخ داردو بروهستند؛ درحالی که ساختارهای مذهبی دیگردر برابرآزمایش زمان به درجات گوناگون ازاین دعوی دست برداشته اند. تاوقتی هم اصلاح طلبان بر بینوایی وواپس ماندگی و بیفرهنگی جامعه های اسلامی چیره نشوندوازآن فروماننذتضادبرطرف نخواهدشد. اسلام به عنوان یک نیروی سیاسی به دست خمینی ضربتی سخت وشایدکاری درایران خورده است. ولی نبایدماجراراپایان یافته پنداشت. درهر بحران جدی توسعه، اسلام یک مدعی خواهدبود. بدی حکومت بازبدان فرصت خواهدداد. بدترین رویدادآنست که بدی حکومت باتشو یق عوامفریبی وآخوندبازی همراه گَردد. و بدترین حکومتهادر پنج سده گذشته بیشترین گرایش رابه عوامفریبی وآخوندپروری داشته اند.

آخوندپروری نشان داده است که درکم خطرترین هیات خودشمشیردودمی است. حکومتی که به عوامفریبی مذهبی وآخوندبازی دست می زندفرض اساسی مذهب رزمجوراپذیرفته است که دین ازسیاست جدانیست. ممکن است چنین حکومتی استدلال کندکه این سیاست است که دین رامی چرخاند ولی دست کم زمینه نظری آن رافراهم کرده است که زمانی دین سیاست رابچرخاند. اگر بخواهیم درآینده ایران برای جمهوری اسلامی جایی نماندبایدفرض اساسی یگانگی دین وسیاست رادرنظریه وعمل بدوراندازیم، کاری که یک کشور پیشرفته پس ازکشوردیگرکرد، واگرنمی کردپیشرفته نمی بود.

دگم مذهبی به عنوان پایه سیاست، ورشکستگی خودراسرانجام درایران نیزثابت کرد. اگرایرانیان باتاریخ آشنابودندشایدمی شدازتکرارمصیبت کشیش «ساوونارولا» ی فلورانس وحکومت مذهبی اودرفلورانس قرن چهاردهم درایران سده بیستم

جلوگرفت. اکنون بایدازدگم دیگری ترسیدکه بسیاری ازویژگیهای مذهب رادارد. کمونیسم (۳) که دگم مذهبی سده بیستم شده است، برای اداره جامعه هایی که آن راهدف خودقرارداده اندناتوانیش راثابت کرده است. امابیم آنست که ایرانیان بازازمصیبتهای دیگران آنقدر پندنگیرندتادیگران ازمصیبتهایشان پندبگیرند.

پس ازشکست یک جهان بینی توتالیترنبایدگذاشت جهان بینی توتالیتردیگری باموجودیت ملی ایرانیان بازی کند. ازراه حل ساده اسلام و به اصطلاح بازگشت به ارزشهای فرهنگی خودمان به راه حل ساده دیگر، کمونیسم، نبایدافتاد.

درمیان آرمانهایی که جامعه های بشری برای رسیدن بدانهاتلاش کرده اند ــ حکومت الهی (وتعبیرایرانی آن، جامعه توحیدی) برابری وجامعه بی طبقه، ودمکراسی ــ این آخری نه تنهاازآزمایشهای بیشترو پیروزمندانه تری بدرآمده است، شرط رسیدن به بسیاری آرمانهای دیگرهم هست، اگر بتوان به چنان آرمانهایی رسید. دمکراسی به معنی محترم شمردن فردبشری وقراردادن او به عنوان آغازگاه عمل سیاسی، این مزیت رادارد که بازندگی دمسازاست. زیراتاآنجاکه به انسان مربوط می شودغرض اززندگی خوداوست. بی اوزندگی نیست. ازمفهوم فردبشری به اکثریت و به اجتماع به صورتی طبیعی وخودبخودمی توان رسیدوضرورتی به تاکیدبرمفاهیم مجردترونامشخص تری مانندودولت یاخلق دربرابرفرد (افراد) انسانی نمی ماند. دمکراسی تحقق اراده آزادانه افرادبشری است برای بهروزی هریک ومجموع آنان. تردیدی نیست که دراین معنی، دمکراسی آرمانی بیش نیست که هنوزهیچ جامعه ای بدان نرسیده است. اماهیچ آرمان دیگری هم تحقق نیافته است ونتایج این یکی ازآنهای دیگررضایت بخش تربوده است. درمیان آزمایشهایی که باشکل حکومت شده است هنوزحکومتی به خوبی دمکراسی غربی کارنکرده است.

رسیدن به دمکراسی ازدومرحله می گذرد. نخست رسیدن به توافق ملی که همه افرادجامعه حقوقی دارندودوم برقراری حکومت قانون و برابری همه افرادوگروههادر پیشگاه آن. وقتی کسانی به خودحق دهندکه به نام هرچه باشد ــ انسانیت، عدالت، سوسیالیسم، مذهب، حتی دمکراسی ــ حق گزینش راازدیگران بگیرندوآنهاراسرکوب کنندو به استنادآینکه هدف وسیله راتوجیه می کندجامعه رابه زوردرقالبی که خودمی خواهندبریزنددمکراسی معنی نخواهدداشت.

رقابت درچهارچوب قانون البته راه دشوارترو بسیاردرازتری برای رسیدن به قدرت سیاسی است. ولی اگرهدف رسیدن به دمکراسی وحکومت مردم برخودشان باشدازراههای قهرآمیزوخشونت بار به چنین مقصدی نمی توان رسید. دمکراسی جز باممارست وتمرین بدست نمی آید. مگرآنکه هدف راچیزدیگری، مثلا برابری، قراردهند. اماتجر به ۷۰ساله مارکسیسم ــ لنینیسم درعمل نشان داده است که بی دمکراسی به عدالت و برابری، به شکفتن استعدادهای انسانی، حتی به رونق ورفاه نمی توان رسید.

اداره جامعه اگرصرفاًبه منظورابدی کردن فرمانروایی یک گروه سرامدان

نباشدو بخواهدبیشترین خوشبختی یادست کم بیشترین امکانات رابرای بیشترین مردم فراهم کندبازوروسرکوبی وفرمولهای انعطاف ناپذیرمیسرنخواهد بود. دگماتیسم، چه مذهبی چه سیاسی، بادمکراسی سازگارنیست. باخودزندگی هم سازگارنیست. زیرازندگی دگرگونی وتحول و بهترشدن است. درآن هیچ چیزابدی یا کامل وجودندارد. شک سازنده ای که همه چیزرابهترمی کندبازندگی سازگاری بیشتری دارد.

به نام هیچ پیامبری نمی توان افرادوجامعه هارامحکوم به زیستن درگذشته کرد. بیش ازهمه به دلیل آنکه اگرخودآن پیامبران درشرایط کنونی می زیستندپیامی متفاوت می داشتندوازآموزه های خودتعبیراتی جزآن می کردندکه پیروان بعدی شان به خوداجازه داده اندومی دهند.

اگر بنابرتعبیراست چراتعبیرآینده نگرنباشدواسیرگذشته بماند؟ دنیاازهزاروچهارصدسال پیش بسیارتفاوت کرده است، چنانکه ملایان اهل دنیاوسیاست پیشگان حریص عمامه بسر باتلخی تمام دردولت مستعجل بی درخشش خوددریافته اند. ازصدوسی وچهل سال پیش هم بسیارمتفاوت است، چنانکه یک تجربه مارکسیستی پس ازتجربه دیگردریافته است.

آرمان مارکسیسم (اجتماع انسانهای برابر، آزادازنجیرهای نیازوآسوده ازبندحکومت) اگرآینده ای داشته باشد، چنانکه مارکس خودگفت، در پایان مراحل تکامل سرمایه داری است؛ یعنی درشرایط توسعه کامل به زبان امروزی؛ درهنگامی که تکنولوژی مسایل تولیدوتوزیع راحل کرده باشدکه بهرکس بتوان به اندازه نیازش داد، وقدرت اداره وسازماندهی‌به‌کمال رسیده باشد، تاجایی که نیاز به دولت نماند (یابه تعبیرمارکس بامحوطبقات نیازی به ابزارزورگفتن نماند). اوالبته درباره چگونگی تکامل سرمایه داری پیش بینی های نادرستی کرد، ولی این بحثی دیگراست. (۴)

اسکاروایلدباطنزخشک معمول خودمی گفت عیب سوسیالیسم آنست که به شامگاههای بیشمارنیازدارد. منظورش آن بودکه مردم فرصت وتوانایی وصلاحیت آن راداشته باشندکه پس ازکارسخت روزانه مسایل رابرسرمیزبحث وگفتگوبرطرف کنند. اوسوسیالیسم رادرمفهوم پیش ازلنینیستی آن می فهمید، یعنی امری که درشرایط معینی از پیشرفت وتکامل اجتماعی واقتصادی می تواندروی دهد.

کمونیستهای شوروی که سوسیالیسم رابه عنوان مارکسیسم ــ لنینیسم وهمچون میانبری ازشرایط واپس مانده پیش ازسرمایه داری به کمونیسم عرضه داشتندآن راازمفهوم واقعیش تهی کردند. پس ازجنگ، سوسیالیسم نمونه شوروی چاره دردهای اجتماعات جهان سومی معرفی ودرکشورهای متفاوتی تجربه شده است. امامانندنمونه شوروی، سوسیالیسم نامی بوده است که به سرمایه داری دولتی، دیوانی (بوروکراتیزه) کردن جامعه ودیکتاتوری یک گروه سرامدن داده اند. یک سرمایه داری دولتی که ناکارامدتروفاسدتروسرکوب کننده ترازسرمایه داری است. یک دیوانسالاری

توتالیترکه همه شئون زندگی رادر برمی گیردو بنابه گفته مبالغه آمیزمعروف، هرچه راممنوع نیست اجباری می کند، و یک دیکتاتوری که اگرچه به نام پرولتاریاست ازهرحرکت آزادکارگران به هراس مرگ می افتد. یک استراتژی توسعه که درتعهدآن به توسعه همه جانبه جای تردیدنیست، ولی درهدردادن منابع وانسانهاوفرصتهامرزی نمی شناسد. (۵)

کمونیسم به یک تعبیر، نوعی دیگرازفاشیسم درکشورهای جهان سوم شده است. مارکسیست ـ لنینیستهاوچپگرایان افراطی، باهمه مبانی انسانگرایانه خودوتفاوتهای آشکارایدئولوژیشان بافاشیستها، درکشورهای رو به توسعه جهان سومی بیشترازعهده ساختن یک جامعه فاشیستی برمی آیندتایک جامعه سوسیالیستی. سوسیالیسم، آنگونه که آرزوی مارکس بود، نیاز به سطح فرهنگی ومدیریت بسیار بالا تری درگستره جامعه دارد. ازاینروآرمان آن دمکراتیک است (نظریه زوال دولت). ولی آنچه این مارکسیست ـ لنینیستهادرواپس ماندگی واختلاف سطح شدیدفرهنگی جامعه های واپس مانده می توانندارائه کننددیکتاتوری یک حزب اقلیت و یک گروه کوچک دردرون آن حزب است. آنهامی خواهندجامعه رابه زوروددرزمان هرچه کوتاهتردرمسیری که خودمی خواهندبرانند. آنچه برایشان می ماندسرآمدگرایی (الیتیسم) وزیرتاثیرعقب ماندگی جامعه قرارگرفتن و پذیرش ارزشهای پایین طبقه متوسط ودست یازیدن به تاکتیکهای فاشیستی ـ ازسرکوب وفشارگرفته تابرانگیختن احساسات عمومی برضدنژادهاوملتهاوفرهنگهای دیگرـ است. همه شعارهای خلقی آنها، همه طرحهایشان برای اداره شورایی موسسات، دربرابرواقعیتهای ناآگاهی و بی انضباطی عمومی وکاهش تولیدورواج بازارسیاه وفساد بدل به خشونت وسختگیری روزافزون می شود. آنهابه مارکس نمی رسندودرنیمه راه به استالین بسنده می کنند.

درایران مارکسیست ـ لنینیستهامشکل و یژه خودراعرضه می دارندکه ازهمان نوع افغانستان است. بیشترروشنفکران مارکسیست به بن بست سیاسی وفکری که حزب توده نماینده آن درایران است وشوروی نماینده آن درجهان، آگاهندوگرایشهای گوناگون تروتسکیست ومائوئیست ومارکسیست چپ ومستقل ومارکسیست اسلامی کوششهایی برای شکستن این بن بست است. ولی درشرایط ایران ودرهمسایگی شوروی راه حل مارکسیست متفاوت امکان پیروزی نداردوروی کارآمدن مارکسیستهاازهرمکتب فکری دیریازودپای مدافع جهانی «سوسیالیسم» رابه اموایران بازخواهدکرد. اختلافهای درونی ودسته بندیهاوآنچه خودمارکسیستها «سکتاریسم» می نامندوبلای همیشگی آنهاست همواره بهانه ای بدست یک گروه می دهدکه دربرابروسوسه یاری خواستن ازاردوگاه «برادر بزرگ» تسلیم شود. همواره خطرجدی آن هست که «انقلاب خلقی» باانقلاب «پرچمی» جانشین شود. (۸)

وحزب توده که تاکتیک واستراتژی آن کودتاست فرصت راازدست نخواهدداد. این حزب کوچک مرکب ازتشکیلاتی (آپاراتچیک) های حرفه ای و پشتگرم به منابع مالی خشک نشدنی در پی رخنه کردن وزیرنفوذ آوردن

گروهها وسازمانها ونهادهاست که درحکومت جمهوری اسلامی با کامیابی تمام عملی کرده است. تکرارتکنیک هایی که در۱۹۱۷بلشویکها را (اقلیتی درحدود۲۵۰هزارتن درکشوری که ۵۰۰برابرآن جمعیت داشت) به قدرت رساندد ر برنامه حزب توده است. چپگرایان کنونی ایران برای حزب توده یادآورمنشویکها وسوسیال رولوسیونرهای انقلاب روسیه اند، باهمان سرنوشت. این بارحزب کودتاامکانات قدرت جهانی همسایه راهم پشت سردارد.

ایران دررژیم اسلامی، مارکسیسم ــ لنینیسم رانیز به گونه ای تجربه کرده است؛ هم جنبه توتالیترآن راکه ازهراستبدادی بدتراست، هم برنامه های اقتصادی و پاره ای از برنامه های اجتماعیش را. مردم ایران جیره بندی وکمبودهاو بازارسیاه ومصادره وتصمیم گیری های خودکامه و بی اعتنایی مطلق به حقوق افرادوسختگیری تاحدمرگ به مخالفان وحتی ناموافقان وناکارایی درسطح کشوررادراین رژیم به خوبی شناخته اند. مارکسیست ــ لنینیستهادراین زمینه هاچیزتازه ای نخواهندداشت. مارکسیستهای مستقل که فرمانبری از بیگانگان چشمانشان راکورنکرده می توانند دورنمایی، هرچندپلیدتر ومنکسرتر، از «جامعه بی طبقه» راهم اکنون درایران ببینند. ممکن است بگویندآنهاازملایان بیشترکارآمدوکمترآلوده اند ــ کاری که چندان دشوارنیست ــ ولی تفاوت اساسی نخواهدکرد.

درلهستان ورومانی چهاردهه مارکسیسم ــ لنینیسم چه به مردم داده است ودرمجارستان وچکسلواکی بی تانکهای روسی درکجامی بود؟ کوباحتی باروزی ده میلیون دلارکمک شوروی چه اندازه می تواندبدترازحالتی باشدکه بیش ازدوده پس از پیروزی سوسیالیسم هنوزاقتصادتک محصولی است ومردم گرسنه اندووقتی بوی امکان خروج از بهشت خودرامی شنوندد رشوق گریزازسرودستارمی گذرند؟ الجزایرسوسیالیست باهمه درامدنفت وگازبابدترین دشواریهای کشاورزی ناکارامدوشهرهای متورم و بیکاری پردامنه ــ حتی باوجودصادرکردن صدهاهزارکارگر ــ و برنامه ریزی نارسارو بروست وهیچ دست کم ازنمونه های ناموفق ترتوسعه درجهان سوم ندارد. ازکامبوج ونیزو یتنام پیروزمندذکری لازم است که اولی کارامدترین برنامه استالینیستی انهدام ملی رااجراکردو بایدهرهوادارگرایشهای دگماتیک رادرتردیدواندیشه فروبرد، ودومی شش سال پس از بیرون راندن امریکاییان درگیرنبردباسوسیالیستهای پیرامون خویش است واقتصادبخش شمالی راسامان نداده اقتصادبخش جنوبی راهم ویران کرده است. صدهاهزارتن ازمردمش هستی خودرابه دولت می دهندتااجازه یابنددردریاهابه کام مرگ بیفتندوشایدهم به کرانهٔ نجاتی، هرجاودرهرشرایط، برسند. وسوسیالیسم دیوارآلمان شرقی،و برمهٔ بیست سال پوسیدگی ورکودسوسیالیستی وتانزانیای قحطی زده و به جان آمده ازآزمایش تمرکزجمعیت درواحدهای سوسیالیستی غیرقابل زندگی، هرچندزیررهبری یکی ازدرستکارترین رهبران جهان سوم. (۶)

اداره متمرکزجامعه، آنگونه که مارکسیستهاازهررنگ وگرایش می خواهند،

تنهابافداکاری وسرسپردگی یک گروه مصمم نمی تواندعملی شود. اینهاصفاتی ستودنی هستندو برای هررهبری سیاسی ضرورت دارند. ولی درکشورهایی باسطح پایین فرهنگی وکمبوداستعدادهای مدیریت و بدون سازمان وتجربه سیاسی، تمرکززیادصرفاً به دیکتاتوری وفسادوناکارایی روزافزون می انجامد. اداره متمرکزجامعه واقتصاد نیاز به انضباط وآگاهی گسترده درسطح جامعه ودرجات بسیار بالای مدیریت دارد (۷) که می توان گفت اگرفراهم باشداصلاً نیازبه اداره متمرکزنیست. اگرکشوری به چنان سطح های بالای فرهنگی وسازمانی برسدآنقدر پیشرفته است که دیگر برنامه های سوسیالیسم دگماتیک راتحمل نخواهد کرد.

مارکسیستهای جوان ورمانتیکهای انقلابی شوروشوق وایدئالیسم خودرابجای همه چیزمی گذارند. خواندن چندجزوه تعلیماتی وتبلیغاتی وشنیدن نام چنداندیشمندوآشنایی کلی وسطحی بااندیشه های انان، وتنهاآنان، و بستن ذهن خودبرهرچه جزآن، برای اداره، وازآن سخت تر، دگرگون کردن جامعه به معنی بهترکردن آن، تهیه های ناچیزی است. پل پت ودارودسته اوشورانقلابی وعزم آهنین وسرسپردگی مطلق راجانشین شعورودانایی کردندواگرسی چهل درصدمردم کامبوج فداشدندباکی به خودراه ندادند. موردآنهانمونه برجسته ای از برترشمردن مفاهیم مجرددر برابرفردانسانی است. درحالی که هدف سیاست، فردانسانی و بهبودو بهروزی و پیشرفت وتکامل اوست، انقلابیان درحرارت تندخودنخست افراداجتماع راقربانی می کنندوسپس اجتماع افرادرا.

یک گرفتاری این انقلابیون سردرگمی در باره هدف وسیله است. در باره آنکه هدف وسیله راتوجیه می کندبسیارگفته اند. تنهادراین اواخر— ازچهل پنجاه سالی پیش — بوده است که پاره ای تردیدهادر باره دامنه تاثیروسیله هابرهدف پیداشده است. تجربه نسلهاوکشورهای گوناگون نشان داده است که وسیله های نادرست بجای آنکه باهدف درست توجیه شوندآن رامنحرف وآلوده می کنندو به صورت سر پوشی برای خوددرمی آورند، چندانکه اندک اندک دیگرآنچه می ماندوسیله های نادرست است نه هدف درست. اماکمترکسی به این توجه کرده است که اگروسیله هابایدباهدف بخوانندهدف نیز بایدباوسیله هامتناسب باشد. باوسیله های محدود — هرچنددرست وستودنی — نبایدهدفهای بزرگ ودست نیافتنی درنظرگرفت. هدف بزرگ ومقدس داشتن و برای آن شعاردادن وآنگاه باوسیله های ناچیز به تحقق آن کوشیدن زیانش کمترنیست.

ازاینجاست که درشرایط بشری بایددیدتدریجی وتحولی داشت. وازاینجاست که انقلابهابیشترناکام مانده اندوستمگری ونارساییهای تازه راجانشین اوضاع واحوال پیش ازانقلاب کرده اند — وگاه همان ستمگری ونارساییهارابه صورت شدیدتر. آنهاکه انقلاب اسلامی ایران رافتنه می خوانندازدوجااشتباه می کنند. نه تنهاازاین جهت که این انقلابی به معنی کلمه بوده است — یک دگرگونی کامل وریشه ای وخشونت

بارسیاسی وروی کارآوردن گروههاولایه های اجتماعی تازه. بلکه ازاین جهت نیزکه انقلاب همیشه کلمه مقدسی نیست که بخواهندازانقلاب اسلامی دریغ دارند. انقلاب خشونت بارورادیکال سیاسی همین است: یک انفجارنومیدانه وو یرانگر؛ دست بالابخشیدن به بدترین عواطف انسانی وکورترین وواپس مانده ترین عناصرجامعه؛ بی اثرماندن نیروهای خردمندی وسازندگی. انقلابهای موفق وسازنده استثنابوده اندوتعریف خشونت بارورادیکال در باره بیشترآنهاصدق نمی کند.

کسانی که برگردانقلاب هاله تقدس می گذارندو پیوسته ازنیروهای انقلابی سخن می گویندازتوانایی خوددراصلاح وتغییرجامعه ناامیدند. شایدهم باز برای ایران خواب انقلاب یاانقلابهای تازه ای رامی بینند. اماپیشرفت واقعی تنهاباتغییر دادن آدمهاممکن است که نمی تواندناگهانی باشد. عمل سیاسی پیگیرومنظم ازسوی اکثریت بزرگ افرادجامعه سهم بزرگتری دراصلاح آن خواهدداشت تایک «هیستری» موقتی ـ حتی اگرچندسال هم درصورتهای گوناگون و پیوسته زشت ترخودبپاید ـ که همه چیزراو یران وازهم گسسته برجای می گذاردودهه هاونسلهاسیرتکاملی یک کشوررابه وقفه می اندازد.

انقلاب خشونت بارورادیکال به معنی تنگترکلمه، یک راه حل شتابزده وازسر بیحوصلگی است. تکبروگستاخی یک اقلیت است که می خواهدسیاستهای خودرابرهمگان تحمیل کند. آن اکثریتی که به انقلاب خشونت باررادیکال می پیوندندتقریباً همواره درتاریخ سرگشته و پشیمان شده اندوکیفرفرصت طلبی وسهل انگاری خودرابه سختی داده اند. کشورهای پیشرفته جهان درهرنسل یاهرقرن یک انقلاب نمی کنند. آنهاگام به گام پیش می روند. مردم خودرامی سازندوکیفیت زندگی وقدرت مادی خودرابالامی برند. برای آنهاانقلاب امرمقدسی نیست. بلایی است، مانندجنگ، که می کوشندخودراازآن بدوردارند.

یک لعنت انقلاب اسلامی برجامعه ایرانی دراین است که پس ازتجربه این انقلاب بیم آن می رودکه بیشترمردم ایران ازهرعمل سیاسی دلزده وخسته شده باشندواقلیتی، بیشتردرمیان جوانها، بسوی فعالیت انقلابی وتغییرخشونت بارریشه ای جامعه (بی شناخت جامعه ودانستن پیامدهای آن تغییر) رانده شده باشند. این هردوگرایش فال نیکی برای آینده ایران نیست. آزادیخواهان وملی گرایان آسوده ای هم که به رعایت حال این اقلیت، کلمه انقلاب ونیروهای انقلابی راازقلم وز بان خودنمی اندازند ـ هرچندخودانقلابیان بسیارغیرمحتملی هستند ـ تنهانشانه های راه گم کردگی راازخودظاهرمی سازند.

آن اکثریتی که ازسیاست بهم برآمده است ودیگر بهرکه راضی است وتنهارهاننده ای ازچنگال جمهوری اسلامی می جوید ـ هرکس که می خواهد باشد ـ وروز بروز بیشتردرژرفای بی اثری ودنیای خیالی قدرتهای بزرگ ومشیت هایشان فرومی رود، زمینه رابرای فسادواستبداد، درهیاتی تازه تر، آماده می کند؛ و بابیحرکتی خودعمررژیم کنونی رادرازترمی سازد.

بهمین اندازه زیانبخش، بالا گرفتن گرایشهای خشونت باردرمیان جوانانی است که درفضای نیهیلیستی کنونی ایران رشدمی کنند. پایین بودن پایه فرهنگی آنان، اکثریت بسیار بزرگ نسل جوان ایرانی، به آنان نیروی و یرانگرشگرفی می بخشد. محدودیت دیدآنان ترسناک است. جهان بینی آنان درفرمولهای چندخلاصه می شود. دردریایی ازخشم وکین شناورندکه نمی گذاردچیزدیگری ازدنیای پیرامون خودبگیرند. چشمان وگوشهای خودرابرتاثیرات بیرونی می بنندمباداعزم انقلابی شان کاستی گیرد. هرچه جزخودشان برایشان دشمن است که بایددرمراحل گوناگون ازمیان برداشت. باانديشه مصالحه وتوافق وهمکاری ومدارابیگانه اند. در پاکی وسرسپردگی خودبه چنان حق بجانبی رسیده اندکه، جز به دلایل تاکتیکی، دیگرحقی برای کسی نمی شناسند. باآنکه همه چیزرابامعیارهای انقلابی خودمی سنجندواینکه چه اندازه به قدرت رسیدنشان راآسان یادشوارکرده است ومی کند، کمتردراندیشه آماده کردن خودبرای اعمال قدرت به صورت سازنده هستند.

این جوانان ازگذشته کشورخودبیخبرندوتصوری ازآنجاکه پدر بزرگهاو پدرانشان ناگزیر بودندآغازکنندندارند. آن درجه از پیشرفت راکه ایران تا۱۳۵۷به آن رسیدیابه حساب نمی آورندیاامری خودبخودومسلم می گیرندوواردچندوچون ومسایل آن نمی شوند. چشم اندازتاریخی شان تنگ است.

هنگامی که سخن ازضرورت حیاتی یک توافق گسترده وحداکثردر باره آینده ایران می رودهدف منحصر به براندازی مذهبیان رزمجونیست که هرچنداسباب سرکوبی وفشاررادردست دارندپشتیبانی تقریباهمه ایرانیان را، جزچندصدهزارتنی ازکف داده اند. روزهای آنهاشمرده است. رژیم آخوندی تنهایک سخن برای گفتن دارد: کشتار. زمانی تالیران به ناپلئون گفته بودکه باسرنیزه همه کارمی توان کرد، ولی روی آن نمی توان نشست. ملایان اکنون، درسترونی فکری خود، روی سرنیزه، نشسته اند. تاکی باشدکه نوک سرنیزه ازعمامه هابیرون بزند.

سرنگونی استبدادوترورآخوندی تنهامرحله نخستین است. بایدبو یژه برای پس ازآن آماده بود. این دوران کابوس که همه آرزودارند بتوانندفراموشش کنندگرایشهای مستبدانه وافراطی، بذرنیهیلیسم، رادرکشور پاشیده است. ایرانی که هیچگاه همسایه خوبی برای ایرانی نبوداکنون گرگ ایرانی شده است. ازهرسوگفتگوازمرگ وکشتارونابودی می رود. حتی همکاریهاوائتلافهابه صراحت برای آنست که پس ازرسیدن به مقصد «مشترک» کارهمکاروموتلف یکسره شود. افرادبیشمارآماده اندبرای آرمان خود ــ که کمترین تردیددرحقانیت آن ندارند ــ خون هزاران وصدهزاران رابریزند ــ ودرراه منافع خودخونهای بیشتری را. ملت ایران برای آنهاخمیری است که بایدبریدوفشردو برآتش نهادتاشکل دلخواهشان رابگیرد. درصدسال گذشته هیچگاه توده ایرانی رااینهمه بی قدرومصرف کردنی نینگاشته بودند. صرف همداستانی دردشمنی باخمینی بس نیست که چنین فضای فکری خطرناکی رادگرگون سازد.

اصول فکری یک جامعه نوین

جریان اصلی ایدئولوژیک درجامعه ایرانی، تاپیش ازغلبه گرایشهای نیهلیستی راست وچپ درسه ساله گذشته، آمیزه ای ازآزادیخواهی، ناسیونالیسم، ترقیخواهی وعدالت اجتماعی بوده است. ازاین اصول فکری می توان اندیشه های اصلی رادر باره شکل حکومت واجتماعی که بایددرراهش پیکارکرد گرفت.

آزادیخواهی به معنی سپردن کارمردم به دست مردم ومسئول بودن حکومت دربرابرمردم است. یک نظام حکومتی که درآن رای اکثریت حکومت کندوحقوق اقلیت تضمین شودوتعادل میان نیروهای سیاسی محفوظ بماندوهمه افراددر برابرقانون برابر باشند وانتقال قدرت سیاسی تنهابارای مردم امکان یابدوهیچ نهادیافردیا گروه یاسازمانی نتواندقدرتی بیش ازآنچه درقانون بدان داده شده اعمال کند. آزادیخواهی برطرف کردن هرگونه تبعیض طبقاتی وجنسی ونژادی وعقیدتی وجلوگیری ازتجاوزازهرناحیه وزیرهرعنوان است.

ناسیونالیسم تجلی اراده ملت است به حفظ حقوق وهو یت خودو پایداری دربرابردست اندازیهای دیگران ودفاع ازمصالح ملی. ناسیونالیسم اصل راهنمای سیاستهای خارجی وروابط بازرگانی باکشورهای دیگروسیاستهای فرهنگی است.

ترقیخواهی به معنی یک تعهدملی وهمه جانبه به امرتوسعه اقتصادی وسیاسی واجتماعی وفرهنگی است. تامین آن درجه ازرفاه و بهروزی برای مردم که درتوانایی اقتصاداست وافزایش مداوم ظرفیت اقتصادبرای بهروزی بیشترمردم و بهبود کیفیت نیروی انسانی وتکمیل تاسیسات زیرساختی جامعه. ترقیخواهی، آرزووتلاش یک ملت برای غلبه بر بینوایی وواپس ماندگی ورسیدن به جهان امروزی است وساختن یک جامعه آبادنیرومندباانسانهای مرفه.

عدالت اجتماعی به مجموعه سیاستهایی گفته می شود که هدف آن دادن فرصت برابر به افرادوتعدیل نابرابریهای اجتماعی وحمایت ازمحرومان وتامین آینده افراداست.

پیش ازهمه بایدموضوع شکل حکومت روشن گردد. اگرقراراست قانون اساسی مشروطیت آغازگاه توافقهاباشدشکل حکومتی مشروطه سلطنتی یک پایه اصلی آن قانون اساسی است. اماپایبندی به قانون اساسی مشروطیت تنهایک استدلال برای مشروطه سلطنتی بشمارمی رود. ازآن گذشته مساله شرایط ومقتضیات کشوری مانندایران است که یک حکومت پادشاهی مشروطه رامناسب ترین جلوه می دهد. درسرزمینی ازاقوام گوناگون باتفاوتهای آشکاردرز بان ومذهب و— برای چنددرصدی ازجمعیت — نژاد، سلطنت همواره یک عامل متحدکننده بوده است. پادشاه به عنوان مظهراقوام ایرانی عمل می کندواین نقشی است که هیچ نهاددیگری، ازجمله یک رییس جمهوری انتخابی، نمی تونداشته باشد. اگردراستان یااستانهایی یک رییس جمهوری رای اکثریت نیاورده باشدنمی توان اوراعامل متحدکننده شمرد. چه

بسادرآن استان یااستانهااوراریس جمهوری واقعی ندانند. انتخابات رییس جمهوری هرچندسال کشوررابه مرزبحران خواهدبرد. زیراایران سازمان سیاسی دمکراسی های باختری راندارد. برسرریاست جمهوری رقابتهابه آسانی ازحدودمجازدرخواهدگذشت هیچ کس خودراکمترازدیگری شایسته آن سمت نخواهددانست.

تازه اینهمه درصورتی است که رئیس جمهوری به سرعت زمینه رابرای ریاست مادام العمرآماده نسازد، یاهرچندگاه یک کودتابه عمررئیس جمهوری «مادام العمر» پایان ندهدورژیم جمهوری جز پوششی برای مداخله نهادی ارتش درسیاست نباشد.

کسانی ممکن است علاقه شخصی به رژیم جمهوری درایران داشته باشند، یاازاینکه در۱۳۵۷باسلطنت مخالفت ورزیده اندبه چنان موقعیتی افتاده باشندکه بهربهابکوشندجلوی بازگشت پادشاهی مشروطه رابگیرند. آنهامانندهمه کسانی که سرنوشت کشوررادرچهارچوب ملاحظات تنگ شخصی خودمی نگرندبردمحدودی دارندووقت زیادی نبایدصرفشان کرد. برای اکثریت ایرانیان بایدملاحظات گسترده تروعمومی تری مطرح باشد. سرنوشت رژیمهای جمهوری درکشورهای جهان سوم، درکشورهایی همه کم و بیش همانندایران، که ازنظررشدفرهنگی درحدوداروپای باختری درسده های هفدهم وهژدهم هستندوازنظرسازمان و پختگی سیاسی دراوایل سده نوزدهم بسرمی برند، در برابرچشمان ماست.

ثابت ترین رژیمهای جمهوری دراینگونه کشورهاعمومامادام العمرودیکتاتوری هستند. درمکزیک نمونه دیگری موفق بوده است. یک رئیس جمهوری که تنهابرای یک دوره شش ساله برگزیده می شود. ولی درآن کشوریک حزب چندین دهه است قدرت راسراسر بدست داردوهررئیس جمهوری جانشین خودرابرمی گزیندوعمومارسم برآنست که درآن شش سال قدرت، چیزی راازاغتنام فرصت فروگذارنمی کند.

اگرکسی همه آرزو یش این نباشدکه رئیس جمهوری ایران بشود، بو یژه پس ازآزمایشی که بانخستین رئیس جمهوری داده شد ــ کسی که تنهامی خواست، بهربهاو باهرنتیجه، به آرزوی همیشگی اش برسد ــ ناچاردرباره مناسب بودن این شکل حکومت تردیدهای جدی خواهدداشت. رئیس جمهوری که همه عمرقدرت دیکتاتوری داشته باشد رئیس جمهوری نیست. آن کس نیزکه هرروزروی صندلی ناپایدارش ازبیم برکناری برخودبلرزدرئیس جمهوری نیست.

ممکن است کسانی نمونه هندراپیشنهادکنند ــ یک دمکراسی بارئیس جمهوری تشریفاتی. ولی هندازاستثناهای جهان سوم است. بایک سنت دمکراتیک ونهادهای نیرومندکه درکمترجای دیگرمانندی دارد. وتازه هندرابایددر پرتوواقعیات حکومت خانوادگی کنونی نگریست، باگرایشهای سلسله ای آن. یک حکومت اقتدارگرا (اتوریتارین) که برای همیشگی کردن خودازهمه شیوه هابهره می گیرد، درحدودقانون عمل می کندوازقانون هم فراترمی رود، واگر «وضع فوق العاده» شکست خورد «اختیارات و یژه» می گیردواگردادگستری مستقل مانع شدازاستقلال آن می کاهدوهمه قدرت حکومتی ومنابع مالی رابی پروابرای بردن انتخابات بسیج می کند.

هندیک آمیخته دیکتاتوری ـ دمکراسی وجمهوری ـ پادشاهی موروثی شده است. نمونه ای است که قابل تقلیدنیست واگراصراری براین باشد، می توان نمونه های تقلیدناپذیر بسیار بهتری رابرگزید.

در برابر، پادشاهی مشروطه ازخوددرشرایط گوناگون نیروی زندگی وسودمندی استثنائی نشان داده است. نه تنهاپاره ای از پیشرفته ترین کشورهای جهان ازژاپن وارو پای شمالی و باختری این شکل حکومت رابرای خودمناسب تریافته اند، درکشورهایی مانندبلژیک یااسپانیایاتایلندسلطنت مهمترین عامل ثبات سیاسی و یگانگی ملی است.

در بلژیک که میان فلامانهاووالونها، بااحزاب فراوان هریک ازدوقوم، دو پاره شده است پادشاه را «تنهابلژیکی» می نامند. اوست که نمی گذاردهمه رشته هامیان دوقوم پاره شوندونفوذ موثری است برای آنکه احزاب متعددازمیان اختلاقات سیاسی وقومی خودبه درجه ای ازتوافق برای اداره کشور برسند. دراسپانیا، چنانکه پیاپی نشان داده شده، پادشاه بزرگترین مدافع دمکراسی وضامن نگهداری یک پارچگی کشوردر برابرنیروهای گریزازمرکزاست. درکامیابی یکی ازموفق ترین آزمایشهای انتقال ازدیکتاتوری به دمکراسی، که پس ازفرانکودراسپانیاروی داد، پادشاهی مشروطه سهم حیاتی داشته است. درتایلندکه پادشاه کمترین نقش سیاسی رادارد‌ومقامی صرفاتشریفاتی است پنجاه سال است که دوام پادشاهی درمیان کودتاهای پیاپی واقوام گوناگون ــ وعموماناراضی و بی آرام ــ کشوررانگهداشته است. احترام مقام اودرهمه واژگونیهای حکومت ازخونریزی جلوگیری کرده است و به تازگی حکومتی راکه ازسوی فرماندهان ارتشی آزمندتهدیدمی شدبااستفاده ازحیثیت خودرهانیده است.

ادامه نظام پادشاهی مشروطه که به صورت طبیعی است، قرارداشتن آن برفرازکشاکشهای سیاسی روزانه، وابسته نبودن آن به یک یاچندنیروی معین وارتباطش باهمه کشور، نداشتن قدرت اجرائی که آن راازآلایشهای مسئولیت پاک می دارد، به پادشاهی نیرو یی بخشیده است که بیشتر به اصطلاح جمهوریهاازآن بی بهره اند. پادشاهی دراین مفهوم ازجمهوری، چنانکه درتفریباهمه کشورهای جهان سوم شناخته شده است، هم پایدارتر، هم دمکراتیک تر، هم به صرفه تراست وهم به کشور بیشترخدمت می کند.

سلطنت مطلقه واستبدادی البته ازاین مقوله بیرون است وزیانهای جمهوری استبدادی رادارد. درقانون اساسی مشروطیت ایران پادشاه ازاختیارات ومسئولیت مبراست و پادشاهی بایددرایران آینده دقیقابراین خطوط باشد. حاکمیت وحکومت دردست مردم است وتوسط مجلس شوراوسناودولت مسئول آن اعمال می شود. اگرابهامهایی قانونی دراین زمینه هاباشدبایدبرطرف گردد. همچنانکه پیش بینی های قانونی لازم بایدبرای تضمین استقلال قوه قضائی بشود. به دادگستری بایدنقش ناظر برهمه امورکشورومدافع حقوق افرادوسازمانهاراداد. دادگستری وظایفی

بسیار گسترده ترازآن دارد که ماتاکنون درایران باآن آشنابوده ایم. دادگستری نگهبان حقوق فرددر برابرنهادهاونهادهادر برابرفرداست وازنظرسازمان وگزینش قضات وحقوق وحدودعمل آنهابایدمتناسب وظایف گسترش یافته خود گردد. تبعیض میان افرادکشوروتجاوز به حقوق آنهازیرهرعنوان وازسوی هرمقام وقانونی بایدمنع قانون اساسی پیداکند. اینهاهمه جنبه هایی ازقانون اساسی است که نیاز به روشنگری واصلاح داردو به موجب خود آن قانون امکان خواهدداشت.

به هدف نهائی یک جامعه آزادباافرادی درحقوق برابرومصون ازتجاوزوتبعیض، اجزای یک ملت به معنی واقعی، و یک حکومت دمکراتیک درایران بانظام پادشاهی مشروطه زودترمی توان رسیدتاباجمهوریتی که مشروعیت آن پیوسته موردسئوال وادامه آن پیوسته درمعرض تهدیداست. یک نظام پادشاهی رابیشترمی توان اززیاده روی برحذرداشت، زیراپادشاهی متعهدادامه خویش است و بایدمصالح نسلهای آینده خودرانیز پیوسته درنظرداشته باشدو بایک فردآغازو پایان نمی گیرد. درسهای گذشته نیز باماست ونباید گذاشت زیر پرده تملق و پرستش شخصیت یامصلحت اندیشی های کاذب فراموش شود.

برای آنکه پادشاهی، مشروطه بماندودمکراسی درجامعه ای که هنوزسنتهاوطرز تفکردمکراتیک درآن ریشه دارد پابرجاشودنهادهای دمکراتیک بایدتقویت و پاسداری شوند. ازمهمترین آنهااحزاب واتحادیه های کارورسانه های همگانی هستند. احزاب باهرگونه پایه های فکری و برنامه های سیاسی واقتصادی بایدحق فعالیت آزادداشته باشند، مگرآنکه درددادگاه وابستگی آنان به کشورهای بیگانه ثابت گردد.

هیچ باکی نبایدازاختلاف نظروسلیقه، حتی اختلافهای اساسی، داشت. تنهاشرطی که بایدباسختگیری رعایت شودآنست که احزاب، ونیزگروههاواتحادیه ها، مستقل ازقدرتهای بیگانه، دمکراتیک وغیرمسلح باشند. یک دمکراسی می تواندعقایدمخالف راتحمل کندولی حق ندارداجازه دهدکه ازمدارای آن برضدجامعه ودمکراسی بهره برداری شود. انجمنهایی که دردرون خودبه شیوه دمکراتیک عمل نمی کنند، یابرضدنظام دمکراتیک اسلحه دردست می گیرندیاعامل سیاستهای بیگانه اندبهیچ روی قابل تحمل نخواهندبود. دادگستری به اتکای قانون اساسی مرجع رسیدگی بهرشکایتی درباره سؤجریانات وشیوه های غیردمکراتیک درانجمنها — احزاب وگروههاواتحادیه های کار — است وازمنافع جامعه دفاع خواهدکرد.

به زبان دیگراین شیوه عمل انجمنهاست که بایدبرطبق موازین دمکراتیک زیرنظارت قرارگیرد. درباره اصول فکرو عقایدهیچ انجمنی — تاآنجاکه وابسته به قدرتهای بیگانه ومسلح وغیردمکراتیک نباشد — کسی حق مداخله نخواهدداشت. هرانجمنی می تواندباهرعقیده ای درچهارچوبهای دمکراتیک فعالیت داشته باشد. اگرفردی یامقامی باتشکیل انجمنی موافق نباشدوآن رابرضدمنافع جامعه بداندمی تواندبه دادگاه برود.

اتحادیه های کار (کارگران، کارمندان، پیشه وران، صاحبان مشاغل...)

بایدآزاد، غیرانحصاری، غیراجباری ودمکراتیک باشند. دادگستری بایدجلوی هرتجاوزی رابه حقوق اتحادیه هاواعضای آنان، همچنانکه هرسؤ استفاده وزیاده روی راازسوی اتحادیه های کاربگیرد. منابع مالی وشیوه های عضوگیری اتحادیه ها، مانندهمه انجمنهای دیگر، بایدزیرنظارت قانونی باشد.

نبایداجازه دادآزمایش اتحادیه های کارگری انگلستان درایران تکرارشود. تسلط یک گروه حرفه ای براتحادیه هایی که پیوسته ازشیوه های دمکراتیک دورترمی افتند (به حدی که اگرکارگری نخواهددراتحادیه ای عضوشودکارخودراازدست می دهد) وتمرکزقدرت مالی دردست کسانی که عموما‌مشاغل خودرادهها‌سال نگه می دارندوموقعیت خودراازراههای غیردمکراتیک بدست آورده اندودرراههای غیردمکراتیک بکارمی برند، صنعت وجامعه انگلستان رابه بن بستی انداخته است که درآینده قابل پیش بینی گشایشی درآن به نظرنمی رسد.

درکشوری مانندایران بویژه رعایت شیوه های دمکراتیک بایدهمواره باملاحظات امنیت ملی همراه باشد. دمکراسی رانبایدبهانه ووسیله ای برای اعمال نفوذبیگانگان ورخنه عوامل بیگانه ودشمنان استقلال وتمامیت ارضی ایران قرارداد. آزادی نبایدبه زیان ناسیونالیسم تمام شود.

اعمال چنین سیاستی درزمینه فعالیتهای سیاسی ورسانه های همگانی البته بسیاردقیق وحساس است. هرگونه زیاده روی درمراعات آزادی دست خرابکاران راخواهدگشودوهرزیاده روی درجلوگیری ازخرابکاری ورخنه گری خطرخفگی و یکنواختی اندیشه راپیش خواهدآورد. رسانه های همگانی (مطبوعات، انتشارات، سینما) بایدآزادباشندولی این آزادی به معنی آزادی عمل هرکس قلمی یادوربینی بدست گرفت نیست. آزادی رسانه هارابایدهم دربرابر دست اندازیهای دولت وهم بی مسئولیتی وملاحظات شخصی وفردی دست درکاران رسانه هاحفظ کرد. یک خطربزرگ که آزادی رسانه هاراتهدیدمی کندازخودآنهابرمی خیزد. اگردست درکاران رسانه هاآزادی راچنان تعبیرکنندکه رسانه هادرخدمت آنهاومنافع آنهاست دیریازودنشانی ازآزادی نخواهدماند.

ازهیچ حکومتی نمی توان انتظارداشت که اگرقرار برسؤ استفاده ازرسانه هاست اجازه دهدکه دیگران، نه خودش، سؤ استفاده کنند. وقتی رسانه هادرخدمت منافع وگروههای فشارقرارگیرندیابه عوامفریبی پردازندآنگاه احترامی برایشان نخواهدماندوهرکه زورش بیشتراست برآنهاچیره خواهدشدودرکشوری مانندایران مسلمااین حکومت است که زورش خواهدچربید.

شایدتنهامانعی که بتوانددرشرایط ایران جلوی دست اندازی حکومت رابررسانه هابگیردهمان مفهوم نه چندان مشخص حیثیت واحترام رسانه هاست؛ چه خودرسانه هابه عنوان نهادهایی بامعیارهای بالای حرفه ای وچه دست درکارانشان به عنوان انسانهایی باسطح اخلاقی وحرفه ای قابل ملاحظه. حیثیت واحترام رابامیزان فروش نبایداشتباه کرد. ممکن است رسانه هاازنظر بازرگانی بسیارسودآور باشند. ولی

حیثیت واحترامی که می تواندآزادی رسانه هاراحفظ کندچیزدیگری است. مردم درتحلیل آخر به رسانه هایی که سطح انتلکتوئل واخلاقی بالا تری دارندواصول خودرانگه می دارندودراوضاع واحوال متغیرمانندبرگ روی آب به اینسووآنسونمی چرخندبیشتراحترام می گذارندتاآنهاکه درهرموقعیت می کوشندبهر بهاخوشایندگروههاوافرادبیشتری باشند. دلیلش آنست که مردم برای رسانه هاورهبران خودمعیارهای اخلاقی وانتلکتوئل بالا تر وسختگیرانه تری بکارمی برندتابرای خودشان وازآنهاانتظاردوراندیشی و پایداری بیشتری دارندتاازخودشان. رسانه هایی که همواره دنبال موج غالب حرکت می کنندومواضع خودرابه اقتضای زمان پیوسته تغییرمی دهنددرچشم مردم وحکومتهاازحیثیت کمتری برخوردارندتاآنهاکه به ملاحظات بالا تری وفادارمی مانند. درسیاست محبوبیت یااقبال عمومی رابااحترام واعتمادنبایدلزومایکی شمرد.

مساله عمده آنست که رسانه هاازخودتصویرذهنی شیئی قابل خریدوقابل اعمال نفوذنسازندودست درکارانشان چنان شناخته نشوندکه تنهادنبال سودجویی هستند. ازآزادی رسانه هاتنهاباقانونهاونهادها، هرچه هم تندوسخت، تاخودشان بدین گونه کمک نکنند، نمی توان دفاع کرد. آنهاکه به رسانه هاصرفابه عنوان یک رشته دیگرکسب وکارمی نگرندبهتراست واردآن نشوند. رسانه هاجنبه های بسیارنیرومنداجتماعی ـ سیاسی نیزدارندکه آنهارادرمقوله ای میان نهادهای اقتصادی ـ مالی وسیاسی ـ اجتماعی قرارمی دهد، باوظایف والزامهایی که هیچ جنبه کسب وکارندارند.

قوانین مشخص درباره مسئولیت مدنی رسانه هاوجبران زیانهای افرادونهادهادر برابررسانه هاهمان اندازه برای آزادی رسانه هاحیاتی خواهدبودکه جلوگیری قانونی ازمداخلات سازمانهای دولتی درکارآنها. ازآنجاکه ازسانسورگریزی نیست ــ زیراهراجتماع درهرزمان معیارهای رفتاری معینی داردکه تنهابه تدریج وآهستگی تحول می یابد ــ یک هیات انتخابی ازقوای حکومتی ونهادهای اجتماعی می توانندتشکیل یابدکه اعضای آن هرچندسال تغییریابندورسانه هاراازنظراخلاقی کنترل کنندوجلوگیری ازانتشارمطالبی راکه بامعیارهای رفتاری اکثریت بزرگ جامعه تضادآشکاردارددازدادگاه بخواهند. اماسانسورسیاسی جایزنیست ومطالبی که جنبه اهانت به مقامات کشورداشته باشدمانندهرجرم دیگری ازاین گونه قابل تعقیب دردادگاه خواهدبود.

مالکیت رادیو ــ تلویزیون بهتراست ازآن دولت باشد. زیرافراوانی ایستگاههاوتنوع وگزینش در برنامه هاممکن است به اشباع برسد. افرادوخانواده هارانمی توان بیدریغ درمعرض نفوذرسانه های الکترونیک قرارداد. اوقات فراغت مردم نبایدهمه در برابرتلویزیون سپری شودوتماشای برنامه های تلویزیونی نبایدجانشین تماسهای اجتماعی گردد. ازاین گذشته مالکیت دولتی رادیو ــ تلویزیون اجازه خواهدداد برجنبه آموزشی آنهاتاکیدبیشتری بگذارندوازتکیه بیش

ازاندازه برتبلیغات بازرگانی بکاهند.

آزادی رسانه هاآزادی هرگونه فعالیت فرهنگی را ــ از پژوهش علمی تاآفرینش هنری ــ به دنبال داردزیرااین هردوازمظاهرآزادی اندیشه اند. فعالیت فرهنگی بررو یهم بی کمک دولت، آنهم درکشوری نیمه سوادوواپس مانده، به چیزی نخواهدرسید. ولی مداخله دولت، حتی به صورت کمک، این اثرمنفی رادارد که ممکن است جلوی آزادی اندیشه رابگیرد. درایجانیز بایدمنابع مالی رابه توصیه هیاتی انتخابی وصلاحیتدارتخصیص داد. علاوه براین به منظورافزودن براعتبارات وتنوع بخشیدن به منابع، کمکهای افرادوموسسات رابه فعالیتهای معتبرفرهنگی مشمول معافیتهای مالیاتی ساخت.

یک جامعه دمکراتیک وکارامدرانمی توان به شیوه متمرکزاداره کرد. این ضرورت عدم تمرکزراساخت قومی ایران تقویت می کند. ایران سرزمین اقوامی است که به زبانهای گوناگون سخن می گویندودراستانهای مربوط به خود ــ کم و بیش ــ گردآمده اند. برای این اقوام واستانهااختیارات محلی واختیارات فرهنگی هردومطرح است. عدم تمرکزدرایران بایدهم جنبه اداری وهم فرهنگی داشته باشد.

اداره کشورازتهران درگذشته کارامدنبودو به بهبودسیاستهاوروشهای اداره کمک نکردو برناهماهنگی عمومی فراگردتوسعه کشورافزود. عدم تمرکز باآنکه برهمه زبانهابودبه جایی نرسید، به سه دلیل. نخست، درحالی که همه نظام سیاسی کشوربرحداکثرتمرکزقدرت دردست یک مقام استوار بودنمی شدعدم تمرکزراحتی در پایتخت عملی کردچه رسدبه استانهاوشهرستانها. دوم، درتخصیص منابع مالی هیچ تعهدمشخص والزام آوری درباره استانهانبودواعتبارات درچهارچوب برنامه های کلی صرف می شد. سوم، وزارتخانه هاوسازمانهای دولتی اگرهم اختیارات خودرابه ماموارنشان دراستانهاوشهرستانهامی دادنددرهرزمان می توانستندآنهاراپس بگیرند.

کلیداصلی عدم تمرکزدرتخصیص منابع مالی است. بایدبراساس جمعیت وباحساب ضریب عقب ماندگی، اعتبارات عمرانی رامیان استانهاتقسیم کرد. چنین تعهدی شرایط لازم رابرای اداره غیرمتمرکزوسیاستگزاری غیرمتمرکزفراهم خواهدآورد. انجمنهای استان وشهرستان، چنانکه درقانون اساسی مشروطیت نیز پیش بینی شده، بایدبالاترین مراجع تصمیم گیری درمنطقه های خودباشند. ماموران دولت زیرنظرانجمنها کارخواهندکردو وزارتخانه هاوسازمانهای دولتی بودجه هاواختیارات لازم رابه آنهاخواهندداد. کارهای اجرائی راتاآنجاکه بتوان بایدبه شهرداریهاوسازمانهای محلی سپرد.

روشن است که عدم تمرکزسیاسی واداری، حدودخودرادارد. گذشته ازامورخارجی ودفاعی، برنامه ریزی عمومی وطرحهایی که بیش ازیک استان رادربرمی گیرندونیزسیاستهای مالی واقتصادی ملی ازشمول عدم تمرکز بیرونند. هرچه درقلمروحاکمیت پولی وملی است بدست حکومت مرکزی خواهدبود. نیروهای انتظامی درهراستان زیرنظرمقامات محلی قرارخواهندگرفت ولی فرماندهی عالی آنان

باید بامرکز باشد.

در باره عدم تمرکزوخودمختاری وخودگردانی دردوران نابسامانی جمهوری اسلامی سخنان بسیارگفته شده است وگروههایی کارراتابرخوردهای مسلحانه کشانیده اند. امااملاحظات حاکم برهرسیاست عدم تمرکزدوچیز بیشترنیست: دمکراسی وکارایی. کارمردم راباید به مردم سپردوتصمیم گیری راباید به اجزأ آن بخش کردتاهمه دست درکاران نظر بدهندوهمه اوضاع واحوال درنظرگرفته شود، واجرارابایدازکاغذبازی و پیچ وخمهای اداری هرچه ممکن است آزادکردتابیشترین درجه ابتکارفردمجال یابد.

به عدم تمرکز بایددرفضای تهی ازاحساسات تنداندیشیدو بو یژه بایدواقعیات ایران رابه نظرآورد. ایران یک منبع درامداصلی دارد که بیشتر بودجه ملی وتقریباهمه درامدخارجی کشورازآن است. این درامدازدواستان جنوب باختری کشور بدست می آید. درهرترتیبات عدم تمرکز بایداین واقعیت حیاتی رادرشمارآورد. همه استانهابایدازیک درجه خودگردانی برخوردارشوندونمی توان به برخی اختیارات بیشتری داد. خودگردانی بایددرحدی باشد که بتوان به همه استانهاازاین سرچشمه درامدملی کمک کرد. این کاروانی است که باید به سرعت کندترین اعضای خودحرکت کند. سرعت تندروترین اعضاآن راازهم خواهد گسست.

منظورازعدم تمرکزفرهنگی احترام گذاشتن به زبان وفرهنگ اقوام گوناگون ایرانی است. سخن گفتن وخواندن ونوشتن به زبان مادری حق هرکسی است. زبان ملی جای خودرادارد وهمه افرادملت بایدآن رابه عنوان زبان ارتباط همگانی وحامل یکی ازمهمترین ادبیات جهان بیاموزند. تقویت زبان وفرهنگهای محلی هیچ آسیبی به وحدت ملی ایرانیان نخواهدزد، چنانکه نمونه کشورهای بسیارنشان می دهد. ناسیونالیسم ایرانی راباناسیونالیسم فارسی نبایداشتباه کرد. آذربایجانیان به ترکی سخن می گویندودر۵۰۰سال گذشته درصف مقدم ناسیونالیستهاومیهن پرستان ایران قرارداشته اندوچندتنی ازبهترین گویندگان ونویسندگان فارسی راهم به کشورداده اند.

دراداره اقتصاداصل عمده کارایی است: چگونه ازمنابع کشورحداکثر بهره برداری برای تولیدبیشترین ثروت بشودونیروی انسانی به بالاترین حداشتغال و بهره وری برسد؟ این زمینه ای است که کمترین تحمل رادر برابر راه حلهای دگماتیک ومکتبی دارد. آنچه مربوط به عدالت اجتماعی می شودپس ازمرحله تولیدمی آید. اول بایدظرفیت تولیدرابه اندازه کافی بالابردوسپس در پی توزیع عادلانه میوه های آن ــ تاآنجاکه می توان ــ برآمد. به نام عدالت اجتماعی جلوی تولیدو بهره وری راگرفتن، ظرفیت تولیدی رابیهوده گذاشتن ومنابع راتلف کردن، به بینواترین گروههای اجتماعی ستم رواداشتن است و برشماره بینوایان افزودن.

تولیدنیاز به انگیزه داردوانگیزه تنهامالی نیست. سودیامزدتنهابخشی ــ اگرچه بخش بزرگتری ــ ازتلاش انسان راتوضیح می دهد. بخش دیگرآن احساس شرکت

داشتن وموثر بودن است. ابتکارخصوصی به معنی آزادکردن توانایی های سازنده انسانهاوعرضه داشتن بیشترین انگیزه به آنها، طبیعی ترین وعملی ترین روش برای افزایش تولیدواشتغال است.

انحصار، چه دولتی وچه خصوصی، ابتکاروروحیه کارآفرین (آنترو پرونور) راناتوان می کند. نبایدبه نام ملی کردن، اداره موسسات رابه دولت سپردوامری راکه درهرمرحله نیازبه ابتکاروتصمیم گیری وقبول خطرونوآوری وازخودمایه گذاشتن افرادبیشماردارد ــ یعنی تولیدوتوزیع ــ درچنبریک دیوانسالاری ــ باگرایشهای چاره ناپذیرش به ناکارایی وفساد ــ گرفتارکرد. بو یژه درکشورهایی مانندایران ظرفیت مدیریت اجازه نمی دهدکه باردولت راازآنچه هست سنگین ترکنند. دولت اگر بتوانداعمال حاکمیت ونظارت رابه درستی انجام دهدبایدخشنودبود. اداره تولیدوتوزیع بایدهرچه غیرمتمرکز ترباشدو یکسره به بخش خصوصی و بویژه تعاونیهاسپرده شود؛ جزدرصنایع استراتژیک مانندنفت وگازوانرژی وراه آهن وارتباطات که به ملاحظات امنیت ملی بایددردست دولت باشند.

بهمین ترتیب انحصارهابایدشکسته شوندوازرشدآنهابه زیان ابتکارخصوصی جلوگیری گردد. تمرکزصنایع دردستهای معدود، همه زیانهای اداره دولتی صنعت رادارد، مگرآنکه دولت دست کم می تواندادعاکندکه ازسوی جامعه عمل می کندودرخدمت افرادمعین نیست.

نقش اصلی دولت دراقتصاد (گذشته ازاداره بخشهای استراتژیک) آزادکردن نیروهای تولیدی وحمایت آنهادر برابرانحصارات ورقابتهای غیرمنصفانه داخلی وخارجی، تشویق سرمایه گذاری وفراهم آوردن شرایط رشداقتصادی (توسعه زیرساخت، آموزش نیروی انسانی، اعتبارات ارزان وآسان، معافیتهای مالیاتی) ودفاع ازمنافع تولیدکننده ومصرف کننده وجلوگیری اززیاده روی وتجاوزازهرناحیه است.

تسلط دولت براقتصاددراوضاع واحوال ایران یک پیامددیگرسیاسی داردکه بایدآن رابازشناخت. به برکت درامدنفت، دولت درایران یک سرچشمه عملامستقل درامدداردکه بدان تاکنون نیروی سیاسی بیکرانی به زیان دمکراسی داده است. برخلاف حکومتهایی که بایدهزینه های خودراازفردفردمردم بدست آورند، حکومت درایران درامدی مستقل ازمردم دارد. درغیاب نهادهای سیاسی واجتماعی نیرومند، این درامدبه اضافه تسلط براقتصادبه حکومت موضعی درجامعه خواهدداد که چندگانگی قدرت سیاسی راناممکن خواهدکرد. جامعه چندگانه (پلوراليستی) راباافتصادیک سو یه دولتی که درامدسرشارنفتی راهم دراختیارداردنمی توان ساخت. دراین تعبیر، ملی کردن صنایع ضربتی بردمکراسی سیاسی خواهدزدوچنانکه تجربه نشان داده به برقراری دمکراسی اقتصادی هم خدمتی شایان نخواهدکرد.

سپردن تولیدوتوزیع به بخش خصوصی وتعاونی ــ جزدر پاره ای زمینه های استثنایی واستراتژیک ــ نه تنهایک ضرورت کارایی است، ضرورت سیاسی به ملاحظات دمکراتیک هم هست. اگرهمه تصمیم هارادریک دیوانسالاری

بگیرندووسیله اجرایش راهم برکنارازجامعه داشته باشندچه نیازی به دمکراسی خواهدبود؟ دمکراسی چگونه ریشه خواهدگرفت ورشدخواهد کرد؟

اگراقتصاددولتی درهمه جاشکست خورده است و به نام ملی کردن موسسات نبایدهمه مردم راحقوق بگیردولت کرد، اداره شورائی موسسات نیزشعاردیگری است که نتایج عملی آن هیچ مناسبتی باظاهردمکراتیک آن ندارد. این شعار پس ازشکست سرمایه داری دولتی ــ زیرعنوان ملی کردن ــ باب روزشده است. امادرسپردن موسسات به کارکنان آنهادواشکال اساسی هست: نخست، چراموسسه ای که باسرمایه دولت یابخش خصوصی باقبول همه مخاطرات آن بر پاشده به یک عده معین داده شود؟ هرعده دیگری می توانندگردآیندودعوی کنندکه آن موسسه رادردست گیرندو بسیاری می توانندثابت کنندکه حتی موسسه رابهترازاره خواهند کرد.

مشکل دوم که بو یژه درکشورهای واپس مانده باسطح پایین فرهنگی وسازمانی جنبه حادمی یابدآنست که چنین شیوه ای معمولاً یک پیامدبیشترنخواهدداشت ــ ورشکستگی موسسه وافتادن آن بدست دولت. شورای کارکنان برای آنکه دو باره انتخاب شودامتیازات هرچه بیشتری پخش خواهدکرد. اعضای موسسه که حقابه آینده اطمینانی ندارندبرای گرفتن پاداشهای بیشتر، تافرصتی هست، فشارخواهندآورد. در بیشترموارد گرایش عمومی برکارکمترودرامدبیشترخواهدبود. دمکراسی هم به تندی جای خودرابه دسته بندیهاوکارکردهای مشکوک خواهدداد.

درآغازجمهوری اسلامی ایران موسسات بسیار به شوراهاسپرده شدندوتقریبادرهمه جاهمین روندتکرارشدوشکست این راه حل رانمی توان صرفابه ناکارایی عمومی جمهوری اسلامی نسبت داد.

اگرمنظور، شرکت دادن کارکنان دراداره موسسات است راههای دیگری هست. درسوئداتحادیه های کارگری می توانندسهام موسسات رابخرند. درآلمان غر بی نمایندگان کارگران درهیاتهای مدیره موسسات صنعتی عضو یت می یابند. درژاپن کارگران رادرتصمیم گیری مراحل گوناگون تولیدمشارکت می دهند، بانتایجی که ازهمه شیوه هابهتر بوده است. ازنظرمادی هم کارکنان وخانواده آنهادرموسسات ژاپنی از پوششهای رفاهی فزاینده (بهمراه رشدموسسات) وعملاازگهواره تاگور برخوردارند.

درهرحال به نام دمکراسی اقتصادی نبایدبه تولیدآسیب رسانید. دمکراسی وعدالت فرع برآنست که چیزی تولیدشود. روشن است که درشرایط فراوانی بهترمی توان به دمکراسی وعدالت رسید. آنهاکه درکشورهای واپس مانده همه ذهنشان درتسخیرمبارزه طبقاتی است عملامانع توسعه صنعتی وگسترش طبقه کارگرمی شوند. اگر «پرولتاریا» و «طبقه کارگر» چیزی بیش از بهانه به قدرت رسیدن گروهی باشد، بهترخواهدبودکه درنخستین مراحل به گسترش هرچه بیشترصنعت ونیروی کارکمک کرد.

دامن زدن به مبارزه طبقاتی و پیوسته برانگیختن لایه نازک کارگران صنعتی درکشوری که نخستین مراحل صنعتی شدن رامی گذراندوزیر پانهادن رابطه مناسب

مزدو بهره وری طبعابه آنجاخواهدانجامید که یاصنایع موجودبه زیان مصرف کننده و بی هیچ امکان رقابت درمیدان بین المللی توسعه یابندتابتوانندهزینه های فزاینده کارگری خودراپپردازندو پایین بودن بهره وری نیروی کارراجبران کنندو یابرخزانه دولت تحمیل خواهندشد. درهردوصورت گسترش صنعتی به کندی یاتوقف خواهد گرایید.

البته درکشوری که گروههای حاکم حدی برامتیازات خودنمی شناسندوهرکس هرچه بتواندآزادانه ازخوان یغمای ملی برمی داردازکارگران وهرگروه متشکل دیگری نمی توان انتظارداشت درغم توسعه صنعتی باشندوازنیروی خودبرای گرفتن امتیازات هرچه بیشتر بهره نگیرند. اگر بایدجلوی زیاده رو یهای پاره ای احزاب یااتحادیه هاراگرفت، پیش ازآن بایدطبیعت غیردمکراتیک جامعه راتغییرداد. یک دمکراسی بایدسختگیرتر باشد، نخست در برابرگروههای حاکم، سپس در برابرهرگروه دیگر.

ابزاراصلی برقراری عدالت اجتماعی، نظام مالیاتی وتامین اجتماعی است و بارهردوی آنهاراساساتولید کنندگان ثروت بایدبکشند. مالیات، اگر بتوان وصول کرد، می تواندعامل اصلی دمکراسی اقتصادی باشدونیزموثرترین وسیله برای جهت دادن به فعالیتهای اقتصادی وتاحدودی مهاجرت وانتقال جمعیت است. درکشورهای جهان سوم کمترمهارت سازمانی واراده سیاسی لازم برای گرفتن مالیات بسیج شده است. بایددرایران هرچه بتوان برای برقراری یک نظام مالیاتی عادلانه وکارامدانجام داد. دسترسی دولت به درامدنفت نبایدمایه غفلت ازمالیات بشود ـ باهمه دشواریهاکه درآن هست. امامالیات رابایدآنقدرگرفت که انگیزه برای بدست آوردن درامدبیشترراازمیان نبردومالیات رایک حکومت نادرست نمی تواند بگیرد.

هزینه تامین اجتماعی رانیز بایدکارفرمایان وکارکنان بپردازندنه دولت. ثروتمندترین کشورهازیرسنگینی هزینه های تامین اجتماعی کمرخم کرده اند. اگرکسانی که خوددست درکارهستند، یعنی کارفرمایان وکارکنان، پشتگرمی به منابع ظاهراپایان ناپذیردولت نداشته باشند، بیمه های بیکاری و بیماری و بازنشستگی راازطریق قراردادهاباموسسات بخش خصوصی هم بهتر وهم ارزانترمی توان اداره کرد. اگربیمه های بیماری چنان نباشدکه بهرکمترین بهانه ای بیشترین هزینه هارابه حساب آورندصندوقهای بیمه تهی نخواهدشدودولت هرسال سهم بیشتری از بودجه خودرابه جبران کسری آنهانخواهدداد. اگر به نام بیمه به بیکاران آنقدرنپردازندکه کارنکردن برآنان چندان گران نیایدآنگاه مانندبسیاری ازکشورهای ارو پای باختری نه نیاز به اینهمه کارگران میهمان یامهاجرخواهدبودتاکارهایی راکه کارگران خودشان خوارمی شمارندانجام دهند، نه صف بیکاران پیوسته انبوه ترخواهدشد، نه صندوقهای بیکاری تهی خواهدماند، نه کمک دولت به آن صندوقهاهرسال افزایش خواهدیافت، نه تولیدآسیب خواهددید.

کمک دولت به تامین اجتماعی بایداساسابه صورت تخفیف هاومعافیتهای مالیاتی باشد. اداره دولتی بیمه های اجتماعی همواره ناکارامدتر، پرهزینه تر ودست و پاگیرترازترتیبات خصوصی است. دست کم هزینه یک دیوانسالاری پرعرض وطول

برآن بارمی شودکه ضرورتی درآن نیست. ایران هنوزدرآغاز «جامعه رفاه» است ومی تواندازتجربه سی چهل ساله کشورهای اروپای باختری ودودهه گذشته امریکادراین زمینه پندبگیرد. زیاده روی در پوشش تامین اجتماعی همه جابه کاهش رشداقتصادی، افزایش بیکاری وتورم وهزینه های نجومی ودرمواردبسیارنالازم انجامیده است. ازبهره کشی کارگران درقرن نوزدهم به افراط در پوشش رفاهی درنیمه دوم قرن بیستم نبایدافتاد.

گسترش صنعت درایران باجمعیت فزاینده وامکانات کشاورزی محدودآن یک هدف طرازاول اقتصادی است و بایدبه عنوان یک ابزارطرازاول نیزدرتوزیع جمعیت بکاررود. هرسال درایران حدودیک میلیون تن به بازارکارسرازیرمی شوندوکشاورزی حتی بابهره برداری حداکثرازمنابع آب وزمین نخواهدتوانست جز برای بخش کوچکی ازآنهااشتغال فراهم آورد. روستاهابهرحال مازادجمعیتی دارندکه به مراکزشهری سرازیرخواهندشد، آنهارابرای زندگی نامناسب ترخواهندکردو برهزینه های بالاسری (اوورهد) اجتماعی خواهندافزود. این محدودیت اساسی کشاورزی ایران دلیلی برچشم پوشی ازکشاورزی نیست. برای نگهداشتن جمعیت درروستاهاکه به حال کشاورزی هم سودمندخواهدبودبایدصنعت راهرچه بتوان به روستاهابرد، ونه تنهاصنایع وابسته به کشاورزی را. هیچ مانعی نداردکه مثلا درروستاهااجزأ یاابزارصنعتی ساخته و پارچه بافته شود.

کشاورزی درایران بایدبطورعمده کشاورزی واحدهای خانوادگی ومتوسط باشد. شرکتهای کشت وصنعت وکشاورزی بازرگانی به شیوه امریکادرتوانایی مدیریت کشاورزی ایران نبوده است وجزدرموارداستثنائی مانند دامداری ومرغداری یاکشت نیشکرنبایدتشویق شود. اماازسویی باتغییرقوانین ازشکسته شدن وتقسیم بیش ازاندازه زمینهابایدجلوگیری کردوازسویی تعاونیهای نیرومندوریشه دارکشاورزی بایدکارهای مربوط به ترویج و برنامه ریزی کشت واعتبارات و بازاریابی وفروش فراورده هاوخریدنیازمندیهارادردست گیرندو پای سلف خرو پیله وردودست صراف راازروستاهاکوتاه کنند. نقش دولت بایدبرنامه ریزی وکمک باشد. اداره کشاورزی وروستاهابهتراست یکسره ازدست دولت بدرآید.

تراکم جمعیت درشهرهای ایران شایداکنون بزرگترین مساله اقتصادی واجتماعی — وسیاسی — کشورباشد. باپخش صنایع درمراکزبیشمارو بردن خدمات رفاهی وشهری به محل های کارودادن امتیازهای مالیاتی بایدبه تدریج ازجمعیت شهرهای بزرگ کاست وتوزیع جمعیت راعقلائی کرد. اقتصادایران مطلقا ازعهده اداره جمعیت شهری ایران درصورت متمرکزکنونی آن، برنمی آید. نسبت افزایش جمعیت دریک شهرباهزینه های شهری یکی نیست و باتصاعدهندسی افزایش می یابد.

و بعد، آثارو یران کننده زندگی بیریشه وسترون شهری رادرشرایط کمبودخانه وتسهیلات شهری وامکانات فرهنگی برتوده های انبوه قابل انفجار بایدبه حساب آورد؛ نسلهایی که درزاغه هاومحله های فقیرنشین می پژمرند، میلیاردهایی که

بایددورریخت وتنهامی توانندوضع رابهمان بدی نگهدارندوفقط نگذارندبدترشود. زنده کردن روستاهاومراکزجمعیت بیشماردرسراسرکشور، به صورتی که قطبهای جذب کننده جمعیت شوند، بایدیکی ازنخستین اولویتهای هربرنامه ملی باشد. آنگاه شهرهاوشهرکهایی که جمعیت شان کارهای تولیدی دارندو ولگردو بیکاریادستفروش نیستندازعهده نگهداری خودنیز، بهتر برخواهندآمدونیازی نیست که بخش بزرگ منابع ملی راصرف کمک به شهرداریها کنند.

همه این برنامه هابستگی به یک نظام آموزشی درست وغیرتقلیدی ومتناسب باامکانات ونیازهای کشوردارد. یک نظام دمکراتیک ــ که فرصتهای برابر به استعدادهاعرضه دارد ــ وغیرمتمرکزــ که امکانات محلی رابسیج کندونیازهای محلی رادرنظرگیرد ــ وکارآمد ــ که صرفه ملی رارعایت کند. ازیک سوتوده های بزرگ دیپلمه ولیسانسیه بیکاروغیرقابل استخدام پرورش ندهدوازسوی دیگرتخصص هایی راکه ناگزیرازمهاجرت به کشورهای پیشرفته غربی باشند. یک نظام آموزشی که همه ارزش آن به دانشنامه هانباشدبلکه به مهارتهاودانش فنی باشدکه به شاگردان می دهد.

پایه هرم آموزشی رابایدتوده جمعیت کشورتشکیل دهندکه سوادخواندن ونوشتن ومحاسبه داشته باشندو به مرحله خودآموزی و بالابردن سطح فرهنگی خودرسیده باشند. بیشتردانشاموزان بایدازشاگردان رشته های فنی وحرفه ای باشندکه برای کاردربخشهای کشاورزی وصنعتی وخدمات آماده گردند. تحصیلات بالاتر بایددرنوک هرم آموزشی تمرکزیابدتابتوان حقیقتاازتحصیلات بالاباکیفیت بالاونتایج بالاسخن گفت. هیچ ضرورتی نداردکه کشورازشماره دانشگاههاودانشجویان برخودببالد. آنچه بایدبدان بالیدسطح آموزشی است. شماردانشاموزان ودانشجویان درسطح های بالابستگی به نیازهای بخشهای آموزشی واقتصادی ونیزتوانایی فراهم آوردن آموزش بالاوممتازخواهدداشت و بایدبه آهستگی افزایش یابد. معیارعالی بودن آموزش درجه دانشنامه آن نیست، ارزش آموزشی آنست.

دانشنامه هارابایدازارزش قانونی وحیثیتی آنهاتهی کرد. داشتن یک دانشنامه به خودی خودبرای پیشرفت درجامعه بس نیست. برای هرکار بایددانش فنی آن راداشت وآن راباگذراندن آزمایشهاثابت کرد. آزمایشهامی توانندملی یابسته به موردباشند. راه پیشرفت درهمه زمینه ها، ازجمله ارتش، بایدبرای هرکس دانش فنی لازم رادرهرموقعیت بدست آورده باز باشد.

آموزش بایدتاسطح معینی برای همه وازآن بالاتر برای کسانی که استعداددارندولی توانایی مالی ندارندرایگان باشد. آموزش فنی وحرفه ای رابایدبرای همه دانشاموزان رایگان کردونیز برای همه گروههای سنتی آماده کار. بخش بزرگی ازآموزش فنی وحرفه ای بایدبه صورت کارآموزی و باهمکاری صنایع وخدمات سازمان داده شود. بخش خصوصی بایدسهم عمده ای در پرورش نیروی انسانی

موردنیازخودو بازآموزی کارگران به منظورآماده کردنشان برای کارهای تازه برعهده گیرد. دولت درکارآموزش کمتر به کارهای اجرائی خواهدپرداخت ــ که بایدبه تدریج به نهادهاوسازمانهاوانجمنهای محلی و بخش خصوصی سپرده شود ــ و وظیفه آن دادن کمکهاوتشو یقهای مالی و برنامه ریزی ونظارت وارزشیابی وسر پرستی آزمایشهاخواهدبود.

ایران دریک منطقه حساس جهان یکی ازمهمترین کشورهاست. سیاست خارجی ایران بایدمتوجه حفظ امنیت واستقلال کشور وهمه منطقه جغرافیائی پیرامون آن باشد. دراین منطقه جغرافیائی خاص، فراوانی نفوذ هاومنافع بین المللی ورقابت ابرقدرتهاوقدرتهای درجه دوم چنان وضع پیچیده ای پیش آورده است که درسیاست خارجی بایدبدنبال چیزی بیش ازفرمولهای معمول «روابط دوستانه براساس منشورملل متحد» بود.

سیاست خارجی ایران بایدمستقل ودورازدسته بندیهاورقابتهای بین المللی باشد. ایران بایدروابط برابر باهمه کشورهاوروابط نزدیک باهمسایگان خودبرای جلوگیری ازتسلط بیگانگان وتبدیل منطقه به پایگاه آنان برقرارکند. جنگ عراق بایدهرچه زودتر پایان یابد. عراق نمی تواندان جنگ بی امیدراادامه دهدو بایدبه بازگشت روابط دوکشور به قرارداد ۱۹۷۵الجزیره رضایت دهد. بزرگترین دستاوردعراق ازاین جنگ فرسایشی و و یرانگرسرنگونی رژیم خمینی می بودکه آن راهم ملت ایران بنابه مصالح ملی خودعملی خواهدکردواساسانیازی به مداخله عراق درامورداخلی ایران نبوده است ونخواهدبود. اگرعراقیهااصراردرتسلط برقلمروآبی وارضی ایران داشته باشندبایدبدانندکه ملت بزرگ ایران دیریازودخودراآزادخواهدکردونیرو یش راگردخواهدآوردوآنگاه روزهای سیاهی درانتظارعراق خواهدبود. ناتوان کردن عراق ــ همچنانکه هیچ یک ازهمسایگان ایران ــ به مصلحت ملی ایران نیست واین بررژیم عراق است که واقعیات راببیندوازاصرار بردعاوی بی پایه خودبرشط العرب یاخوزستان یاجزایرخلیج فارس دست بکشد. ایران درهرشرایط اجازه نخواهددادبه حقوق آن دست درازی شود.

درخلیج فارس مسئولیت ایران جنبه محلی داردوصرفادرچهارچوب همکاری وتفاهم باکشورهای منطقه ای است که خوشبختانه گامهایی درزمینه همکاری موثرمیان خودبرداشته اند. جلوگیری ازیک مسابقه تسلیحاتی درمیان کشورهای خلیج فارس به سودهمگانی است. قدرت کشورهای کرانه ای خلیج فارس درشرایط همکاری آنهابه خوبی کافی است که دست دیگران راازامورمنطقه کوتاه کند. درواقع بزرگترین خطری که خلیج فارس راتهدیدمی کندرقابت و بی اطمینانی میان کشورهای خودمنطقه است.

ایران هیچ علاقه ای نداردژاندارم کسی یاجایی باشد. امنیت راههای دریایی خلیج فارس باهمه کشورهای منطقه است و بیرون ازدریای عمان بهرحال ربطی به ایران ندارد. هرکس نفت می خردخودش مسئول نگهداری آنست.

برای پشتیبانی یک سیاست خارجی مستقل بر پایه دوستی باکشورهای همسایه ونزدیک وروابط دوستانه و برابر باکشورهای صلح دوست جهان، ارتشی متناسب باامکانات مالی وصنعتی ونیروی انسانی کشورلازم است، به حدی که جلوی دیوانگی هایی ازنوع حمله عراق رابگیردودرکنارنیروهای مسلح کشورهای خلیج فارس تضمینی برای جلوگیری ازدست اندازیهای بیگانگان باشد. ولی نه آن اندازه که اقتصادایران رادرگروخودبگیرد؛ یک گروه بزرگ سر بازان وکارشناسان وکارکنان فنی بیگانه رابرارتش وجامعه ایران تحمیل کندوسرنوشت مارابه کشورهای دیگروابسته سازد.

توسعه ایران نیاز به فروش بخشی ازمنابع نفت وگازکشوردارد. بازارطبیعی نفت، اروپای باختری وژاپن وامریکاوکشورهای نزدیک ایران هستندوگاز بایدبه شوروی وازآنجابخشی به اروپای باختری صادرشود. نقش نفت وگازرادراقتصادومناسبات بازرگانی ایران باخارج بایدشناخت واهمیتی راکه دارد ــ اهمیتی صرفابازرگانی واقتصادی ونه بیشترــ بدان داد. روشن است که همکاری ایران بااوپک بایدتقویت وازجنگ قیمت باهمکاران ایران درآن سازمان جلوگیری شود. برای بازسازی وتوسعه ایران ازفروش نفت وگاز به خارج ونیزخریدازخارج ــ بویژه کشورهای نزدیک وهمسایه ایران مانندترکیه وهند ــ گریزی نیست که بایددرچهارچوب روابط بازرگانی سودمندمتقابل وصرفاروی صرفه وصلاح کشورانجام گیرد. اینهمه اموری است بیرون ازملاحظات ایدئولوژیک و بایدبادیدعملی بدان نگریست.

●●●

آرمان یک ایران دمکراتیک و پیشرو باتوانایی دفاع ازحقوق خودوجامعه ای عادلانه، دراوضاع واحوال آشفته وگاه یاس آورکنونی ممکن است بیش ازاندازه آرزویی جلوه کند. چه تضمینی است براینکه ایران پس ازخمینی را ــ که به احتمال زیادچندگاهی بادستهای آهنین اداره خواهدشد ــ می توان دوباره برچنین پایه هایی ساخت؛ ازافتادن کشور به دیکتاتوری وتسلط یک گروه آزمندوناسالم جلوگیری کرد؛ مصالح ملی راازدستبردبیگانگان نگه داشت؛ کشاکشهای اجتماعی ومبارزات منافع گوناگون رادرحدودقانون وانصاف مهارکرد؛ گرایشهای افراطی چپ وراست رارام کرد؛ کینه های شخصی وگروهی رابه فراموشی سپردو یگانگی ملی راباز گرداند؟

پاسخ درخودمردم ایران است. هیچ برنامه عمل واصول عقایدی در برابرانحراف وفساد، افراط وکوته بینی، غلبه امیال پست تر برمنطق عالی ترتضمین نشده است. هیچ ضمانت ذاتی وساخته شده درخود، درکارنیست. مردم هستندکه سرنوشت برنامه هاوعقایدراتعیین می کنند. جزنیرومندی جنبشی که نه تنهااستبدادآخوندی راسرنگون می کندبلکه ایران فرداراشکل می دهدبه چیزی امیدوارنمی تواند بود.

تاهنگامی که این میلیونهاایرانی رنج کشیده وتحقیرشده وسرمایه وهستی وآبروی شخصی وملی رابر باداده متقاعدنشوندکه زندگی درفسادو بی نظمی بس است

وچنبرنادرستی وخشونت رابایدشکست، ومعنی سیاست این نیست که دوره های زورگویی وفسادازپی دوره های زورگویی وفسادوخونریزی بیایندوتاریخ یک ملت رانبایدتجاوزوبرادرکشی وانفجارهای هیستریک ودگرگونیهای ناگهانی بسازد، سرنوشت آینده ماتکرار بدترگذشته خواهد بود.

دراین نوشته به تاریخ سه نسل اخیرایرانیان توجه شده است. ولی سراسرتاریخ مارادرسهای تلخ فرانگرفته پرکرده است. مابارهادرناتوانی خودبرای همزیستی درست بایکدیگروحکومت کردن درست برخود، میدان رابه بیگانگان سپرده ایم. تقریباهمیشه مغلوب فسادحکومت شده ایم وازآنجاسرتاسرجامعه خودراعرضه نیروهای پوسیدگی وازهم گسیختگی کرده ایم. دراوضاع واحوالی که بانشان دادن اندکی پایداری وسختگیری می توانسته ایم ازززیاده روی صاحبان قدرت جلوگیری کنیم نرمی وسازش نشان داده ایم وهنگامی که زیاده رویهاازحدمی گذشته است آماده بوده ایم خودراازچاله به چاه اندازیم. ازهرمژده آوردروغین، حتی ازبیگانه آزمندخونخواراستقبال کرده ایم.

اگرامیدی بتوان به آینده داشت، در برآمدن یک نسل ایرانی است که گذشته ملت خودرادریافته باشد، محدودیتهای فرهنگ سیاسی ایران راشناخته باشد. براین آگاهی، اراده ساختن یک جامعه آزاده وعادلانه و پیشروراافزوده باشد. نه آنهاکه می خواهندبهرترتیب بازگردندو بقیه آنچه راهم که مانده است به خارج ببرند. نه آنهاکه مزه زندگی درتنگدستی غربت راچشیده اندوتصمیم دارندازهرکوتاهترین فرصتی که پیش آیدبرای باربستن وگریز بهره گیرند. نه آنهاکه به نام یک آرمان (نامش سوسیالیسم باشدیااسلام یاجامعه دمکراتیک) کمر به کشتن یک طبقه، یک لایه اجتماعی، وهرکس وهرگروه دیگری که در برابر باشد بسته اند.

آینده ایران به عنوان سرزمینی که بتوان درآن زیست و بتوان مرزهایش رانگه داشت و به آیندگان سپرد ـــ آنچه پیشینیان ماباهمه کم وکاستی هایشان کرده اندومابیم آن می رودکه نتوانیم ـــ به ایرانیان نوع دیگری بستگی دارد. به آنهاکه درکوره تاریخ سی ساله گذشته ایران آبدیده شده اند. به آنهاکه دردوزخ جمهوری اسلامی تاب آورده اندوامیدخودرابه ایران وآینده ایران ازدست نداده اند. به آنهاکه ازسالهای زندگی درکشورهای پیشرفته توانایی سازماندهی وروحیه مدنی واندیشه های تازه بدست آورده اند.

گرایش اجتماعات بشری به بدی است مگرآنکه به مانع برخوردکند. اگردرایران امروزوفردایک جریان نیرومندومتعهدبه اصول آزادی، ناسیونالیسم وترقیخواهی وعدالت اجتماعی باشدمی توان گروههای حاکم، نمایندگان منافع وطبقات اجتماعی راهریک برسرجای خودنشاندوهمه آنهارادرخدمت مصلحت عمومی قرارداد ـــ ومساله سیاست درهمین است.

درتحلیل آخراین خودماییم که می توانیم سلامت آینده کشورخودراتضمین کنیم. واگراین بررسی درسطرهای پایانی خودرنگی ازنگرانی می گیردازآنجاست که توده

بزرگ جمعیت ایران، بویژه درگذشته نزدیک خودالگوهای رفتاری وگرایشهای اخلاقی خطرناکی ظاهر کرده است. اگردرآینده چنان رفتارکنیم که گویی چنین گذشته ای نداشته ایم افق فردای ماروشن ترازدیروزوامروزمان نخواهدبود.

خطرآینده ای که ایران راتهدیدمی کندازاین ظرفیت هراس آورایرانی برای زیاده روی، آسانگیری و بی اصولی برمی خیزد. ازاین که برای بسیاری افرادآسانتراست جان خودرادرراهی که مقبول عموم، یابهرحال عموم پیرامونیانشان، است بدهندتادر برابرآنهاازعقایدخوددفاع کنند؛ ازاینکه می توانندازجان خودآسانتر بگذرندتاازمنافع ناچیزخود.

اعتقادبه معجزه وامورغیرقابل توضیح؛ نداشتن ذهن منطقی ودرنیافتن رابطه علی امور؛ لوث کردن مسئولیت فردی به نام مذهب ومشیت الهی، ومسئولیت اجتماعی به نام مداخله خارجی ومشیت امریکاوانگلیس؛ تنبلی ذهنی، احساساتی بودن به افراط؛ زودباوری ازیک سوو بدگمانی به همه چیزوهمه کس ازسوی دیگر؛ پذیرفتن افسانه هاوتخیلات و باورنکردن محسوسات؛ قضاوت سطحی وفوری و باک نداشتن ازتغییرموضع های ناگهانی؛ غرق بودن درخودودرنیافتن ودرشمارنیاوردن دیگران ومنافع ونظریات آنان؛دشمنی ودوستی بیرون ازحدودر بست؛جهان راسیاه وسفیددیدن؛کینه جویی بیکرانه ــ اینهمه صفاتی است که نمی گذاردایرانی باایرانی کارکندو یک مبارزه منظم ودرازآهنگ رااز پیش ببرد. چنین صفاتی برای انفجارهای گاهگاهی، برای فرازونشیبهای سخت وناگهانی درفضای سیاسی، برای آنکه در بیشتراوقات جامعه رابه حالت غیرفعال و پذیرنده (هر چه پیش آیدخوش آید) نگهداردبیشترمناسب است.

نیاز بیمارگونه ایرانی به امامزاده سازی و بت تراشی، به مقدس ومعبودومعصوم؛ سودای (ابسسیون) مانوی ایرانی به اینکه هر برخوردخودرابانظریامنافع دیگری به صورت رو یارو یی یزدان واهریمن ببیند؛ آمیختگی شگفت این نرمش ناپذیری بافرصت طلبی ورنگ به رنگ شدن، نشانه بدی ازناپختگی ونارسیدگی اخلاقی وسیاسی ماست. این حالت پرستش و بیخودی، که در برابرهر چه وهر که باب روزاست نشان داده می شود، سیاست ایران راپیوسته به گندیدگی می کشاند.

بت سازی واطاعت کورکورانه، چهل سالی پیش شاه جوان دمکرات راکم کم به شاهنشاه آریامهرورهبروفرمانده تبدیل کردوتعظیم رابه دستبوس و بعدپابوس پایین آورد. هرسخن معمولی شاه رانشانه نبوغ ذاتی شمردتاجایی که موضوع اینهمه ستایش و پرستش، دیگرحاضرنبودباهم میهنانش واردبحث جدی شودواظهارنظرمستقل ازسوی آنان رانشانه گستاخی می شمرد. سه سال پیش هم این توانایی امامزاده سازی، خمینی رااز گرداه نرسیده به امامت ونیابت امام زمان، سهل است خودامام زمان، رساند. مقامش رااز پیامبرهم بالا تر بردوعملابه خدایی تشبیه کرد. چنان شدکه یک انسان ناآگاه کژ اندیش به خودحق، داددرهرموضوع مداخله کندومخالفت باخودراکفرو «محار به باخداوامام زمان» بشمارد.

ماهرچه هم خودراقربانی این یاآن نیروواین یاآن شخص وگروه قلمدادکنیم بایدانصاف دهیم که اندازه نگه نداشتن ونزدیک بینی که بیشترمادر بیشترمواردنشان داده ایم، فرمانبری بیچون وچرایی که بهترین رهبران راهم فاسدمی کند، ودشمنی آشتی ناپذیری که راه میانه روی واصلاح رامی بنددوهر برخوردرابه رو یارو یی مرگ وزندگی می کشاند، سهم اساسی درشور بختی ملی ماداشته است. بایدانصاف دهیم. ولی مامعمولاانصاف نمی دهیم. برخوردمابرخوردهمه یاهیچ است. حق همیشه باماست. مامی توانیم معیارهای گوناگون داشته باشیم. برای خودمان ودیگران، حتی برای خودمان درموقعیتهای گوناگون. اگراهل سازشیم هیچ کس وهیچ چیز نیست که نتوان باآن کنارآمد. اگراصولی هستیم کوروکرمی شو یم؛ آنگاه دیگرهیچ شیوه ووسیله ای نیست که بیش ازاندازه برای هدف زشت ونامناسب باشد.

اشکال اصلی ماآن نیست که اینهمه به منفعت خودمی اندیشیم. اینست که درواقع در پی منافع خودنیستیم. زیراشناختن منفعت شخصی هوشمندانه وروشنرایانه نیاز به درجه ای از پختگی ورسیدگی دارد که بایدهنوزآرزومندآن باشیم. بجای توصیه اصول والای اخلاقی، آیامی توان دست کم توقع داشت که مردم مادر پی منافع شخصی هوشمندانه خودباشند ــ که همکاری وهمیاری وگذشتهای کوچک ورعایت دیگران وتوانایی نگریستن به دورترازنوک بینی راطلب می کند؟

نسل کنونی ایرانیان بایکی ازآزمایشهای بزرگ تاریخ روبروست وبایدازخوددورنگری ومردانگی وخردمندی استثنائی نشان دهد. آنهاکه دست خودراازایران شسته اندودل به سرزمینهای دیگر بسته اندبایدنگران شهامت خودباشندکه کجاازکفشان رفته است. آنهاکه درو یرانه میهن دنبال گنج شخصی خودمی گردندوبه سرنوشت ملی اعتناندارندد‌نیای خودرابیش ازاندازه کوچک گرفته اند. آنهاکه می پندارندفرصت تاریخی برای آنهاوتنهابرای آنهاپیش آمده است اشتباه می کنند. **ایران آینده رابایدباشرکت گروههای هرچه بیشترو بر پایه یک توافق هرچه گسترده ترساخت. هیچ گروه سیاسی یامکتب فکری آن تسلط براوضاع ایران** ندارد که بتواندگلیم خودش راهم ازتوفان بدر بردچه رسدبه کشتی ملت. ارام کردن ایران به زبان خوش البته امکان نخواهدداشت. ولی ساختن ایران باآهن وخون، ریختن خونهای بازهم بیشتروکاشتن تخم برادرکشی های بزرگترآینده رادر پی خواهدداشت. بایداحترام ایرانی وخون ایرانی راباز‌گردانید. بس است اینهمه کشتن وبیحرمت کردن. بس است اینهمه کینه ونفرت. بس است اینهمه خوارشمردن خودمان به عنوان یک ملت.

شهریور ۱۳۶۰

یادداشتها

1- Kermit Roosevelt: Countercoup
New York MC Graw Hill 1979

2- G.H. Jansen: Militant islam
(london Pan Books Ltd. 1979)

۳ــ کمونیسم، مارکسیسم وسوسیالیسم از بس درتعبیرات وهمبافتهای (کانتکس) گوناگون فرسوده شده اندیگرواژه های دقیقی نیستند. کمونیسم که دراصل به عنوان مرحله پایانی گذارازسرمایه داری وسوسیالیسم شناخته می شد، بهرگرایش فکری متمایل به شوروی یاهوادارملی کردن وسائل تولید گفته می شود. سوسیالیسم، طیف گسترده ای ازچپ تاراست وازمسیحی واسلامی تادمکرات وفاشیست رادر برمی گیرد. مارکسیسم، که درخودمارکس دووجهه مشخص ومتفاوت تحلیلی و پیامبرانه دارد، ازسوی گروههاوکشورهای بیشمارموردسؤ استفاده وسؤ تعبیرقرارگرفته است.

دراین نوشته کمونیسم بامارکسیسم ــ لنینیسم کم و بیش به یک مفهوم گرفته شده است وآن تعبیری است ازمارکسیسم که سوسیال دمکراتهای روسیه (دست کم گروه اکثریت «بالشو یک» آنها) کردند وآن حذف مرحله تکامل سرمایه داری وفرایافت سوسیالیسم دریک کشور (عقب افتاده) بود.

سوسیالیسم دراین نوشته به عنوان طرزتفکری بکاررفته است که ازآموزه های مارکس الهام می گیردوهوادارملی کردن ــ یابه اصطلاح تازه ترخلقی کردن ــ وسائل تولیدوصورتهای گوناگونی ازدیکتاتوری به نام پرولتاریایادمکراسی ومردم یاخلق است.

۴ــ درباره نامناسب بودن راه حلهای سوسیالیستی (به تعبیری که دریادداشت ۳بکاررفته) برای کشورهای فقیرواپس مانده کتابهای زیرمراجع سودمندی هستند:

John Kenneth Galbraith:
The Nature of Mass Poverty
(Harvard University Press : 1979)

Edward S. Mason: Economic Planning in Under-developed areas: Government And Business New York
Fordham University Press : 1958)

۵ــ مارکس باپافشاری وشیوایی بسیاراصرارمی ورزیدکه توسعه اقتصادی وسیاسی پی هم می آیند. سرمایه داری یک شرط مقدماتی اساسی برای سوسیالیسم است. سرمایه داری، به عبارت امروزی، انضباط وتجربه صنعتی راپرورش می دهدکه گذاربعدی به سوسیالیسم راممکن می سازد. سرمایه داری ضمناچیزهایی رافراهم می

آورد که بتوان «سوسیالیزه» کرد. هیچ کس بیش ازمارکس به این نظرجلب نمی شد که درکشورفقیر، ظرفیت اداری منبع نایابی است که بایدتوسعه یابد، پیش ازآنکه سوسیالیسم بتواندموفق شود. پیش ازمرگش لنین به عنوان یک مساله عملی به این توافق رسیده بود. او پیش ازدردست گرفتن قدرت، وظایف اداری سوسیالیسم راخوارمی شمردوآنهارابیشتر به عنوان مسائل «حسابداری وکنترل» می دید. پس ازروی کارآمدن، اوازروی ضرورت، باسیاست اقتصادی نوین (نپ) به درجه بالایی ازسرمایه داری بازگشت. وظایف اداری سوسیالیسم برای دیوانسالاری ابتدائی (هرچندپردامنه) شوروی بیش ازاندازه بزرگ بود.

Galbraith: P.94

۶ــ «سطح معینی ازتکنولوژی، فراوانی، تکامل دمکراتیک درمیان توده ها، ظرفیتی برای حکومت برخود، چه درساختاراقتصادی وچه سیاسی، برای سوسیالیسم لازم است.»

به نقل از Galbraith: P.93

۷ــ «موردچین، یک کشوربسیاربسیارفقیرکه دست به یک توسعه همه جانبه سوسیالیستی زده است، وبانشانه های موفقیت زیاد، ممکن است به عنوان دلیلی برضداین استدلال بکاررود. ولی... چین درمیان همه کشورهای جهان بیشترین تجربه رادرسازمان، اداره و پذیرفتن انضباط مربوط بدان دارد... درنتیجه کاملا ممکن است که چین بیش ازمثلااتحادشوروی ازعهده الزامات اداری سوسیالیسم برآید.»

Micael Harrington: The Vast Majority: A Journey To The World's Poor.

•Galbraith: P.93

۸ــ اشاره ای به دوجناح جنبش کمونیستی افغانستان ومداخله مستقیم شوروی به سودجناح پرچم در برابرجناح خلق وکودتای «خلقی» هادر۱۹۷۸.

داریوش همایون در ۱۹۲۸/۱۳۰۷ در تهران زاده شد و آموزش رسمی خود را در دانشگاه تهران در دوره‌های لیسانس و دکتری در رشته‌های قضائی و علوم سیاسی به پایان رساند. در سال ۱۹۶۵-۱۹۶۴ با استفاده از Nieman Fellowship در رشته توسعه سیاسی در دانشگاه هاروارد مطالعاتی انجام داد و این رشته را یک سال در دانشکده حقوق دانشگاه تهران درس داد. از نخستین سالهای نوجوانی وارد فعالیتهای سیاسی شد و نزدیک یک سال زندگی خود را به عنوان زندانی سیاسی (سه بار در سالهای ۱۳۳۱ و ۱۳۵۷) بسر برده است.

از نوزده سالگی به روزنامه‌نگاری پرداخت و از تصحیح نمونه‌های چاپی تا سردبیری و مدیریت، مراحل گوناگون را در این حرفه گذراند. در مبارزات پایه گذاری سندیکای نویسندگان و خبرنگاران مطبوعات ایران نقش مهمی داشت و یک دوره به دبیری آن انتخاب شد. در ۱۹۶۱/۱۳۴۰ شرکت کتابهای جیبی را تأسیس کرد که نخستین ناشر کتابهای مرغوب به قطع کوچک در ایران بود و در ۱۹۶۵ و ۱۹۶۶ نماینده مؤسسه غیر انتفاعی انتشارات فرانکلین در آسیا بود. انتشار روزنامه آیندگان که پس از مدّتها سنّت روزنامه مهم صبح را در ایران زنده کرد کار بعدی او بود و از آغاز آن در ۱۹۶۷/۱۳۴۶ تا ده سال ناشر و رئیس هیأت تحریریه آیندگان بود.

در ۱۳۵۳ به حزب رستاخیز پیوست و یکی از سران حزب شد و در ۱۳۵۵ به قائم مقامی دبیر کل حزب رسید. در ۱۳۵۶ وزارت اطلاعات و جهانگردی را بر عهده گرفت — تا ۱۳۵۷ — و در پائیز آن سال به زندان افتاد و در شامگاه روز ۲۲ بهمن توانست از زندان بگریزد. پس از پانزده ماه زندگی پنهانی در ۱۹۸۰ به اروپا گریخت و از آن پس زندگیش در فعالیتهای سیاسی و نویسندگی می گذرد.

Diruz va Farda
Yesterday and Tomorrow
Three Essays on Revolutionary Iran

Daryoush Homayoun

IBEX Publishers